Erika Steinbach

Die Macht der Erinnerung

Erika Steinbach

Die Macht der Erinnerung

UNiVERSiTAS

Peter Glotz
in Dankbarkeit
gewidmet

Besuchen Sie uns im Internet unter
www.universitas-verlag.de

2. durchgesehene und ergänzte Auflage 2011

© 2010 by Universitas Verlag in der
Amalthea Signum Verlag GmbH, Wien
Alle Rechte vorbehalten
Umschlaggestaltung: Wolfgang Heinzel
Umschlagmotiv: Hans Fischach, *21.7.1922 – †25.2.2008
Herstellung und Satz: VerlagsService Dr. Helmut Neuberger
& Karl Schaumann GmbH, Heimstetten
Druck und Bindung: CPI Moravia Books GmbH
Printed in the EU
ISBN 978-3-8004-1495-6

Inhalt

Vorwort

Über viele Jahre habe ich mich mit dem Schicksal der deutschen Vertriebenen kaum befasst, obwohl meine Familie von Flucht und Vertreibung direkt betroffen ist. Wohl gab es die seltenen Erzählungen meiner Mutter über die Flucht vor der Roten Armee per Schiff und auch die spärlichen Hinweise meines schlesischen Großvaters über die 1946 von dort vertriebenen Onkel und Tanten, hingehört habe ich nur mit einem halben Ohr. Und das über viele Jahre. Initialzündung dafür, dass mich dieses Epochendrama mit allen grauenhaften Begleiterscheinungen bis zum heutigen Tage bannt, war die Begegnung mit einer betagten Frau, deren Namen ich nicht einmal mehr weiß. Sie sprach mich auf einer Frankfurter Veranstaltung an und mahnte geradezu: ich sei doch so sehr engagiert in den jüdischen Schicksalen, aber es sei genauso wichtig, sich auch um das Schicksal der deutschen Vertriebenen und ihre seelischen Leiden zu kümmern. Was sie mir dann berichtete, war für mich eine Schocktherapie:

Diese alte Dame hatte bei einem Vertriebenentreffen einem jungen Journalisten zum ersten Mal in ihrem Leben offenbart, was ihr alles widerfahren war. Sie ist vielfach über Tage hinweg immer wieder brutal vergewaltigt worden, keines ihrer vier Kinder hat überlebt, drei wurden ermordet, eines ist verhungert, und ihr Mann ist im Krieg gefallen. Allein diese fürchterlichen Erfahrungen könnten Beweggrund genug sein, sich der Menschen und dieses Teils deutscher Geschichte anzunehmen. Aber meine Motivation speist sich bis heute aus der unglaublichen Antwort, die der betagten Frau von dem Journalisten gegeben wurde. Er antwortete flapsig, dass es ihr doch nicht geschadet habe, denn sie sei ja trotzdem über 80 Jahre alt geworden.

Diese Herzenskälte und diese Rohheit schockierten mich. Seither haben mich die Schicksale der Menschen, aber auch der dramatische

Kulturbruch, den diese Vertreibung in der Mitte des 20. Jahrhunderts nicht nur für uns in Deutschland, sondern für ganz Mittel-, Ost- und auch Südosteuropa bedeutet, nicht mehr losgelassen. Je vertiefter ich mich in den letzten 20 Jahren damit beschäftigt habe, je mehr bittere Einzelschicksale mir inzwischen begegnet sind, umso mehr reifte bei mir die Überzeugung heran, dass wir die dauerhafte Erinnerung daran brauchen. Diese Vertreibung ist und bleibt Teil unserer deutschen Identität. Ob wir es wollen oder nicht, wir alle, auch die Nichtvertriebenen, sind davon geprägt.

I.
Heimat – Traum oder Albtraum?

Am Tage, da ich meinen Pass verlor,
entdeckte ich mit 58 Jahren, dass man
mit seiner Heimat mehr verliert als
einen Fleck umgrenzter Erde.
STEFAN ZWEIG

Die Worte Heimatliebe, Heimatland, Heimathafen, Heimaterde oder Heimführen umschreiben Heimat als einen Ort der Geborgenheit, der Vertrautheit, ja der Sehnsucht. Vertreibung daraus – die Vertreibung aus dem Paradies?

Gewaltsamer Heimatverlust, Flucht und Vertreibung, diese archaischen Erfahrungen wirken nach bis heute. Gustav Seibt resümierte in einem Beitrag für die »Süddeutsche Zeitung«: »Inzwischen ist genügend Zeit verstrichen und genügend geschehen, um auch die deutschen Leiden als Teil einer Katastrophe der Humanität anzuerkennen ... Brand und Flucht gehen der Nachkriegsgesellschaft voraus und haben sie in ihrem Kern bestimmt. Alle anderen Traditionen mussten vor diesen Grunderfahrungen zurücktreten. Die oft beobachtete Geschichtslosigkeit Deutschlands nach 1945 dürfte hier mindestens ebenso ihre Ursachen haben wie in verdrängter Schuld und der Einebnung sozialer Unterschiede ... Wer immer nur ›Aufrechnung‹ fürchtet und selbst elementare Tatsachen nur politisch-ideologisch betrachten will, verkennt die Macht von Erfahrungen und Erinnerungen, die auf jeden Fall wirksam bleiben. Das Gefühl für die Heimat stand, jedenfalls in den Dichtungen der Menschheit, neben der Erinnerung an Flucht und Entwurzelung ... Warum sollte das ausgerechnet heute anders sein?«

Ja, warum sollte das ausgerechnet heute anders sein? Nein, es ist nicht anders! Gerade in der heutigen Zeit mit neuer Unübersichtlichkeit und

11

der Globalisierung gibt es weit verbreitet eine verstärkte Rückbesinnung auch Nichtvertriebener auf Herkunft und Heimat. Die Menschen stellen wieder elementare Fragen nach dem Woher und dem Wohin. Dazu bedarf es der konkreten und sehr persönlichen Selbstvergewisserung. Es bedarf der Kenntnis eigener Wurzeln. Heimat ist dabei eine zentrale Kategorie. Für die Vertriebenen aber ist sie häufig Nukleus der Gefühlswelt. Die unzähligen Schicksale, der unterschwellig fließende Strom von Heimweh und vielfältigen Leidenserlebnissen, die vieltausendfachen nächtlichen Albträume, in denen Kindheitsschrecknisse, Blut und Tränen, Vergewaltigung, der gewaltsame Heimatverlust und der Verlust der häuslichen Geborgenheit Nacht für Nacht quälend auftauchen, haben Wirkungsmacht bis zum heutigen Tag für die Überlebenden. Unverarbeitet begleiteten diese Erfahrungen nicht nur die Erlebnisgeneration, sondern sind auch weitergereicht an Kind und Kindeskinder.

Heimat und Vertreibung, ihren dauerhaften Spuren in den Seelen Entwurzelter hat der Schriftsteller Peter Härtling beklemmenden Ausdruck verliehen: »Es hat mit einem Trauma zu tun oder damit, dass ich, wann immer ich fliehende, vertriebene Kinder auf dem Bildschirm sehe, in meiner Erinnerung zurückstürze bis hin zu dem Zwölfjährigen, der ich 1945 gewesen bin ... Jetzt erst, nach 50 Jahren, erinnere ich mich beim Anblick dieser gehetzten Kinder – nein: ich spüre es –, dass ich die ganze Zeit, in der ich als Zwölfjähriger mit Großmutter, Mutter, Schwester unterwegs war, auf der Flucht, auf dem Flüchtlingstransport, einen Stoffbalg bei mir hatte, den ich an mich presste, unterm Pullover verwahrte, wie einen kraftverströmenden Talisman ... Ich habe den langen, von Erschütterungen nie freien Weg von der Zuflucht zum Zuhause gelernt und erfahren. Wobei die früheren Verletzungen für einen Rest von Fremde sorgen. Im Untergrund nämlich bleibt eine fragende Unruhe und lässt jedes Zuhause vorläufig erscheinen ... Die Zuflucht wurde zum Raum, bekam eine Nähe, die ich nicht Heimat zu nennen wagte.«

Peter Härtling gibt mit seiner sehr persönlichen Offenbarung einer Seelenbürde von Millionen von Heimatvertriebenen Ausdruck. Es ist eine still mit sich getragene, in einer lauten, schnellen Welt schwer beschreibbare Last. Dieses Trauma bleibt dauerhafter Lebensbegleiter. Häufig unbewusst.

Das sehnsuchtsvolle, oft in der Erinnerung verklärte Bild der Heimat ist zudem verschleiert von mannigfacher Todesangst oder Gewalterfahrung. Für mich ist diese Zeit nicht eigene Erinnerung, sondern Erzählung der Mutter und meines schlesischen Großvaters. Für mich ist Heimat nicht ein bestimmter Ort, nicht eine Landschaft. Ich erinnere mich nicht an Rahmel, meinen Geburtsort in Westpreußen, ich erinnere mich nicht an die Flüchtlingsstationen in schleswig-holsteinischen Bauernhäusern. Das einzige Erinnern daran sind die schrecklichen Schreie eines Schweins, das geschlachtet wurde, und an ein Huhn, das ohne Kopf – er lag abgeschlagen neben dem Holzblock – über den Bauernhof flatscherte. Menschen kommen in meinen Erinnerungen nicht vor. Das spricht für sich.

Heimat, das war und ist für mich meine Mutter. Sie war der einzige Ort der Geborgenheit, des Schutzes, sie war meine Sicherheit. Sie betete des Abends mit meiner Schwester und mir, dass der »liebe Gott bald den Papi zurückbringen« möge, über dessen Verbleib wir über Jahre nichts wussten; sie erklärte uns die Bäume und Früchte in Feld und Wald beim Suchen nach Himbeeren, Brombeeren oder Blaubeeren; sie zeigte uns, wie Eidechsen und Frösche zu fangen sind, ohne sie zu verletzen, denn eine überwältigende Tierliebe zeichnete sie aus. Und sie lehrte uns, obwohl sie selbst keine Noten konnte, Blockflöte zu spielen und Noten zu lesen. Schmerzlich und wirklich bewusst wurde mir meine Mutter als Heimat aber erst im Moment ihres Todes im Jahr 2000. Die traumatischen Schilderungen meiner Mutter über die Flucht vor der marodierenden Roten Armee über die Ostsee und der unwirtliche Empfang in Schleswig-Holstein haben sich offenbar tief in mein Unterbewusstsein eingegraben.

Andreas Kosserts Buch »Kalte Heimat« beschreibt die gelebte Realität von damals eindringlich. Der Weg von Rahmel über Schleswig-Holstein, Berlin nach Hanau, der gesamte Fluchtweg mit seinen Stationen wirkte in meiner Mutter ihr ganzes Leben lang nach, aber er war begleitet von unseren Schutzengeln.

In Hanau lernte ich 1950 meinen Großvater väterlicherseits kennen. Rübezahl und Schlesien, seine fast sehnsuchtsvollen Geschichten über das Riesengebirge haben wohl meine Liebe zu Joseph von Eichendorff befördert und schufen ein lebendiges Bild der Familiengeschichte. Opas Familie hatte über viele Generationen ihre Heimat in Schlesien. Breslau, Frankenstein, Carlsberg, Neurode, Peterwitz finden sich als Geburtsorte im Stammbaum. Er selbst stammte aus Neurode. Als Maler und Lithograf durchwanderte er Europa, nachdem die lithografische Abteilung der Berlin-Neuroder Kunstanstalt in Neurode geschlossen wurde. Schließlich ließ er sich in Hanau nieder. Sein Bruder Karl, als Kunstdrucker genauso von der Schließung betroffen, wurde in München ansässig. Der schlesisch-bayerischen Ehe mit Tante Maria entstammt meine Schauspielercousine Irm – eigentlich Irmgard – Hermann. In München war sie lange das schwarze Schaf der Familie. Ihr unorthodoxer Beruf, mehr aber noch ihr Lebenswandel in der Schauspielertruppe Rainer Werner Fassbinders, wurde dort nicht leicht verziehen. Berührung mit diesem Familienzwist hatten wir in Hanau nicht. Die Kontakte nach München waren zu dünn. Zudem waren für meinen Mann als Künstler und Dirigent weder Lebensstil noch politische oder sonstige Ausrichtung maßgebend, sondern Qualität, Ausstrahlung und Eignung für ein bestimmtes Konzert, ein bestimmtes Werk. Als Dirigent waren ihm die anarchischen Anwandlungen eines Friedrich Gulda völlig unerheblich. Er verpflichtete ihn schließlich nicht deshalb, sondern seiner pianistischen Genialität wegen. Auch die Tatsache, dass Karlheinz Böhm geraume Zeit bei Fassbinder im Frankfurter »Theater am Turm« gastierte, hielt meinen Mann natürlich nicht davon ab, ihn gerade zu dieser Zeit als Sprecher für Prokofjews »Peter und der Wolf« zu engagieren. Böhm konnte nicht nur gut sprechen, sondern er war als Sohn des großen Dirigenten Karl Böhm auch eminent musikalisch. Für Karlheinz Böhm war es die erste Aufführung dieses musikalischen Märchens. Erst danach spielte er es mit seinem Vater ein.

Meine schlesischen Tanten Martha und Maria, Onkel Ernst und Tante Hedwig wurden 1946 im Viehwaggon aus Schlesien vertrieben. Die einen aus Neurode, die anderen aus Glatz. Sie alle landeten dauerhaft in der Ostzone/DDR. Großvaters Liebe gehörte zeitlebens Schlesien. Als ich halbwegs Blockflöte spielen konnte, war sein nachdrücklicher

Wunsch, ihm zum Geburtstag »Riesengebirglers Heimatlied« vorzuspielen. Trotz verschiedener falscher Töne hatte Opa Tränen in den Augen.

Ein Heimatgefühl hat sich bei mir nach unserer beklemmenden Odyssee von Rahmel nach Kleinjörl, Großjörl, Stieglund, Berlin und Hanau nicht entwickelt. Dazu hat wohl auch die offene und unterschwellige Ablehnung, die uns in den ersten Jahren entgegenschlug, beigetragen.

Als bei mir politisches Bewusstsein und Interesse einsetzte – und das war sehr spät, wie bei vielen jungen Menschen –, galt meine erste Anteilnahme zunächst den Opfern des Nationalsozialismus, meine Bewunderung den Widerstandskämpfern. Nicht ohne Grund bin ich seit Jahrzehnten Mitglied der deutsch-israelischen Gesellschaft und war viele Jahre in Frankfurt am Main Schirmherrin der jüdischen Frauenorganisation WIZO (women's international zionist organisation). Der türkisfarbene Stein der Verbundenheit, den mir die WIZO-Damen als Dank schenkten, hat bis zum heutigen Tage seinen Platz auf meinem Schreibtisch.

Die 1970er-Jahre waren insbesondere in Frankfurt am Main von zahllosen Demonstrationen geprägt, eigentlich gegen alles und jedes. Die einzige Demonstration, an der ich jemals teilgenommen habe, war gemeinsam mit den beiden anderen Schirmherrinnen von SPD und FDP der Protest vor dem Schauspielhaus der Städtischen Bühnen in Frankfurt am Main gegen die Uraufführung des Fassbinder-Stücks »Der Müll, die Stadt und der Tod«. Der widerliche Antisemitismus, der daraus sprach, trieb mich auf die Barrikaden. Erst zu Beginn der 1990er-Jahre begann ich mich intensiv mit dem Leidensweg der deutschen Heimatvertriebenen auseinanderzusetzen – nachdem ich mit unfassbaren Einzelschicksalen in Berührung kam. Das aber führte dazu, dass die Schirmherrschaft für die WIZO 1997 ein plötzliches und mich bis heute traurig stimmendes Ende nahm. Meine Aussagen als damalige Vizepräsidentin des Bundes der Vertriebenen zum 8. Mai 1945 waren für die WIZO der Auslöser, sich von mir zu trennen.

In den Jahren meiner Schirmherrschaft für die Frankfurter WIZO habe ich viele der Frauen sehr ins Herz geschlossen, insbesondere Trude

Simonsohn, Esther Sharell, Miriam Gertler und die bescheidene und gütige Mutter von Michel Friedman. Gemeinsam warben wir Spenden für das Theodor-Heuss-Müttergenesungsheim in Herzlia/Israel ein. Das Theodor-Heuss-Haus wurde vom deutschen Müttergenesungswerk 1960 gestiftet. Jährlich genießen darin rund 1000 jüdische und arabische Frauen den ersten Urlaub ihres Lebens. Auch mein Mann hat sich sehr dafür engagiert. Er dirigierte 1980 in der Jahrhunderthalle Hoechst das Benefizkonzert aus Anlass des 20-jährigen Bestehens der WIZO-Föderation Deutschlands. Solist war Mstislaw Rostropowitsch.

Nachdenklich stimmt mich bis heute die Erkenntnis, dass Menschen, die Schlimmes und Schlimmstes erlebt und überlebt haben, in ihr Schicksal so vergraben sind, dass sie an anderen Leiden nicht oder nur schwer Anteil nehmen können. Dieses Unvermögen begegnet mir auch bei Teilen der Erlebnisgeneration des Bundes der Vertriebenen. Unverarbeitete Traumata wirken erkennbar tiefgreifend nach. Das aber führt in vielen Fällen dazu, dass Menschenrechte nur opferspezifisch betrachtet werden. Es verschwindet, dass die Würde eines jeden Menschen unantastbar ist.

Wie vielen anderen auch – insbesondere meiner Generation –, ist es mir sehr spät wie Schuppen von den Augen gefallen, dass auch nach dem 8. Mai 1945 Menschenrechte noch immer keinen allgemeingültigen Stellenwert in Europa hatten. Theresienstadt war auch danach ein Ort des Schreckens. Es konnte sogar geschehen, dass der Weg für ein und denselben Menschen von NS-Theresienstadt in das Beneš-Theresienstadt führte.

Hans Günther Adler, als rassisch Verfolgter Insasse während der nationalsozialistischen Zeit, beschreibt in seinem Buch »Theresienstadt 1941–1945«: »Die Befreiung von Theresienstadt hat das Elend in diesem Ort nicht beendet. Nein, nicht allein für die ehemaligen Gefangenen …, sondern auch für neue Gefangene …, die Mehrzahl, darunter viele Kinder und Halbwüchsige, wurden bloß eingesperrt, weil sie Deutsche waren. Nur weil sie Deutsche waren …? Der Satz klingt erschreckend bekannt; man hatte bloß das Wort ›Juden‹ mit ›Deutschen‹ vertauscht. Die Fetzen, in die man die Deutschen hüllte, waren mit Hakenkreuzen

ERIKA STEINBACH
Mitglied des Deutschen Bundestages
Kulturbeauftragte der CDU/CSU-
Bundestagsfraktion

53113 Bonn
Bundeshaus
Telefon: 0228 / 168 91 84
Telefax: 0228 / 168 69 19

60435 Frankfurt am Main
Adolf-Leweke-Str. 32
Telefon: 0 69 / 54 51 50
Telefax: 0 69 / 548 54 26

An die
WIZO-Gruppe Frankfurt
Friedrichstraße 29

60323 Frankfurt a.M.

22.3.1997

Sehr geehrte Frau Herskovits,
sehr geehrte Frau Singer,

Schmerz und Trauer erfüllen mein Herz auf Ihren Brief hin. Die
langjährige freundschaftliche Verbindung zu den Frauen der WIZO-Gruppe
Frankfurt war mir keine Pflicht, sondern eine Freude und ein
persönliches Anliegen.
Es verletzt mich sehr, daß Sie glauben mir sagen zu müssen, daß Sie
Opfer des Holocaust oder deren Kinder und Enkel sind. Ihres schweren
Schicksales wegen und eigenen familiären Geschickes wegen - mein einer
Großvater war im KZ und ist an den Folgen der Inhaftierung gestorben
und ein Großonkel fiel der Euthanasie zum Opfer - ist mein erstes
politisches Anliegen, Politik so zu gestalten, daß sich so etwas niemals
wiederholt.
Ich komme aber auch mit vielen Menschen zusammen, die Schreckliches
durchlitten haben ohne Jude gewesen zu sein und ohne im Nazi-Regime
schuldig gewesen zu sein. Humanes Denken und Handeln ist für mich nicht
teilbar. So wie ich wegen des unsäglich antisemitischen Theaterstückes
"Der Müll, die Stadt und der Tod" auf der Straße dagegen demonstriert
habe und immer wieder dagegen demonstrieren würde, so wende ich mich
auch mit allem Nachdruck gegen die demagogische Wehrmachtsausstellung
in der Frankfurter Paulskirche, die in ihrem Aufbau klassische
Verhetzung ist.In genau diesem Stile wurde in der Nazi-Diktatur gegen
jüdische Mitbürger zum Angriff geblasen. Gegen derartige Methoden werde
ich als überzeugte Kämpferin für unsere Demokratie immer angehen.

Da Sie Äußerungen von mir, die ich als Vizepräsidentin des Bundes der
Vertriebenen(ich bin selbst Flüchtling) für 15 Millionen
Vertreibungsopfer anläßlich des 8.Mai 1995 getan habe, kritisieren,
füge ich Ihnen zur Erinnerung meine Aussagen im Wortlaut bei und bitte
Sie gleichzeitig sehr eindringlich, darüber objektiv nachzudenken.

Meine Mitarbeiterin, Frau Diedrich, hat von mir nach wie vor die
Anweisung, dem Freundeskreis der WIZO und der WIZO selbst jedwede
organisatorische Hilfestellung zu geben.
Ihnen und der gesamten WIZO wünsche ich von Herzen alles erdenklich
Gute. Sollten Sie meine Hilfe benötigen, stehe ich auch in Zukunft
gerne an Ihrer Seite.

Mit freundlichen aber auch traurigen Grüßen

Brief von Erika Steinbach an WIZO vom 22. März 1997

beschmiert. Die Menschen wurden elend ernährt, misshandelt, und es ist ihnen um nichts besser ergangen, als man es von deutschen Konzentrationslagern her gewohnt war.«

Die Absurdität nationalistischen Denkens jener Epoche wird schlaglichtartig am Leben des Sudetendeutschen Oskar Schindler beleuchtet. In seinen vor geraumer Zeit entdeckten Unterlagen finden sich in einem Brief an den Filmregisseur Fritz Lang aufschlussreiche Anmerkungen. Schindler, der Mann, der als Nationalsozialist 1200 Juden mit Mut und Einfallsreichtum das Leben rettete, notiert darin zum Schicksal seines besten Freundes aus Krakauer Jahren: »Major Franz von Korab wurde im letzten Kriegsjahr als Halbjude erkannt und aus der Wehrmacht ausgestoßen. Die Tschechen haben ihn in Prag, wo er dann lebte, bei Kriegsende als deutschsprachigen Zivilisten erschlagen.« Oskar Schindler selbst hatte mehr Glück. Er überlebte, wie wir wissen. Aber er verlor seine Heimat wie nahezu alle Sudetendeutschen, auch jüdische, die die nationalsozialistische Herrschaft überstehen konnten.

Zwischen 1945 und 1950 wurden rund 15 Millionen Deutsche aus ihrer Heimat vertrieben – mehr Menschen, als Schweden und Norwegen zusammen an Einwohnern haben. Ausschließlich im kommunistischen Machtbereich fanden diese Menschenaustreibungen statt. Es war die gewaltigste Massenaustreibung einer Volksgruppe, die es je in der Geschichte der Menschheit gegeben hat.

Victor Gollancz, englischer Verleger und Humanist – 1960 Träger des Friedenspreises des Deutschen Buchhandels –, konstatierte: »Die Deutschen wurden vertrieben, aber nicht einfach mit einem Mangel an übertriebener Rücksichtnahme, sondern mit dem denkbar höchsten Maß an Brutalität.«

Mit dem 8. Mai 1945, dem Ende des Zweiten Weltkriegs, hatten Unmenschlichkeit und Grausamkeit in Europa noch immer kein Ende. Wer heute suggerieren will, dass mit dem Ende der nationalsozialistischen Gewaltherrschaft die Menschenrechte europaweit blühten und gediehen und dass alles seinen gerechten Sinn hatte, der ist entweder unwissend, unwillig oder menschenverachtend. Denn der »8. Mai«

konnte außer von den Vertriebenen auch von Millionen anderen nicht als »Tag der Befreiung« empfunden werden, wie der Russe Lew Kopelew zum 50. Jahrestag des Kriegsendes 1995 schrieb: »Der wohlverdiente Rattentod Hitlers in seiner Kanzlei brachte den Völkern des Westens Erlösung. Der unverdiente, mit 30 Millionen Menschenleben bezahlte Triumph Stalins überzog die Welt mit neuen tödlichen Gefahren, brachte Unglück, unsagbare Leiden und Verderben für die Länder in Ost- und Mitteleuropa, die zu totalitären Vasallen einer neuen totalitären Weltmacht wurden.«

Stalins Terror wütete in Mittel- und Osteuropa und raffte weiterhin Millionen Menschen dahin. Die Menschen in Mitteldeutschland/Ostzone/DDR lebten in neuer Diktatur, aus der sie sich erst 1989/90 selbst befreien konnten. Und die Vertreibung der Deutschen aus ihrer Heimat war brutaler Teil davon. Bis viele Jahre nach Kriegsende wurden insbesondere Frauen, Kinder und alte Männer allein deshalb Opfer von Deportation, Zwangsarbeit und Vertreibung, weil sie Deutsche waren. Es half ihnen nicht, dass sie persönlich schuldlos waren. Mehr als zwei Millionen haben diese Torturen nicht überlebt.

Bis in die 1950er-Jahre hinein wurden deutsche Deportierte, darunter Frauen und Kinder, in Konzentrations- und Zwangsarbeitslagern geknechtet. Die gab es nicht nur in Russland, wohin Stalin Menschen als Kriegsbeute, wie Vieh, als so genannte »lebende Reparation« verschleppen ließ. Es gab sie in Polen, in der damaligen Tschechoslowakei und im früheren Jugoslawien tausendfach mit Todesraten zwischen 30 und 50 Prozent. Mittel-, Ost- und Südosteuropa waren über viele Jahre auch nach dem Ende des Zweiten Weltkriegs eine gigantische Sklavenhalterregion und zudem ein Völkergefängnis. Die Literatur-Nobelpreisträgerin Herta Müller, die ihre Heimat im Banat hatte, beschrieb diese Zwangsarbeiterschicksale beklemmend in ihrem Roman »Atemschaukel«. War Zwangsarbeit in jener Zeit ein legitimes Herrschaftsmittel? Nein, natürlich nicht. Aber es gab zweierlei Maß der Beurteilung. Menschenrechte waren durchaus nicht unteilbar – und sie sind es auch bis heute nicht.

In der ersten Ausgabe der »Welt am Sonntag« vom 1. August 1948 war unter der Überschrift »Frauen aus Sibirien. Erste Rückkehr nach dreijähriger Zwangsarbeit« zu lesen: »Aus $3^1/_2$jähriger schwerster Zwangsarbeit im Gefangenenlager Tscheljabinsk … kehrten am Samstag 370 deutsche Frauen, die 1945 verschleppt wurden …, zurück. Sie haben in Kohlebergwerken, Ziegeleien, beim Straßenbau … gearbeitet. Fünf Tonnen Kohle pro Tag mussten geschleppt werden und an sogenannten Stachanow-Tagen das Doppelte … Die Frauen stammen aus Ostpreußen, Westpreußen und Pommern. Im Lager lebten sie völlig isoliert und ohne jede Verbindung zur Außenwelt. Die Hälfte von ihnen sei im Lager vor Erschöpfung und Hunger gestorben.« In der gleichen Ausgabe der »Welt am Sonntag« war auf der Titelseite zu lesen: »12 Jahre Gefängnis für Alfried Krupp«. Zur Urteilsbegründung führte der Internationale Militärgerichtshof in Nürnberg unter anderem die Beschäftigung von ausländischen zivilen Zwangsarbeitern und Kriegsgefangenen in den Betrieben des Krupp-Konzerns an so wie in zahlreichen Prozessen davor. In diesen Urteilen war völlig ausgeblendet, dass Amerikaner und Briten Stalin einen Freibrief ausgestellt hatten, um deutsche Zivilisten nach Kriegsende zur Zwangsarbeit zu deportieren und unmenschlich auszubeuten. Menschenrechte wurden mit zweierlei Maß gemessen. Mehr noch, für Deutsche hatten sie in weiten Teilen Europas keine Gültigkeit. Gerechtfertigt und entschuldigt wird es bis heute.

Je größer Zahlen von Opfern sind, desto unbegreifbarer werden sie, desto weniger können Menschen sich einfühlen. Zahlen in Größenordnungen von Millionen haben etwas Beklemmendes an sich: Die Schicksale und die Qualen von Menschen verschwinden hinter Mengenangaben. Von Stalin ist der Satz überliefert: »Ein Toter ist eine Tragödie. Eine Million sind Statistik.« Die Fähigkeit, mitzufühlen, Anteil zu nehmen, entwickelt sich nur aus der Kenntnis von Einzelschicksalen. Empathie darf man sich selbst nicht erlassen. Der Leidensweg des Mädchens Lydia Probst aus Pommern ist insoweit typisch. Sie hat das, was ihr widerfahren ist, in sich verschlossen, unfähig, darüber zu sprechen. 1945 wurde sie als 17-Jährige nach Russland deportiert und hat die schrecklichen Zwangsarbeitslager Jemanschelinka und Kopesk überlebt. Im Dezember 1949 wurde sie völlig entkräftet nach Deutschland entlassen. Erst spät war sie in der Lage, über das, was ihr widerfahren war, zu sprechen: »Am 22. Dezember 1949 war ich zu Hause, nachdem mir an der Grenze zur DDR bei Hof von einem russischen Offizier mein Entlassungsschein ausgehändigt worden war … In dem kleinen Ort, wo meine Familie lebte, bin ich die einzige weibliche Heimkehrerin. Ich werde gefeiert und soll erzählen. Ich habe nichts zu erzählen und wage mich ohne Begleitung überhaupt nicht aus dem Haus aus Angst, von jemandem angesprochen zu werden. Ich werde von der katholischen Jugendgruppe und dem Pfarrer eingeladen. Aber auch hier kann ich nur die gestellten Fragen beantworten. Am allerwenigsten kann ich über das sprechen, was ich ganz persönlich als 17-Jährige erlitten habe und worüber ich bis zum heutigen Tage noch mit niemandem gesprochen habe. Dann ist da noch das Schuldgefühl wegen der unvorstellbaren Verbrechen in deutschen Konzentrationslagern … Erst 1975, beim Gedenken zur 30-jährigen Wiederkehr des Kriegsendes, wurde mir schlagartig klar, dass alle Opfer, die von ostdeutschen Zivilisten – stellvertretend für alle Deutschen – gebracht werden mussten, von den Wohlstandsbürgern einfach ignoriert und nicht für erwähnungswert gehalten wurden. Ich schrieb an viele Zeitungen.«

Da erst, Jahrzehnte später, brach es aus Lydia Probst heraus, was sie erlitten hatte: »Es stürmte ein großer Haufen Rotarmisten mit Taschenlampen in die Scheune. Es gab kein Entkommen für uns. Wir kamen gar nicht mit, so schnell zerrten sie uns davon. Als ich vor Angst und Aufregung stolperte, packten sie mich an den Zöpfen und schleiften mich am Boden in die nahe gelegene Schule. Ich wurde in ein Klassenzimmer gestoßen, in dem schon andere Russen waren. Sie fingen sofort an, mir die Kleidung vom Leib zu reißen. Ich wehrte mich, schlug um mich und biss. Nach ein paar Fußtritten ins Gesicht und in den Unterleib war mein Widerstand gebrochen. Ich wurde nackt auf den Tisch gebunden und so oft und heftig vergewaltigt, dass ich zeitweise die Besinnung verlor. Ich bettelte, sie sollten mich erschießen. Sie lachten nur. Ich musste mich übergeben und bekam einen Eimer Wasser ins Gesicht geschüttet. Dann urinierte mir einer der Russen in den Mund. Nach einer endlosen Zeit – mir kam es vor wie mein ganzes Leben – hatten sie genug. Sie warfen mich in eine Besenkammer.«

Danach folgte die Schilderung des Transports und der unmenschlichen Bedingungen in den beiden Zwangsarbeitslagern. Ein Schicksal von Millionen von Vergewaltigungsopfern am und nach dem Ende des Zweiten Weltkrieges.

Der 8. Mai 1945, das Ende des Zweiten Weltkrieges auf unserem Kontinent, ein Tag der Befreiung? Ja und nein! »Erlöst und vernichtet in einem«, so hat es Theodor Heuss, der erste Bundespräsident unserer Republik, treffend beschrieben. Eine Befreiung vom nationalsozialistischen Terror über Deutschland und Europa, ja. Eine Befreiung für all diejenigen, die mehr tot als lebendig die Konzentrationslager überlebt haben, ja natürlich. Eine Befreiung vom Elend des schrecklichsten Krieges, den dieser Erdball bis dahin gesehen hatte, ja. Eine Befreiung von Gewaltherrschaft und Diktatur, ja für den Westen Europas – aber nur für den Westen mit Ausnahme Spaniens und Portugals. Als Befreiungskrieg für Deutschland haben die Alliierten diesen Krieg ohnehin nicht geführt und auch nicht führen wollen. Der Befehlshaber der amerikanischen Besatzungstruppen machte das sehr deutlich. Dwight D. Eisenhower hatte seinen Soldaten schon beizeiten in der Direktive JCS 1067 eingeschärft: »Deutschland wird nicht besetzt zum Zweck der Befreiung, sondern als eine besiegte Feindnation.« Und für Stalin waren Macht und Gewaltherrschaft über weite Teile Europas das erklärte Ziel. Für die Vertriebenen jener Jahre klingt die sehr schlichte und immer wieder zu hörende Vereinfachung des 8. Mai 1945 zum »Tag der Befreiung« wie ein Hohn auf ihr Schicksal.

Ja, auch sie wurden »befreit«:
Befreit vom Leben
Befreit von Menschenrechten
Befreit von der Heimat
Befreit vom Eigentum

Es gab keine Fragen nach individueller Schuld oder Verantwortung. Es reichte aus, deutscher Volksangehöriger zu sein, ob Säugling oder Greis, Mann oder Frau. Die Ost-, Sudeten- und Südostdeutschen wurden in eine schreckliche Kollektivhaftung genommen für ein Regime und einen Krieg, obwohl sie nicht mehr oder weniger dafür verantwortlich gewesen sind – die außerhalb des Reichs Lebenden zumeist überhaupt nicht – als die in West- und Mitteldeutschland Lebenden.

Dem Schicksal der Vertriebenen ging Grauenhaftes voraus. Auschwitz wurde zum Synonym dafür. Hitler hat die Büchse der Pandora geöffnet. Mit dem Einmarsch in Polen begann er einen unmenschlichen Krieg. Mit seiner Rassenpolitik riss er zunächst in Deutschland und dann in Europa alle humanen Schranken nieder. Das wissen die deutschen Heimatvertriebenen sehr wohl. Wichtige Amtsträger des Bundes der Vertriebenen wie Wenzel Jaksch, Herbert Hupka oder Hans Lukaschek waren Verfolgte des Nationalsozialismus. Der Satz von Lydia Probst »Dann ist da noch das Schuldgefühl wegen der unvorstellbaren Verbrechen in deutschen Konzentrationslagern« wird von den meisten Vertriebenen genauso empfunden, auch wenn weder persönliche Schuld noch Verantwortung gegeben sind. Was zornig macht und verletzt, ist die jahrzehntelange Erfahrung, dass allzu oft die Tatsache der nationalsozialistischen Schreckensherrschaft als probates Stoppschild missbraucht wurde und teilweise immer noch wird, um einer menschenrechtskonformen Aufarbeitung der Schicksale in der Mitte des 20. Jahrhunderts auszuweichen. Hitlers Herrschaft wird nicht nur als Erklärung herangezogen, sondern mit ihm wird diese Massenvertreibung gerechtfertigt, ja entschuldigt. Es wird etwas gerechtfertigt, was nicht zu rechtfertigen ist.

Tilman Zülch von der Gesellschaft für bedrohte Völker, die sich im Gegensatz zu anderen Menschenrechtsorganisationen auch der deutschen Opfer annimmt, hat 1990 öffentlich angemahnt, die »letzten weißen Flecken der europäischen Verbrechensgeschichte des 20. Jahrhunderts, die Vertreibung und den Vertreibungstod von Millionen von Einwohnern der früheren deutschen Ostgebiete und der deutschen Minderheiten in anderen Staaten, deutlich beim Namen zu nennen und als Verbrechen zu verurteilen«. Es sei eine Missachtung der Opfer des Holocaust und der nationalsozialistischen Verbrechen, diese zur Legitimierung der Vertreibungsverbrechen zu instrumentalisieren.

Vieles hat sich seither getan. Spielfilme wie »Die Flucht« oder »Die Gustloff«, Dokumentationen in ARD und ZDF sind ein Zeichen dafür. Aber unverkrampfter und wahrhaftiger Umgang mit diesem Teil deutscher und europäischer Geschichte ist immer noch nicht Allgemeingut. Immer und immer wieder schwingt »gerechte Strafe« für Hitler mit. Nicht nur Deutschland, sondern die Völker Europas müssen sich ihrer Vergangenheit und ihrer Verantwortung stellen, um ein dauerhaftes friedliches Miteinander zu erringen. Es darf keine »vergessenen« oder »gerechten« Opfer geben. Ich denke dabei auch an Ukrainer, Kosaken, Polen, Krimtataren und Armenier.

Karl Jaspers hat 1958 in der Frankfurter Paulskirche drei einfache Grundsätze in seiner Friedenspreisrede für unverzichtbar gehalten, die über den Tag weit hinausreichen: »Erstens: Kein äußerer Friede ist ohne den inneren Frieden der Menschen zu halten. Zweitens: Friede ist allein durch Freiheit. Drittens: Freiheit ist allein durch Wahrheit.« Der Mut zu vollständiger Wahrheit ist auch in Deutschland noch immer nicht durchgehend vorhanden, geschweige denn in allen Ländern, aus denen vertrieben wurde. Angst vor Relativierung der Opfer des Nationalsozialismus braucht niemand zu haben. Relativiert wurden und werden aber die danach folgenden Opfer bis heute.

Peter Glotz, mein langjähriger, viel zu früh verstorbener Mitvorsitzender der Stiftung »Zentrum gegen Vertreibungen«, hat es auf den Punkt gebracht und sehr prägnant, so wie es seine Art war, in seinem letzten Buch »Von Heimat zu Heimat« festgestellt: »Wir haben nicht vergessen, wer den Zweiten Weltkrieg angefangen hat – Hitler, und zwar mit Zustimmung vieler Deutscher. Das heißt aber nicht, dass es Täter- oder Opfervölker gäbe. Jedes Volk ist eine vertrackte Mischung aus Tätern, Mittätern, Mitläufern und Opfern … Die Vertreibung war, was immer die Siegermächte im August 1945 beschlossen haben, ein Verbrechen … Gegen Ende unseres Lebens wollen wir, die Flüchtlinge und Vertriebenen des Jahres 1945, darüber offen reden und uns unseres Schicksals vergewissern. Das lassen wir uns nicht verbieten … Ich lasse mir nicht einreden, dass eine korrekte Darstellung der Vertreibung … und die Forderung, die unschuldigen Opfer dieser Vertreibung nicht zu vergessen, auf eine Rehabilitierung der Nazis und auf eine Beschuldigung der Nachbarvölker hinausliefe … Es wird kein politisches Europa geben, solange man einige europäische Völker wie sanfte Irre behandelt, mit denen offen zu diskutieren der Therapie widerspricht.«

Hannah Arendt, im ostpreußischen Königsberg aufgewachsen, gehörte zu den Vertriebenen der Hitlerdiktatur, die dem Genozid entrinnen konnten. Für sie gab es keinen Determinismus, der in diese Barbarei der Nachkriegszeit führen muss. Ihr Forschergeist richtete sich gegen die totalitären Mechanismen der Gesellschaft, die zum Terror gegen die jeweils Schwächeren führen. Damit hat sie des Pudels Kern getroffen.

Der unmoralische und zutiefst unchristliche Kahlschlag an elementaren Menschenrechten, mit millionenfacher Entwürdigung und Ermordung von Menschen durch Hitler und Stalin, aber auch durch Beneš, Tito oder die polnischen Kommunisten und Nationalisten im 20. Jahrhundert, hat tiefe Spuren quer durch Europa gezogen. Seelische und körperliche Wunden zeichnen bis heute zahllose Menschen vieler Völker. Oft tauchen Nacht für Nacht die Gespenster des Erlittenen und Miterlebten auf. Nur wer in den Kategorien von Blutrache denkt, kann die Vertreibung als gerechte Strafe für den Holocaust, für Hitlers Massenmorde und den Zweiten Weltkrieg sehen. Einzelne, wie der Zukunftsforscher und Korrespondent Robert Jungk, sahen 1945 durch die Brutalität gegenüber der deutschen Bevölkerung sogar den Geist des Widerstands gegen Hitler verraten. Gerechtigkeit wich auch nach 1945 neuer Willkür. Ein schlechter Neubeginn für Europa.

Wie kann man aus einer solchen Hölle des Grauens ein friedliches und fruchtbares Miteinander für Gegenwart und Zukunft gewinnen? Nur durch Wahrheit! Wir müssen uns in Deutschland und Europa unserer Vergangenheit auf dem Fundament der Unteilbarkeit von Menschenrechten offen stellen.

Günter Grass und der polnische Journalist Adam Michnik haben in großer Einmut festgestellt, dass historische Versöhnung nicht stattfinden kann, wenn düstere Kapitel der Vergangenheit tabuisiert werden. Zu diesen Kapiteln unserer gemeinsamen europäischen Vergangenheit gehört eben auch die gewaltsame Vertreibung der Deutschen aus ihrer Heimat. Und Heimat ist mehr als nur ein geografischer Begriff, mehr als eine Landschaft mit ihrer Siedlungsgeschichte, mehr als vertraute Dörfer, Städte, Baudenkmäler. Heimat ist tragender Grund, Teil unserer Identität. Heimat, das sind Früherlebnisse und Kindheitserinnerungen, Überschaubarkeit und Geborgenheit. Die Heimat des Millionenheeres der Vertriebenen liegt nicht in einer einzigen Region. Es sind viele Heimaten. Und ich kenne nur wenige in Deutschland, die tatsächlich wissen, woher ihre vertriebenen Nachbarn stammen.

In Deutschland haben sich zwangsweise Menschen zusammengefunden, die ihre Heimat über Jahrhunderte in ganz unterschiedlichen Gebieten Mittel-, Ost- und Südosteuropas hatten. Sie kommen aus Estland, Lettland, Litauen, aus Bessarabien und dem Buchenland, aus dem Banat, aus Siebenbürgen, den Karpaten und dem Sathmar, es sind Dobrudscha- und Bulgariendeutsche unter ihnen, sie hatten ihre Heimat im Weichsel-Warthe-Gebiet Polens, sie kommen aus Ungarn und dem donauschwäbischen Gebiet des früheren Jugoslawien, und sie kommen bis heute als Russlanddeutsche aus den Deportationsgebieten, in die sie durch Stalin verfrachtet wurden, verbracht aus ihrer Heimat an der Wolga, am Schwarzen Meer und im Kaukasus. Der größte Teil der Vertriebenen aber stammt aus Ostpreußen, Westpreußen, Pommern, dem Freistaat Danzig, Schlesien und Ostbrandenburg, also dem früheren Ostdeutschland, das heute zwischen Russland und Polen aufgeteilt ist. Vor dem Hintergrund ihres zutiefst gewalttätigen Heimatverlusts bleibt aber Heimat für zahllose Vertriebene Traum und Albtraum zugleich.

II.

Die Erinnerungen meiner Mutter

Alles, was uns begegnet, lässt Spuren zurück.
Alles trägt unmerklich zu unserer Bildung bei.
JOHANN WOLFGANG VON GOETHE

Mammi, so nannten und nennen wir Kinder unsere Mutter bis heute, hat 1986 ihre Erinnerungen für uns vier niedergeschrieben. Wir vier, das sind nach uns Kriegskindern Uschi – eigentlich Ursula – und mir meine Geschwister Gloria und Robert, die in das beginnende deutsche Wirtschaftswunder hineingeboren wurden. Meine Mutter ist in Berlin aufgewachsen, das war für sie auch Heimat. Nicht ihr Geburtsort Bremen, wo sie 1922 das Licht der Welt erblickte. Mammis Aufzeichnungen habe ich zunächst nur sehr flüchtig überflogen und mit ein paar freundlichen Worten für viele Jahre zur Seite gelegt. Ich glaube, das war eine stille Enttäuschung für sie. Heute lese ich sie wieder und wieder und bin dankbar dafür. Antwort auf die Fragen, die mir in den vergangenen Jahren zu meinem Geburtsort Rahmel oft gestellt wurden, lasse ich deshalb meine Mutter selbst durch Teile ihrer Aufzeichnungen geben – als späte Wiedergutmachung. Darin erzählt sie:

»Über Politik wurde bei uns nicht viel gesprochen, sie interessierte mich damals auch noch nicht. Zu feierlichen Anlässen hing vom Balkon die schwarz-rot-goldene Fahne. Die einzige Fahne, die wir jemals besaßen.

So bin ich bis zum 14. Lebensjahr herangewachsen. Dann fing ich zwangsläufig an, mir meine politische Meinung zu bilden. Und das kam so: In unserer Klasse erschien eines Tages eine Kommission von Damen. Sie erzählten uns vom Landjahr, wie schön das doch sei, und wir brauchten später auch nicht mehr zum Arbeitsdienst. Rechnen konnte ich schon damals. So fand ich es billiger, jetzt zum Landjahr zu gehen, als später aus dem Beruf herausgerissen zu werden und zum Arbeitsdienst zu müssen.

So meldete ich mich freiwillig. Ich hätte mich lieber ohrfeigen sollen. Eines Tages fand ich mich dann mit 40 Mädchen aus Berlin und 40 Mädchen aus Weißenfels in Emmerich am Rhein ein. Uns erwartete ein großes, graues Haus, in das wir alle nebst Führungsstab hineinpassten. Nachdem sich das Tor hinter uns geschlossen hatte, merkten wir bald, dass wir Gefangene waren. Das Grundstück war von einer großen Mauer umgeben, wovon die eine Seite Friedhofsmauer war. Unsere privaten Sachen mussten wir abgeben und bekamen Uniformen (BDM-Uniform). Eine zum Arbeiten und eine für sonntags und um morgens und abends die Fahne zu grüßen. Heute wird jeder Verbrecher besser behandelt als damals wir unschuldigen Mädchen. Jeder Brief von uns, den wir nach Hause geschrieben haben, wurde zuerst von den Führerinnen gelesen. Wenn irgendetwas Belastendes darin stand, bekamen wir ihn zurück und obendrein eine Strafarbeit. Pakete von zu Hause wurden vor unseren Augen geöffnet. Kuchen, Süßigkeiten und Bücher wurden beschlagnahmt. Wir durften und konnten auch mit keinem Bewohner des Ortes sprechen, da wir nie rauskamen. Ausgang gab es nicht, nicht mal Freizeit im Lager. Das Einzige, was ich immer reichlich bekam, waren Strafarbeiten. Mit einer Leidensgenossin, auch aus Berlin, haben wir einen Teil unseres Lebens damit verbringen müssen, Jauche zu tragen. Von den Klos, die außerhalb des Hauses lagen, wurde die Jauche in Eimer gefüllt und zirka 100 Meter an das Ende des Grundstücks gebracht. Das natürlich bei Wind und Wetter. Ansonsten lernten wir den ›deutschen Gruß‹ und Marschieren, wozu auch Nachtübungen gehörten. Folgendermaßen wurde das gehandhabt: Um ein oder zwei Uhr nachts wurde gepfiffen. Dann mussten wir marschbereit mit gepacktem Tornister in fünf Minuten unten angetreten sein. Klappte es nicht, wurde so lange wiederholt, bis es klappte. Es ging aber immer wieder erst schön ins Bett, wobei kontrolliert wurde, ob wir auch ausgezogen waren. Eine weitere Quelle der Freude waren die überraschenden Spindappelle. Es flog gnadenlos alles auf den geölten Fußboden, wenn nur eine Kleinigkeit der Führerin nicht passte. Übrigens, auf die Bezeichnung ›Führerin‹ legten diese Damen großen Wert. Da fing ich dann an, über das Wort ›Führer‹ nachzudenken. Es kam dabei nichts Gutes heraus. Nichts, was ich damals hätte sagen können, ohne Ärger zu bekommen. Aber einmal war auch das vorbei. Die BDM-Uniform durften wir behalten, als Entgelt für neun Monate Ärger.

Dass wir inzwischen dem BDM beigetreten waren, war uns allerdings neu. Und wieder kam eine Führerin, wenn auch jünger. Der Spuk ging für mich nach etwa einem Jahr zu Ende. Ich verstehe bis heute nicht, wie reibungslos. Die Clubabende vom BDM oder wie immer sie sich nannten, begannen zweimal in der Woche 19 Uhr. Die Firma Kühl, bei der ich arbeitete, machte um 19 Uhr ihren Laden zu. Wenn ich dann schön langsam nach Hause geschlendert war, war es 20.15 Uhr. Bis ich gegessen hatte und dann endlich bei den Maiden eintraf, machten die gerade Schluss. So war es auch mit dem Sport. Nachdem Vorwürfe und gutes Zureden nichts halfen, vergaß man mich. Ich sie auch. Ein paar glückliche Jahre habe ich dann bei der Firma Kühl verbracht, die letzten am Kurfürstendamm.

Dann kam die Einberufung zum Arbeitsdienst. Die Versprechungen, die man uns bei der Anwerbung zum Landjahr gemacht hatte, hatten keine Gültigkeit mehr oder nie gehabt. Mein Chef erreichte zweimal eine Zurückstellung vom Arbeitsdienst, beim dritten Mal musste ich einrücken. Zurück blieb mein trauriger Verlobter. Nach meinen schlechten Erfahrungen zog ich diesmal ohne Illusionen los. Es wurde aber nicht so schlimm. Weihnachten bekam ich Urlaub und fuhr nach Hause. Meinen 20. Geburtstag feierte ich recht nett in der RAD-[Reichsarbeitsdienst]Baracke. Kurz bevor das halbe Jahr um war, erfuhren wir, dass anschließend noch ein halbes Jahr Kriegs-Hilfsdienst auf uns wartete. Zusammen mit ein paar Mädchen kam ich zum Fliegerhorst Rahmel, Kreis Neustadt/Westpreußen.

Wir hatten 1942, also schon drei Jahre Krieg. Es gab Lebensmittelkarten, und es fielen Bomben, auch auf Berlin.

So, und nun zu Rahmel. Ich weiß nicht mehr, wie viele Mädchen wir waren. Aus allen möglichen Lagern kamen wir hier zusammen. Die

Unterkunft, eine Holzbaracke, lag außerhalb des Fliegerhorsts. In unserem Zimmer schliefen wir zu acht, in doppelstöckigen Betten. Um acht Uhr begann unsere tägliche Arbeit. Ich kam in die Ausbildungsgruppe 2 und hatte die Schießkladden zu führen. Da wurden die Lehrer, die Schüler, die verschiedenen Schießstände, die Ergebnisse und das Datum eingetragen. Es waren viele Schießlehrer, für die ich zuständig war, aber nur einer ist mir wirklich im Gedächtnis geblieben. Es ist euer Vater.

Ich fühlte mich dort recht wohl. Die Arbeit war leicht, das Essen schlecht, und ausgehen durften wir bis 22 Uhr. Die Verpflegung besserte Papi für mich auf. Er machte mir jeden Morgen ein paar Vollkornbrote. Dazu immer eine Zigarette und manchmal Fliegerschokolade. Auf dem Weg zur Ausbildungsgruppe brauchte ich mir das Päckchen nur abzuholen. Das fliegende Personal bekam sehr gute Verpflegung, im Gegensatz zu uns. Ab und zu gingen wir abends aus.

Nach einem Vierteljahr löste ich meine Verlobung in Berlin. Da stand eigentlich schon fest, dass wir heiraten wollten. Eines Sonntags fuhren wir zum Essen abends nach Danzig. Wir fanden auch ein gutes Lokal, da gab es Wild. Wildfleisch bekam man, ohne von unseren wenigen Fleischmarken etwas abgeben zu müssen. Statt um zehn Uhr kam ich erst um elf Uhr in unserer Unterkunft an. Ich muss betonen, dass ich immerhin schon 20 Jahre alt war. Die Sache sollte ein großes Nachspiel haben. Mein Vergehen wurde an die höhere Dienststelle weitergemeldet. Auch dass ich in Berlin einen Verlobten besaß und nun hier mit einem wildfremden Mann zum Essen gefahren bin. Aus dieser harmlosen Sache wurde ein Drama gemacht, das einem Ehebruch gleichkam. So fiel denn auch die Verhandlung aus, die man mir machte. Ich sollte mich schämen, als deutsches Mädchen mit einem Mann essen zu gehen, wenn es nicht der Verlobte ist. Also knobelte man an einer Strafe für mich herum. Das war nicht so leicht, es gab keine Gesetze für solche Delikte. Nach langer Beratung kam man überein, an das Ende meiner Dienstzeit 14 Tage als Strafe anzuhängen. Die anderen fuhren nach Hause, ich blieb da und noch eine andere Sünderin. Da keine Führerin mehr da war, um auf uns aufzupassen (sie hatten wohl keine, die ebenfalls bestraft werden musste), machten wir Urlaub. In dieser Zeit küm-

merten wir uns, euer Vater und ich, um die Heiratspapiere. Ich musste ja meine arische Großmutter nachweisen. Bei ihr hatte ich keine Angst, nur der Großvater war so schwarzhaarig. Es dauerte zwar lange, aber dann bekam ich auch dieses Dokument. Am 18. Januar 1943 war es dann so weit.

Wir hatten eine Wohnung und konnten heiraten. Später bekamen wir auch ein Häuschen innerhalb des Fliegerhorsts. Dort kam unsere Erika zur Welt. Leider war Erika ein fauler Trinker, und ich bekam eine vereiterte Brust. Zur Operation musste ich nach Gotenhafen ins Krankenhaus. Erika nahm ich mit. Noch jemand begleitete mich, mein Schutzengel. Das wusste ich da aber noch nicht. Die Ärztin, welche mich operierte, begrüßte ihre Patienten mit ›Heil Hitler‹. Auf meine Frage, ob ich aufhören könnte mit Stillen, bekam ich zur Antwort: ›Eine deutsche Mutter stillt ihr Kind.‹ Die Schmerzen quälten ja mich und nicht sie. Das wirkte auf mich wie ein rotes Tuch auf einen Stier. Der Papi rief mich jeden Abend auf der Station an, um sich nach meinem Befinden zu erkundigen. Ich hörte nur meinen Namen, so schnell war ich noch nie aus dem Bett raus. Ohne Morgenrock und Schuhe sauste ich in den Flur, nahm der verdutzten Schwester den Hörer aus der Hand und sagte: ›Hol mich sofort hier raus!‹

Am nächsten Morgen war er da, unterschrieb ›Entlassen auf eigene Verantwortung‹ und zog mit uns beiden los. Zwei Tage später musste ich zum Verbinden wieder hin. Die Hälfte des Krankenhauses war infolge eines nächtlichen Bombenangriffs nur noch ein Schutthaufen. Die Kinderstation war auch betroffen. Wenn ich auch vielleicht davongekommen wäre, Erika hätte den Angriff nicht überlebt.

Luftangriffe hatten wir bis dahin nie. Meist waren Danzig oder Gotenhafen betroffen. Alarm hatten wir dann auch immer. Ein paar Meter vom Haus war ein zur Hälfte abgedecktes Erdloch. Es bot zwei bis drei Personen Platz. Zu unserer Familie gehörte auch unser Purzel, ein kleiner Dackel. Auch er fand bei Alarm dort Unterschlupf. Es war Ostersonntag, der 9. April 1944, ein strahlender Tag mit Sonne und blauem Himmel. Kurz vor Mittag gab es Luftalarm. An diesem Tag brachte ich Erika ins Deckungsloch, sie schlief. Ich selbst setzte mich mit Purzel auf die Bank vor unserem Haus. Ich sah über das Rollfeld und wartete auf die Rückkehr meines Mannes. Ein paar Soldaten standen noch in der Gegend herum, und plötzlich waren alle verschwunden. Ich habe die erste Welle von Flugzeugen nicht kommen sehen und auch nicht gehört, sie flogen in 12 000 Metern Höhe. Beim Heulen der Bomben und nach den ersten Detonationen ergriff ich meinen Hund und rannte zum Deckungsloch. Der Lärm der detonierenden Bomben war kaum zu ertragen. Der Angriff wurde von zirka 120 amerikanischen Super-Fortress in drei Wellen durchgeführt. Sie legten einen Bombenteppich über das ganze Rollfeld. Man kann es nicht beschreiben, wie entsetzlich elend man sich in solchen Augenblicken vorkommt.

Als es ruhig wurde, steckte ich vorsichtig meinen Kopf aus dem Loch. Die Flugzeughallen und die davor abgestellten Maschinen brannten. Dort in der Nähe musste auch mein Mann sein. Unser Haus stand noch, wenn auch mit abgedecktem Dach und zertrümmerten Fenstern. Drinnen sah es wüst aus. Die Deckenlampen lagen am Boden, Putz und

Schutt bedeckten alles. In dieses Durcheinander brachte man mir meinen schwer verletzten Mann. Es hat viele Tote und Verletzte gegeben. Mit Unterstützung eines Kameraden hat sich mein Mann nach Hause geschleppt. Er hatte einen riesigen Bluterguss zwischen den Schulterblättern, verursacht durch die flache Seite eines großen Bombensplitters, sowie eine Fraktur des ersten und dritten Lendenwirbels, wie es sich später herausstellte. Notdürftig säuberte ich die Betten, damit Mann und Kind liegen konnten. Da gab es schon wieder Alarm. Ich fand einen Bauern, der uns mit Pferd und Wagen aufs Feld fuhr. Diesmal war es blinder Alarm. Ich stand jetzt da mit einem verwüsteten Haus, einem neun Monate alten Kind, einem kranken Mann und wieder schwanger.

Im September kam dann unsere Uschi zur Welt. Von Anfang an ein Sorgenkind. Sie hatte einen großen Magenpförtnerkrampf. Milch kam in einem großen Bogen wieder heraus. So versuchte ich, ihr alle paar Minuten einen Teelöffel Brei in den kleinen Mund zu schieben. Sie sah so elend aus, dass Besucher einmal sagten, das arme Wurm würde doch wohl besser sterben. Da ich das aber unter keinen Umständen wollte, päppelte ich sie in Tag-und-Nacht-Arbeit teelöffelweise hoch.

Nach einer Kur in Bergwang in Tirol im August 1944 hatte sich euer Vater so weit erholt, dass er wieder Dienst tun konnte. Vom Oktober 1944 bis Anfang Januar 1945 musste er zum Offizierslehrgang bei der Luft-Kriegs-Schule 12 in Bug auf Rügen. Am 9. Januar kam er als Leutnant vom Lehrgang nach Rahmel zurück.

Die Kriegsereignisse wurden jetzt langsam bedrohlich. Nicht wir, sondern ›der Russe‹ war auf dem Vormarsch. Der zweite Mann meiner Mutter war Kommunist und hörte heimlich ausländische Rundfunksender ab. Er wusste also mehr über den Stand der Dinge als wir. Zu dieser Zeit schrieb er mir, ich sollte schnellstens mit den Kindern nach Berlin kommen. Meine Dummheit und jugendlicher Eigensinn ließen nicht zu, seiner Aufforderung zu folgen. Nach vier Monaten, Mitte Januar, war Uschi ein gut genährter Säugling. Der Schulbetrieb auf dem Fliegerhorst wurde eingestellt und die Verteidigung vorbereitet. Ich packte alles, was mir wichtig war, in eine große Holzkiste mit Berliner Adresse. Soldaten der Schlachtstaffel, welche zurückverlegt wurden, nahmen die Kiste mit, um sie später aufzugeben. Einige der Soldaten sah ich später in Schleswig-Holstein wieder, die Kiste aber nicht mehr.

Damals waren zum Glück die tiefen Kinderwagen modern. Wäsche und Windeln kamen da unten rein, auch noch Rock und Bluse für mich. Wir brauchten ja nicht so viel bis Berlin. Die Züge fuhren noch bis dahin. Der Papi brachte uns zum Bahnhof, der voller Menschen war. Jetzt wollten alle weg. Wir fanden Platz in einem Güterwagen, der mit Stroh ausgelegt war. Die Verpflegung, die ich mithatte, hätte dicke bis Berlin gereicht. So gut es eben ging, machten wir es uns im Stroh bequem. Erwähnen muss ich noch, dass der Winter sehr kalt war und der Schnee bis zu den Knien reichte. Uschi lag warm in ihrem Kinderwagen, Erika wickelte ich noch in eine dicke Krimmer-Wolljacke von mir, und Purzel drückte sich eng an uns. So verbrachten wir die erste Nacht.

Der Zug fuhr nicht ab, auch die nächsten vier Tage nicht. Ab und zu bekamen wir Suppe aus der Feldküche, manchmal ein Fläschchen Milch für Uschi. Der arme Purzel wurde in den Gepäckwagen gesperrt, weil einige Mitreisende es unhygienisch fanden, mit einem kleinen Hund im Dreck zu sitzen. Nachdem er draußen war, war der Dreck immer noch derselbe. Unsere Erika war mit eineinhalb Jahren schon vollkommen sauber. Sie hat während der ganzen Flucht nie in die Höschen gemacht. Für Uschi musste ich die Windeln noch waschen. Das mit Schnee zu tun und sie dann noch trocken zu bekommen, war unmöglich. Ich legte auf das Gummituch eine dicke Lage Zeitungspapier, dann den Säugling darauf, und drum herum kamen die Moltontücher. Uschi weinte viel, sie wurde nicht satt und wurde wund. Wenn ich Brot hatte, kaute ich es ihr vor und steckte es ihr dann in den Mund. Erika wurde immer apathischer, sie weinte kaum, nicht vor Hunger, nicht vor Kälte. Wir froren Tag und Nacht.

Papi lag inzwischen mit seiner Kompanie in einem Waldlager, zirka 20 Minuten entfernt. Er kam, immer wenn er konnte, um nach uns zu sehen. Nach fünf oder sechs Tagen hieß es, alles aussteigen, der Zug bleibt stehen. Die Russen hatten die Bahnstrecke abgeschnitten. Also gingen wir mit ins Waldlager, aber nur für ein paar Tage.

Papi erfuhr, dass von Gotenhafen noch Schiffe fuhren, und besorgte uns Karten für den ›Pelikan‹. Die letzten Plätze für die ›Gustloff‹ waren kurz vorher vergeben. Am nächsten Tag war es so weit, und Papi brachte uns aufs Schiff. Wir kamen unter Deck in einen Raum mit acht oder sogar zehn doppelstöckigen Betten. Es bekamen immer zwei oder drei Personen ein Bett. Wir waren noch sehr gut dran. Die meisten Flüchtlinge schliefen auf dem Boden. An Bord war es sehr warm, was wir nach der vielen Kälte als recht angenehm empfanden. Ich hatte mit den Kindern ein unteres Bett. Mit Kopf und einem Seitenteil stand es an der Wand. So hatten die Kinder mehr Ruhe zum Schlafen. Als Erstes war ich dann auf der Suche nach einem Eimer und Wasser. Ich wurde fündig, und endlich konnte ich die Kleinen mal wieder waschen.

Jetzt waren wir schon einen Tag auf dem Schiff, und noch immer lag es im Hafen. Am nächsten Morgen erfuhren wir, dass die ›Wilhelm Gustloff‹ versenkt worden war, nur ein paar Stunden nach ihrem Auslaufen am 30. Januar 1945. 84 Schiffe gingen allein im Dezember 1944 verloren und zwölf im Januar 1945. Zwei Tage nach der ›Gustloff‹ liefen wir dann aus. Jetzt war die Angst natürlich noch größer. Am Beginn der Reise gab es eine Detonation, ein kleineres Begleitboot neben uns war in die Luft geflogen. Überlebende gab es keine. Waren wir die Nächsten? Eines Tages fiel ein kleiner Junge über Bord. Die arme Mutter hat fast ihren Verstand verloren. Man musste sie einsperren, sonst wäre sie nachgesprungen. Das Schiff hielt nicht an.

Zu unserem Kummer hatten wir Schnee und Wind, und langsam steigerte sich das Wetter zu einem heftigen Schneesturm. Das Schiff schlingerte stark, und viele Leute waren seekrank. Komischerweise nicht die Kinder. Es war alles sehr unappetitlich; wo man hinsah, übergab sich einer. Dann wurde der Kurs geändert, aus welchem Grund, blieb unklar. Vielleicht waren feindliche U-Boote geortet. Jetzt waren wir ohne Begleitboot und fuhren Kurs Bornholm. Eine Woche waren wir schon auf See und noch nicht am Ziel. Die Verpflegung wurde knapp. Es gab täglich vier Knäckebrote und eine dünne Suppe, zuletzt nur noch Knäcke.

35

Zwölf Tage waren wir schon unterwegs, als plötzlich mitten in der Nacht ein heftiger Schlag durch das Schiff ging. Es krachte und polterte, wir glaubten zu kentern. Unter der Tür kam Wasser herein, und Panik drohte auszubrechen. Nun hat es uns doch erwischt, so kurz vor dem Ziel. Dann ertönte der Lautsprecher, welcher alle aufforderte, auf ihren Plätzen zu bleiben und Ruhe zu bewahren. Etwas später kam durch, dass keine Lebensgefahr bestünde. Was war los? Ein sehr viel größeres Schiff hatte uns in der Dunkelheit gerammt. Ein zirka fünf Meter großes Loch in der Seite war der sichtbare Erfolg. Es wurde hierdurch die Küche zerstört, die an dieser Bordwand lag. Die Beschädigung lag über der Wasserlinie, und nur durch das Schaukeln wurde Wasser aufgenommen. Das Leck wurde so gut wie möglich repariert, und wir konnten unsere Fahrt fortsetzen. Nur Sturm durften wir keinen bekommen. Für die Uschi bekam ich zwei Tage vor der Landung die letzte Dose Milch, welche an Bord war.

Nach zwei Wochen hatten wir es geschafft und gingen statt in Swinemünde in Stralsund an Land. Es war nicht zu fassen, wir hatten es geschafft! Die seelische und körperliche Erschöpfung kam, als die Angst verflogen war. Ich war nicht mehr in der Lage, meinen Kinderwagen zu schieben. Eine Frau vom Roten Kreuz tat das für mich. Bis dahin weiß ich noch alles ganz genau, dann setzt es bei mir aus. Verschwommen habe ich noch mitbekommen, wie jemand der Uschi eine Flasche gab. Danach wurden wir in einen Zug gesetzt. Nun ist gähnende Leere bei mir. Wir müssen also von Stralsund nach Flensburg gefahren sein und von dort auf die Dörfer. Ich weiß es nicht mehr. Mein Bewusstsein setzte erst wieder ein, als ich mich in der Küche eines Bauernhauses wiederfand. Der Ort, in dem ich gelandet war, hieß Kleinjörl und bestand aus fünf Höfen. Er lag zwischen Flensburg und Husum. Verständlicherweise wurden wir nicht gerade mit Begeisterung aufgenommen. Die Flüchtlinge störten die Beschaulichkeit der Bauern, die unter dem Krieg bis jetzt noch nichts zu leiden hatten.

Nun zu dem Haus, in dem wir jetzt wohnen sollten: Von der Küche aus kamen wir in eine kleine Kammer. Wenn ich klein sage, habe ich noch übertrieben. Sie enthielt ein Bett und einen Schrank. Wenn am Abend der Kinderwagen mit rein sollte, ging die Tür nicht zu.

Unsere Uschi wurde krank. Ich rief einen Arzt an, der gerade selber nicht gesund war und bei der Kälte nicht die weite Strecke fahren konnte. Ich war ratlos, und Uschi wurde immer schwächer. Am späten Nachmittag hatte der Nachbar einen Unfall. Er hackte sich beim Holzhauen einen Finger ab. Er musste nun schnell ins Krankenhaus. Bis die Pferde angespannt waren, dauerte es immer ein bisschen. Schnell packte ich Uschi warm ein und gab sie seiner Frau auf den Arm. Auf einem Zettel hatte ich Name und Adresse aufgeschrieben. Am nächsten Morgen machte ich mich, mit Erika im Kinderwagen, auf den Weg nach Flensburg. Was ein Umstand! Bis zum Bahnhof waren es zehn Kilometer. Die ich tippeln musste. Gegen 17 Uhr kamen wir im Krankenhaus an. Uschi ging es sehr schlecht. Ich ließ sie nottaufen, Erika gleich mit.

Von den Schwestern bekam ich die Adresse einer Frau, die uns aufnehmen konnte. Sie behielt Erika, und ich konnte vier Wochen lang von morgens bis abends bei Uschi sein. Sie war jetzt ohne Bewusstsein und lag in der Wäschekammer. Dass sie wieder gesund würde, daran glaubte nur ich. Sie bekam noch einen Abszess am Rücken und musste operiert werden.

Dann ging es wieder zurück aufs Land. Unser Zimmer war inzwischen von drei Flüchtlingen besetzt. Jetzt kamen wir nach Großjörl. Ein malerisches Dorf mit einem Storchennest auf der Bäckerei. Da lebten wir bei einer netten Frau in einem kleinen Häuschen. Der Krieg wurde verloren, und der Sommer ging vorbei, da kam ihr Mann zurück.

Es hieß wieder umziehen, diesmal nach Stieglund und abermals auf einen Bauernhof. Das Altenteil des Hauses stand bis vor kurzem leer. So mussten Flüchtlinge aufgenommen werden. Mit uns zog eine Familie mit acht Kindern ein. Die Kinder ihrer toten Schwester. Ich bewundere diese Frau noch heute. Sie bewohnte den großen Raum, wir den kleinen. Von den Kindern wurde sie Tante Lotte gerufen, wir nannten sie später auch so.

Das wenige, das es an Lebensmitteln gab, musste aus dem acht Kilometer entfernten Großjörl geholt werden. Die Molkerei lag zehn Kilometer entfernt. So langsam begann ich Hassgefühle gegen die Bauern zu entwickeln. Sie tauschten ihre Lebensmittel gegen Schmuck, Pelze und

Teppiche ein. Als mir mal die Milch für die Uschi sauer geworden war und ich nur ein Babyfläschchen voll von ihnen erbat, sagte man mir, wir seien schlimmer als die Kakerlaken.

Trotz allem versuchte ich auch hier erst einmal im Guten auszukommen. Im Winter nähte ich und half beim Dreschen. Als Lohn gab es Brot mit Magerquark, ohne Butter. So ging das nicht, wir lebten auf dem Land und hungerten. Ich musste mir dringend etwas einfallen lassen, um das zu ändern. Meine erste Idee war dann auch gleich erfolgreich. Wir bekamen jeden Monat mit den Lebensmittelkarten auch eine Raucherkarte für Tabak oder Zigaretten. Viele von den älteren Flüchtlingen rauchten nicht. Ich kaufte ihnen die Karten für 50 Reichsmark pro Stück ab. Dann verkaufte ich eine Zigarette für fünf Reichsmark, das waren zwei Reichsmark unter dem Schwarzhandelspreis. Das Geschäft ging blendend.

Bald konnte ich den Kindern, die in den letzten Monaten nur noch in Socken gelaufen waren, Schuhe kaufen. Auch auf dem schwarzen Markt. Bezugsscheine für Bekleidung und Schuhe bekamen nur die Bauern. Dann sorgte ich für eine Verbesserung unserer Lebensmittellage. Tante Lotte nahm meine Kinder, und ich ging schon um sechs Uhr früh in Richtung Husum. So früh deshalb, weil da die Milchwagen fuhren und mich etappenweise mitnahmen. Bis ich im Husumer Hafen ankam, waren auch die ersten Fischer mit ihrem Fang zurück. Da tauschte ich Zigaretten gegen Fisch, meistens Schollen. Auf dem Rückweg fand ich auch Wagen zum Mitnehmen. Mittags kam ich wieder in Stieglund an. Was uns noch an Gemüse und Kartoffeln fehlte, holten wir nachts vom Feld. Auch Torf aus dem Moor beschafften wir uns so. Das war allerdings Schwerstarbeit. Vom Papi hatte ich noch nichts gehört, und ich ließ ihn durch das DRK suchen.

Im Sommer lernte ich, den Torf zu stechen, um in Zukunft auch da mein eigener Herr sein zu können. Wir wussten ja nicht, wie lange wir bleiben mussten. Melken lernte ich übrigens auch und machte uns Butter und Käse selbst. 1948 wurde endlich die Zuzugsbeschränkung nach Berlin aufgehoben, und wir konnten wieder zurück.

Mutters zweiter Mann war inzwischen Stadtrat und Leiter des Arbeitsamts. Dadurch hatte er Beziehungen, die auch uns zugute kamen. Also brachen wir unsere Zelte ab und fuhren von allen beneidet nach Berlin.

Inzwischen hatte ich auch Nachricht vom DRK, euer Vater war in russischer Gefangenschaft. Nach viereinhalb Jahren, am 9. November 1949, kam er überraschend zurück. Wir freuten uns sehr. Da er vollkommen unterernährt und mit den Nerven fertig war, kam er sehr bald zur Kur. Er wollte nicht in Berlin bleiben, sondern nach seiner Kur nach Hanau. Zum achten Mal seit meiner Hochzeit in ein neues Quartier. Wir hatten hier nur ein möbliertes Zimmer. Der Papi war krank und arbeitslos, es ging uns nicht sehr gut. Jetzt hatten wir keine Lebensmittelkarten mehr, aber auch kein Geld. Erika wurde zum zweiten Mal eingeschult, nachdem sie in Berlin schon ein halbes Jahr zur Schule gegangen war. Sie war durch die Flucht ein sehr schüchternes kleines Mädchen. Uschi war lebhafter, behielt aber auch etwas von dieser schlimmen Zeit zurück.«

Ja, meine Mutter hatte recht. Ich war ein außerordentlich schüchternes Kind. Meine Lieblingsbeschäftigung war vom ersten Schuljahr an, sobald ich es konnte, lesen, lesen, lesen. Während sich Uschi lebhaft mit aller Welt unterhielt und keine Scheu vor Menschen hatte, hörte ich zumeist still zu und zog mich zurück. Das änderte sich ganz allmählich, nach dem ich begann, Geige zu spielen und mit anderen gemeinsam zu musizieren.

In der Hanauer Karl-Rehbein-Schule, einem Gymnasium für Mädchen, wurden an interessierte und musikalische Schülerinnen Musikinstrumente verliehen. Da ich bereits C-Block-Flöte und Tenorflöte spielen konnte, hielt man mich für förderungswürdig.

Aber meine Eltern, die immer noch jeden Pfennig zweimal herumdrehen mussten, sperrten sich zunächst wegen der Kosten für den natürlich erforderlichen Geigenunterricht. Sie hatten zudem inzwischen vier Kinder zu ernähren, neben Uschi und mir meine Nachkriegsgeschwister Gloria und Robert. Und sie hatten gerade ein eigenes Haus gebaut, das noch in Teilen Rohbau war und nur Schritt um Schritt vorangebracht werden konnte.

39

Der Geigenunterricht war ihnen verständlicherweise einfach zu teuer.

Aber ich hatte mir das Geigenspielen fest in den Kopf gesetzt. Ich wollte es unbedingt. Schließlich gelang es mir, meine Eltern breitzuschlagen. Sie waren bereit, eine halbe Geigenstunde pro Woche zu bezahlen.

Mit dem Geigen begann ich innerlich frei zu werden. Es war eine emotionale Ausdrucksmöglichkeit, die meiner Seele Freiheit verschaffte, es war wie ein Durchatmen nach Jahren der beständigen latenten Gefühle von Not und Bedrängnis.

Mit 18 Jahren lernte ich durch die Musik meinen heutigen Mann Helmut kennen. Er war Chefdirigent in Frankfurt am Main und leitete zudem das »Jugend-Symphonie-Orchester Frankfurt«, das er blutjung 1949 mitbegründet hatte und mit dem er internationale Preise gewann. Dort begegneten wir uns. Immer wenn ich an mir zweifelte oder glaubte, etwas nicht zuwege bringen zu können, stärkte er mit enormer Überzeugungskraft, eine Fähigkeit, die jedem guten Dirigenten eigen ist, mein Selbstvertrauen. »Was andere können, das kannst du auch – du kannst es sogar besser.« Dieser Satz, von ihm immer und immer wieder geradezu gepredigt, half mir sehr. Er ließ Selbstvertrauen wachsen.

Sehr zum Erstaunen meiner Eltern wurde aus ihrer stets schüchternen und zurückhaltenden Tochter nach und nach ein sich selbst vertrauender Mensch.

Die Aufzeichnungen meiner Mutter klären auch eine Frage für mich. Vor geraumer Zeit bekam ich Post von einer freundlichen Polin aus Rahmel/Rumia. Darin berichtet sie, dass wir im gleichen Haus wie ihre Familie gewohnt hätten, dass ich dort geboren worden sei und sie mit mir »wie mit einer Puppe« gespielt habe. Weiter ging daraus hervor, dass unsere Familie plötzlich verschwunden sei, was sie sehr traurig gemacht hätte. Ihr Vater hätte damals gesagt, wir seien alle ertrunken. Da ich aber in dem Haus auf dem Flugplatz zur Welt gekommen bin, muss es sich um eine andere Familie gehandelt haben, um die sie trauerte. Auf jeden Fall habe ich mich seinerzeit sehr über die Zeilen dieser Polin gefreut und ihr geschrieben.

40

In Rahmel also lernten sich meine Eltern kennen. An einem Ort, der für beide nicht Heimat war, an einem Ort, wohin der Krieg sie verschlagen hatte. Es war der Ort ihrer großen Liebe, die ihr ganzes Leben mit Höhen und Tiefen Bestand hatte. Zwei Menschen, die beide, als Adolf Hitler an die Macht kam, noch nicht volljährig waren, deren Jugend durch Diktatur, Krieg, Flucht, Kriegsgefangenschaft zerrann.

III.
Terra incognita: Die Heimat der Deutschen aus Ostmitteleuropa

Was du ererbt von deinen Vätern hast,
erwirb es, um es zu besitzen.
JOHANN WOLFGANG VON GOETHE

Als im Mai 2004 der neunte Bundespräsident gewählt wurde, fasste eine Zeitung die zuvor gelaufene mitunter skurrile Debatte unter der Überschrift »Mysterium der Herkunft« zusammen. Kaum jemand konnte die bessarabischen Wurzeln der Flüchtlingsfamilie Köhler verorten.

Im Falle der deutschen Geschichte im 20. Jahrhundert haben wir es mit dem einzigartigen Fall zu tun, dass seit eineinhalb Generationen Dutzende Schülerjahrgänge – ausdrücklich, oft unausdrücklich – die Geschichte ihres Heimatlandes nur in Fragmenten kennengelernt haben. Glücklicherweise ändert sich das zurzeit. Deutsche Vertriebene hatten keinen Platz in einem häufig gewollt, des Öfteren aber fast fahrlässigen ideologisierten Bildungsprogramm. Wer diese Feststellung für überspitzt hält, lese die luzide und im Ergebnis äußerst ernüchternde Analyse von Richtlinien und Schulbüchern im Fach Geschichte von 1945 bis zur Gegenwart, »Der historische deutsche Osten im Unterricht« von Jörg-Dieter Gauger (2001). Der Bonner Historiker resümiert: »Das beruhigende, pazifizierte und stillgelegte Europa, in dem wir heute leben, ist in Wahrheit aus einem ungeheuren Tumult von Flucht- und Umsiedlungsbewegungen hervorgegangen. Dieser Tumult hatte so ziemlich alles erfasst: die Grenzen, die einmal anders verliefen, die Städte, in denen einmal andere Bevölkerungen und Bevölkerungsgruppen lebten, die Regionen, in denen andere Sprachen gesprochen wurden. Wer heute (und hier zitiert er Karl Schlögel) über Europa sprechen will, muss … von den Säuberungen und Entmischungen, denen es unterworfen war, sprechen.«

So richtig das ist, trifft es dennoch nicht das Zentralproblem der Vertreibung der Deutschen aus dem früheren Ostdeutschland und aus Ostmitteleuropa: Die überwältigende Mehrheit der 15 Millionen deutschen Vertriebenen stammte eben nicht aus irgendwelchen balkanischen Mischzonen, Gemengelagen oder Minderheitengebieten, sondern aus seit vielen Jahrhunderten kompakt deutsch besiedelten Gebieten, über 70 Prozent davon überdies aus deutschem und Danziger Staatsgebiet. So etwas hatte es seit biblischen Zeiten nicht mehr gegeben.

Das macht einen enormen qualitativen Unterschied etwa zu den »ethnischen Säuberungen« in Kroatien und Bosnien-Herzegowina 1991 bis 1995 aus, wo es sich tatsächlich um eine freilich gleichfalls verbrecherische menschenrechtswidrige gewaltsame »Entmischung« handelte. Darüber sollte nicht vergessen werden, dass auch Hunderttausende Deutscher über zum Teil abenteuerliche Odysseen aus Gegenden nach Deutschland gelangten, von denen außer Fachleuten heute kaum jemand mehr etwas weiß. Wer weiß denn, dass in der heute serbischen Vojvodina die donauschwäbischen Siedlungsgebiete Batschka sowie Teile des Banats und Syrmiens liegen? Wer weiß, dass die Sathmarer Schwaben nicht aus dem Allgäu stammen, sondern aus dem Nordwesten Rumäniens oder dem Südosten Ungarns, wie man es nimmt.

Die weit verbreitete Unkenntnis über die Vielfalt der Herkunftsgebiete der deutschen Vertriebenen wurde aber geradezu schlaglichtartig deutlich an der allgemeinen Verwirrung über die Herkunft des Exbundespräsidenten Horst Köhler. Die Köhlers waren eine deutsche Bauernfamilie im damals russischen Bessarabien – also dem heutigen Moldawien –, wohin deutsche Kolonisten seit Beginn des 19. Jahrhunderts aus den reichen, aber übervölkerten deutschen Siedlungen in »Neurussland«, also der südlichen Ukraine, zuwanderten. Nach der Umsiedlung 1940 infolge des Hitler-Stalin-Pakts und der erzwungenen Abtretung Bessarabiens durch Rumänien an die UdSSR landete die Familie zwischenzeitlich in Siebenbürgen und nach einiger Zeit im heutigen Südosten Polens, also in Westgalizien. Man mag diesen prominenten »Fall«

als Beispiel für die Irrungen und Wirrungen der Geschichte der Deutschen innerhalb und außerhalb Deutschlands in den 40er-Jahren des vergangenen »Jahrhunderts der Vertreibungen« nehmen; eine anekdotische Ausnahme war er nicht. Für die außerhalb der Reichsgrenzen lebenden Volksdeutschen – aus Bessarabien und dem Buchenland, aus den baltischen Ländern und Wolhynien, aus Ostgalizien und der Dobrudscha zwischen Unterlauf der Donau und Schwarzem Meer – war es eher der Regelfall, aufgrund von ihnen nicht oder kaum zu beeinflussenden politischen Entwicklungen und Entscheidungen umgesiedelt, »eingedeutscht«, angesiedelt und schlussendlich vertrieben zu werden wie auch die neun Millionen Reichsdeutschen.

All diese Facetten deutscher Geschichte gehören zur gesamtdeutschen Identität. Hier ist heute nach wie vor ein riesiger weißer Fleck zu sehen. Wer sind wir? Wie haben wir im heutigen Deutschland zueinander gefunden? Das ist für die meisten Deutschen Terra incognita. Die Stiftung »Zentrum gegen Vertreibungen« wurde auch gegründet, um diesen Mangel zu beheben. Die Vertreibung der Deutschen aus Ostmitteleuropa – integraler Bestandteil der deutschen Geschichte? Unbedingt. Aber eben zugleich ein noch im kollektiven Bewusstsein zu integrierender. Dieser Teil deutscher und europäischer Geschichte und Schicksale geht nicht nur die Opfer an, sondern alle Deutschen. Die Heimat der Vertriebenen und viel mehr noch ihre Siedlungsgeschichte, die bis tief ins Mittelalter zurückreicht, liegt für die meisten Deutschen im Dunkeln.

Vor Jahrhunderten sind umwälzende, überwiegend gewaltlose Siedlungsprozesse in Gang gekommen, die das östliche Mitteleuropa und Teile von sowohl Ost- als auch Südosteuropa bis in die Gegenwart prägen. Versuche, nationalistische oder ideologische Erklärungsmuster zu konstruieren, überlagern dabei häufig die tatsächlichen historischen Vorgänge. Selbst wenn der zumeist bäuerlichen Besiedlung eine staats- oder lehnsrechtliche Inkorporierung einzelner Territorien in das Heilige Römische Reich Deutscher Nation folgte, geschah dies nicht gezielt, sondern um Jahrzehnte zeitversetzt – etwa in Mecklenburg. In manchen

Regionen existierte eine flächendeckende deutsche Besiedlung bereits Jahrhunderte vor einer tatsächlichen Anbindung an das Reich – wie etwa in Schlesien –, und die deutsche Ostsiedlung reichte bereits im Mittelalter in Gebiete, die weder damals noch später zum Reich gehörten: so Pannonien, Siebenbürgen oder Kleinpolen um Krakau.

Die hoch- und spätmittelalterliche Ostsiedlung bis zum 14. Jahrhundert war ein Teil eines größeren Vorgangs, der ganz Europa umfasste und veränderte. Die Bevölkerungswanderungen bewegten sich dabei keineswegs einseitig Richtung Osten.

Die dünn besiedelten Gebiete östlich der Elbe-Saale-Linie zogen zunächst Stämme der »Wenden« (lateinisch: »Sclavi«) an. Im achten Jahrhundert reichte ihre Siedlungsgrenze bis etwa an die Linie Kiel–Triest. Bodenfunde aus Siedlungen und Gräberfeldern belegen das friedliche Zusammenleben und die gegenseitige Beeinflussung der germanischen und der wendischen Bevölkerung.

Zunehmende Auseinandersetzungen zwischen Germanen, Slawen und Magyaren führten im zehnten Jahrhundert dazu, dass sächsische und karolingische Herrscherfamilien die Elbe-Saale-Enns-Linie als Ostgrenze des eigenen Königreichs verteidigten. Die heidnischen Obodriten, Liutizen, Wenden und andere elbslawische Stammesverbände standen in einem scharfen kulturellen Gegensatz zum christianisierten mittleren Europa. Für die Härte der Glaubensauseinandersetzungen zeugte der Slawenaufstand von 983.

Mit der sich rasch entwickelnden Staatlichkeit bei Polen, Tschechen und Ungarn setzte eine gegenläufige Entwicklung ein. Der polnische Fürst Mieszko legte nach schweren Niederlagen gegen das ostfränkisch-sächsische Reich 963 Otto I. den Treueid ab. Nach der Hochzeit mit Dubrawka, der Tochter Fürst Boleslavs I. von Böhmen, erhielten er und sein gesamtes Reich 966 die Taufe in Posen. Im Namen der Christianisierung versuchte er in der Folge, weiteres Land von heidnischen Slawenstämmen zu erobern.

Mit dieser Christianisierung Polens Mitte des zehnten Jahrhunderts und Ungarns zu Beginn des elften Jahrhunderts unter Stephan dem Heiligen erwachte eine Periode lebhafter kultureller Beziehungen. Insbesondere kirchliche Amtsträger initiierten die Siedlungsbewegung. Tragende Säulen der mittelalterlichen Wirtschaft waren die zahlreichen Klöster. Die Orden – insbesondere die Zisterzienser – leisteten mit Gründungen wie Leubus, Doberan, Eldena und Oliva, Zinna und Chorin, gerade bei der Kultivierung schwieriger Siedlungsgebiete, Pionierarbeit.

Im elften und zwölften Jahrhundert nahm die Bevölkerung des Abendlandes insgesamt stark zu. Franzosen richteten ihren Blick zur Neusiedlung nach Spanien, wo ganze Landstriche von der Maurenherrschaft befreit wurden.

Bewohner der heutigen Niederlande, des Rheinlands und Altdeutschlands wanderten Richtung Osten. Sie brachten dabei neue Siedlungsmodelle mit, etwa die verschiedenen Stadtrechtsformen. So wurde an der Ostsee bis ins Baltikum lübisches Stadtrecht zum Vorbild genommen, in Mittel- und Ostdeutschland Magdeburger und im böhmischen Raum Nürnberger Stadtrecht. Die Besiedlung im Bereich des späteren Mittel- und Ostdeutschland war aber keine Angelegenheit des Reichs. Ihren Ausgang nahm die Siedlungsbewegung in den flämischen und holländischen Moorkolonisationen im elften Jahrhundert. 100 Jahre später kultivierten Neusiedler die Sumpf- und Ödländereien an der unteren Weser und im Mittelgebirge. Im Laufe des zwölften und 13. Jahrhunderts wurden dann das östliche Mecklenburg, das westliche und mittlere Pommern, Brandenburg, Schlesien, die nördlichen, westlichen und südlichen Randgebiete Böhmens und Mährens besiedelt.

In Siebenbürgen entstand seit dem zwölften Jahrhundert ein geschlossenes deutsches Siedlungsgebiet. Im 14. Jahrhundert schließlich verlagerte sich das Schwergewicht der Siedlungstätigkeit nach Ostpommern in das Gebiet um Danzig, nach Ostpreußen, Oberschlesien und in das polnisch-ungarische Grenzgebiet. Mecklenburg, Pommern, Brandenburg und Ostpreußen wurden überwiegend von Sachsen, Friesen, Holländern und Flamen besiedelt. Das südliche Mitteldeutschland hingegen, Schlesien und das Sudetenland von Franken und Thüringern, schließlich Österreich und Siebenbürgen von Alemannen und Bayern.

Den slawischstämmigen Fürsten wie Abodriten, Greifen, böhmischen Przemysliden oder den schlesischen Piasten war es nicht entgangen, dass es sich für sie auszahlte, Siedler aus dem Westen anzuwerben. Die Öffnung der slawischen Herrscherhäuser nach Westen, verbunden mit Heiratsdiplomatie und Christianisierung, begünstigte die deutsche Ostwanderung des zwölften und 13. Jahrhunderts. Große Hochzeiten dieser Zeit waren die zwischen dem Piastenherzog Heinrich I. mit Hedwig von Andechs (heilige Hedwig) oder etwa die König Ottokars I. von Böhmen mit Adelheid von Meißen.

Von diesen friedlichen Besiedlungen hob sich das Schicksal der nicht slawischen, sondern baltischen Prußen ab, die sich der Eroberung und Christianisierung hartnäckig widersetzten. Der polnische Herzog Konrad von Masowien aus der Piastendynastie versprach dem 1220 neu auftretenden Deutschen Orden das Kulmer Land und weitere Eroberungen für den Fall des Siegs über die Prußen.

Die Dimensionen der Ostwanderung des zwölften und 13. Jahrhunderts macht die Zahl von 400 000 Siedlern, die in den Osten gingen, deutlich. Das waren etwa sieben Prozent der Bevölkerung in Altdeutschland.

Verkehrsgeografische Verhältnisse bestimmten die Wege der Siedler. Niederfränkische, friesische und sächsische Siedler folgten der Ostseeküste nach Ostpreußen, Livland, bis in den finnischen Meerbusen. Franken und Thüringer zogen am Nordrand des Erzgebirges und der Sudeten nach Osten. Alemannische und bayerische Siedler folgten dem Lauf der Donau, von wo aus sie das Burgenland, die Täler der Ostalpen und einige nördlich angrenzende Gebiete Böhmens und Mährens besiedelten. In dieser Zeit bildeten sich auch in Ungarn, im späteren Slowenien und in Kroatien sowie im nordöstlichen Italien deutsche Siedlungen.

Von der Mitte des zwölften bis zur Mitte des 14. Jahrhunderts hatte sich die deutsch besiedelte Fläche trotz der hohen Verluste durch die Mongoleneinfälle fast verdoppelt. Zahlreiche ältere slawische Siedlungen wurden zu Städten ausgebaut und mit Stadtrechten ausgestattet: Lübeck (1143), Riga (1204), Breslau (1211/36), (Danzig 1224/66), Posen (1253) oder Königsberg (1255). Zahllose Unternehmen, Handwerksbetriebe, Schifffahrts- und Bergbaugesellschaften wurden gegründet. Nicht nur die Hanse blühte auf. Die lebhafte Besiedlung endete um das Jahr 1350 nahezu abrupt. Eine verheerende Pestepidemie, die von 1347 bis 1349 in großen Teilen Europas wütete, war einer der Gründe.

Die Ostsiedlung vollzog sich fast ausschließlich unter den ökonomischen Gesetzen der mittelalterlichen Gesellschaft und ohne äußeren Zwang. Nationale Zielsetzungen spielten dabei keine erkennbare Rolle. Dass dadurch weite Teile Mitteleuropas innerlich deutsch wurden, war kein strategisches Ziel, sondern ein Ergebnis der Wanderungsbewegungen. Auf ein überwiegend friedliches Miteinander deutet ein Zitat des polnischen Bischofs von Posen, Bogufal II. (bzw. Gottlob), aus seiner um 1250 geschriebenen »Großpolnischen Chronik« hin: »Es hat kein anderes Volk auf dieser Welt mit einem anderen so viel Gemeinsamkeit und Verwandtschaft wie die Slawen und die Deutschen.«

Die umfangreichsten Siedlungsbewegungen erfolgten in der Neuzeit nicht mehr in Richtung Mittel-, sondern nach Südosteuropa. Die Siedlungsgeschichte nicht nur der Deutschen verzeichnete nach der spätmittelalterlichen Ostsiedlung einschneidende Katastrophen: Hussitenkriege und das Vordringen der Osmanen auf dem Balkan.

Im damals ungarischen Siebenbürgen führten die Eroberungen der Türken im 15. und 16. Jahrhundert zum Zerfall des bis dahin geschlossenen deutschen Siedlungsgebiets in vier Teilgebiete: Königsboden, Hermannstädter Provinz, Nösner- und Burzenland. Die meisten aus dem Mittelalter stammenden deutschen Kolonien in Altungarn gingen unter. Zahlreiche Städte fielen in türkische Hand und wurden zerstört. So auch Ofen 1541 (das spätere Buda). Die überlebende Bevölkerung wurde zum Großteil in die Sklaverei verschleppt. Die Rückeroberung setzte Ende des 17. Jahrhunderts ein. Nach der Wiedereroberung Ofens im Jahre 1686 bauten Deutsche die Schwesterstädte Ofen (Buda) und Pest wieder auf. Budapest – erst seit 1873 als Stadt vereint – war zwei Jahrzehnte überwiegend von Deutschen bewohnt, noch 1857 hielten die 60 000 Deutschen einen Anteil von 56 Prozent der städtischen Einwohnerschaft. Mit den Friedensschlüssen von Karlowitz 1699 und Passarowitz 1718 gab es die Möglichkeit von Wiederansiedlungen in den verwüsteten Gebieten im Donauraum. Die so genannten »Großen Schwabenzüge« in diese zerstörte Region (1722–1726) und die Ansiedlung unter Maria Theresia und ihrem Sohn Joseph II. (1763–1773 und 1782–1787) basierten auf dem »Impopulationspatent«, der königlich-ungarischen Siedlungsverordnung. Bis 1838 wanderten so insgesamt 8000 Schwaben hinzu. Vom Plattensee bis in das Ofener Bergland entstanden rund 130 deutsche Gemeinden, nach dem Ende türkischer Herrschaft über Siedlungen auch in der Baranya, der Batschka – der Heimat von Erzbischof Robert Zollitsch –, und im Banat, also dem heutigen Kroatien, Serbien oder Rumänien.

Die ungarischen Fürsten unterhielten zahlreiche Werbeagenturen, um neue Siedler zu gewinnen. Diese neuzeitliche Südostkolonisation im Donauraum brachte auch für die slawischen und romanischen Völker erhebliche wirtschaftliche Vorteile. So wie der Zerfall der osmanischen Herrschaft im Südosten zur Anwerbung deutscher Siedler führte, kam es nach dem Untergang der polnischen Adelsrepublik durch die Teilungen zwischen 1772 und 1795 zu massiven Anwerbungen. Das liberale Preußen (das Preußische Allgemeine Landrecht war bei Inkrafttreten 1794 selbstverständlich zweisprachig – deutsch und polnisch – veröffentlicht worden), das bis zum Zusammenbruch 1807 ganz Masowien mit Warschau und Großpolen umfasste, brauchte Menschen für die neuen Gebiete. Bis weit ins 19. Jahrhundert hinein waren dabei weder konfessionelle noch nationale Überlegungen die Triebfeder.

Mit der Niederlage Preußens 1807 und dem Wiener Kongress 1815 fiel der polnische Bereich an Russland. Die deutsche Ansiedlung in diesen Gebieten kam dennoch nicht zum Stillstand. Russland hatte einen immensen Bedarf an Siedlern, vor allem nach der Zerschlagung des Chanats der Krimtataren. Zarin Katharina II. hatte bereits früher mit ihrem Manifest vom 22. Juli 1763 christliche Ausländer aufgerufen, nach Russland zu kommen. Rund 100 000 Deutsche folgten dem Aufruf, auch aufgrund der selbst nach heutigen Kriterien verlockenden Konditionen: unter anderem großzügige Zuweisung von unbebautem Land, Steuerfreiheit bis zu zehn Jahren, Befreiung vom Militärdienst, Religionsfreiheit. Die Siedler ließen sich streng nach Konfessionen getrennt (Lutheraner, Katholiken, Mennoniten) nieder. Ihren Siedlungen gaben sie oft Namen aus der alten Heimat, wie beispielsweise Karlsruhe im Wolgagebiet. Bis 1914 erhöhte sich in Russland die Zahl der Deutschen in ihren über 3000 Siedlungen auf 1,7 Millionen.

Einerseits ist erkennbar, dass es noch im 19. Jahrhundert massive Siedlungsbewegungen gegeben hat. Andererseits aber war bereits zu Beginn des 19. Jahrhunderts das Wetterleuchten nationalistischen Denkens sichtbar. Dieser Nationalismus war zunächst eine Idee liberaler Denker, der sich im Wesentlichen auf die Regierungsform bezog. Erst gegen Mitte des 19. Jahrhunderts begannen sich die Nationalismen gegenseitig auszuschließen. Die Zugehörigkeit zu einer ethnischen Gruppe, die sich über die Muttersprache oder die Abstammung definierte, wurde in dieser Zeit zu einem Abgrenzungskriterium zwischen den verschiedenen Volksgruppen. Schließlich wurden die zunehmende Betonung des Nationalstaatsgedankens und der ansteigende Nationalismus zum Problem gerade für die Vielvölkerstaaten.

Das blieb auch für Deutsche nicht ohne Folgen. Gab es zum Beispiel 1872 in Ungarn noch 1810 deutsche Volksschulen, so waren es 1881 nur noch 933, und sie schrumpften bis 1918 auf ganze 14 Schulen. Die deutschen Namen verschwanden durch Magyarisierung mehr und mehr. Der erwachende Panslawismus hatte auch im Zarenreich ebenfalls Auswirkungen auf die Siedler. Der wachsende Nationalismus reichte selbst bis in die Paulskirchenversammlung nach Frankfurt am Main. Der am 2. Juni 1848 in Prag zusammengetretene Kongress der österreichischen Slawen proklamierte, dass die Frankfurter Beschlüsse »keinen slawischen Teil Deutschlands« tangieren dürften. Das war ein deutliches Nein zu einer deutschen Einigung mit allen Teilen der Habsburgermonarchie. Was nach einer Auflösung der multinationalen k. u. k. Monarchie mit ihren nur noch mühselig zu bändigenden Antagonismen werden sollte, schien neben allem jeweiligen Radikalismus vernachlässigenswert.

František Palacký, Begründer der modernen tschechischen Geschichtsschreibung, schrieb 1848 ahnungsvoll: »Wahrscheinlich existierte der österreichische Kaiserstaat nicht schon längst, müsste man im Interesse Europas, im Interesse der Humanität selbst sich beeilen, ihn zu schaffen!« Das Wissen um Osteuropa und die historischen deutschen

Ost- und Siedlungsgebiete ist bei unseren Landsleuten, insbesondere der jüngeren Generation, beschämend gering.

Jörg-Dieter Gauger konstatierte dazu 2008 in seiner bemerkenswerten Studie »Deutsche und Polen im Unterricht«, dass deutsche Schulabgänger im Durchschnitt »ostkundliche Analphabeten« seien: »Damit sind aus dem kollektiven deutschen Gedächtnis 800 Jahre deutscher Existenz im Osten und deren historische Rolle in der deutschen Geschichte schlicht gestrichen, und genau das wird durch die (deutsche) Schule befördert.« Denn obwohl das Thema neben Flucht und Vertreibung in den letzten Jahren wieder ausführlicher in den Schulbüchern behandelt wird, ist es aus den Lehrplänen der meisten Bundesländer fast völlig verschwunden. Ausnahmen sind Baden-Württemberg, Bayern, Hessen, Thüringen und Niedersachsen.

Dieser Befund wird ebenfalls in einer Machbarkeitsstudie für ein gemeinsames deutsch-polnisches Geschichtsbuch des Georg-Eckert-Instituts für internationale Schulbuchforschung in Braunschweig bestätigt. Besonders alarmierend ist dabei die Erkenntnis, dass selbst Studenten der Geschichte nicht mehr wissen, wo Königsberg liegt, geschweige denn, dass Ostpreußen – und nicht das heutige Sachsen – einmal der östlichste Landesteil Deutschlands war. Vor diesem Hintergrund habe ich im Mai 2008 die Einladung des Hauses der Brandenburgisch-Preußischen Geschichte, des Menschenrechtszentrums der Universität Potsdam und dessen Historischen Instituts für eine vierteilige Vortragsreihe zur »Siedlungsgeschichte der Deutschen in Ostmitteleuropa« gerne angenommen.

Man sollte glauben, dass der bemerkenswerte Satz, ja, die Mahnung des Polens Jan Józef Lipski, »Wir müssen uns alles sagen«, eine Heimstatt an deutschen Universitäten hat. Weit gefehlt. Als ich zur ersten Vorlesung an der Universität Potsdam kam, wehten bereits zahlreiche rote Fahnen und Transparente. Eine Koalition aus dem Allgemeinen Studentenausschuss (AStA), der sich damals aus Hochschulgruppen wie der »offenlinken-liste«, der »Linke.SDS« und den Jungsozialisten zusammensetzte, hatte gemeinsam mit diversen Antifa-Gruppen den Zugang zum Auditorium maximum gewaltsam blockiert. Die interessierten

51

Zuhörer, meine drei Mitarbeiter – zwei davon Historiker und ein Student – und ich wurden sofort nicht nur verbal attackiert, sondern auch mit Flaschen und »Wasserbomben« begrüßt. Beim Versuch der einladenden Professoren, in ein Nebengebäude auszuweichen, stellte sich einer meiner Mitarbeiter mitten in den Pulk der 50 bis 100 gröhlenden Protestler und erfuhr am Rande der lebhaften Diskussionen, dass die wenigsten Demonstranten eingeschriebene Studenten waren, sondern Angehörige der linksextremen »Autonomen Szene«, die sich gezielt auf die Störaktion vorbereitet hatten und extra angereist waren. Als die Situation zu kippen drohte – ein wartender Zuhörer wurde durch eine zersplitternde Flasche verletzt –, alarmierte einer der Veranstalter die Polizei, welche schließlich die Blockade der Chaoten vor den Diensträumen der Professoren auflöste.

Zuvor hatte einer von ihnen die Universitätsleitung angerufen, doch bitte vom Hausrecht Gebrauch zu machen. Das wurde abgelehnt, und die Auftaktveranstaltung war damit nicht mehr durchführbar. Potsdam erinnerte just in dieser Zeit in mehreren Veranstaltungen an das berühmte »Toleranzedikt«. Die Universitätspräsidentin setzte den Termin für die nächste Vorlesung »vorläufig« aus, ohne sich je mit mir in Verbindung gesetzt zu haben. Die Universität ausgerechnet der Stadt, in der 1685 durch das Toleranzedikt viele hugenottische Glaubensflüchtlinge eine neue Heimat gefunden hatten, erklärte, sie sei nicht in der Lage, die Sicherheit der Veranstaltung zu garantieren. Eine geradezu absurde Situation. Der Sprecher des AStA, der den Polizeieinsatz für »völlig überzogen« und die Wasserbomben als »kleine Kinderei« beurteilte, bekannte öffentlich, dass ihn das Recht auf Meinungsfreiheit nicht schere. Man habe einfach nicht hinnehmen können, dass ich meine Sicht der Dinge darlege. Er fügte sogar noch nahe am Nazi-Jargon hinzu, hier handele es sich ja um »geistigen Unrat«.

»Die öffentliche Empörung, die diesem Skandal folgte«, so Thomas Schmid über den »bösen Spuk von Potsdam« in der darauf folgenden Ausgabe der »Welt am Sonntag«, »hielt sich in äußerst engen Grenzen. Die intellektuelle Elite des Landes hüllte sich weithin in ein interesseloses – vielleicht auch klammheimlich erfreutes? – Schweigen. Und keine

Institution sah sich, soweit bekannt, veranlasst, diese Niederlage des Rechts auf freie Meinungsäußerung nicht hinzunehmen und der Rednerin ein anderes Podium anzubieten, einfach um des freiheitlichen Prinzips willen.« Schmid fügte seinem weitsichtigen Kommentar noch einen Gedanken hinzu, der uns alle nachdenklich stimmen sollte: »In Deutschland fehlt die Tradition der Freiheit zwar nicht, aber sie war stets schwach. Und es mangelte an dem Gespür, dass es immer um sehr viel und sehr Grundsätzliches geht, wenn das Recht auf freie Meinungsäußerung bedroht ist. Dass eine offene Gesellschaft sie braucht wie die Luft zum Atmen, das ist in Deutschland keine allgemein geteilte Ansicht. Wenn A am Reden gehindert wird, kümmert B das nicht unbedingt. Warum muss er oder sie denn auch unbedingt dies und das sagen wollen, wo es doch so viele gibt, die sich dadurch brüskiert fühlen könnten?«

Kurze Zeit später schrieb ein gewisser Christian Erkelenz der Potsdamer Universitätsleitung einen ungewöhnlichen Brief: »Jahrelang habe ich aktiv gegen Rechtsextremismus gekämpft, an vielen Demonstrationen, Mahnwachen und Lichterketten teilgenommen. In den schlimmen Nachwendejahren habe ich mit linken Gruppen wie ›SOS Rassismus‹ am Wochenende Asylbewerberheime bewacht. Wir wollten, dass die Menschen nach Flucht und Vertreibung ruhig schlafen können.«

Erkelenz verwies auf eine diesbezügliche lange Familientradition und holte überraschend zu heftiger Kritik aus: »All die Sonntagsreden für Demokratie, Zivilcourage und Gewaltlosigkeit lösen sich in Rauch auf; all das, wofür ich jahrelang eingetreten bin, ist heute nichts mehr wert. Wir haben den bitteren Status erreicht, dass eine Universitätsleitung feige vor rotfaschistischer Gewalt einknickt.« Erkelenz weiter: »Ich bin zutiefst geschockt über den offenen Totalitarismus. Wir alle wissen auch, was in Deutschland los gewesen wäre, hätten Dutzende Rechtsextremisten den Vortrag eines ›umstrittenen Linken‹ mit solchen Methoden gesprengt: Solidaritätsappelle aus der ganzen Republik waren erschallt, man würde über Ihren Fall in der ›Tagesschau‹ berichten, auch indirekt beteiligte Studenten würden von der Uni gewiesen, und die Universitätsleitung wäre vor den Kameras dieser Welt auf der Flucht.«

Bezeichnenderweise kommt dieser Einwand nicht von ungefähr, ist der Autor doch Enkel des Sozialliberalen und späteren SPD-Reichstagsabgeordneten Anton Erkelenz, der in seinen Schriften früh vor der nationalsozialistischen Diktatur gewarnt hatte, bevor er 1945 beim Versuch, seine Hausangestellte vor marodierenden Soldaten der Roten Armee zu retten, umgebracht wurde und nach dem Berlin später den Erkelenzdamm benannte. Sein Enkel informierte mich in gleichem Schreiben, dass fast gleichzeitig zur Potsdamer Blockade der renommierte Politologe Eckehard Jesse auf einer Leipziger Podiumsdiskussion von 80 Linksextremisten niedergeschrien wurde, weil dieser die Gefahren des Linksextremismus in Deutschland – im Gegensatz zum Rechtsextremismus – für deutlich unterbewertet hält.

Die Tatsache, dass sich die Potsdamer Aggressionen ausgerechnet an unserer deutschen Siedlungsgeschichte, die weitgehend friedlich verlief, entzündeten, macht deutlich, dass es Kräfte gibt, die nicht ertragen können, dass unsere eigene Geschichte nicht nur aus zwölf Jahren Nationalsozialismus besteht.

IV.
Vertreibung –
Motive und unbekannte Schicksale

Ein Mensch und ein Volk schaden durch
Hass und Dummheit vor allem sich selbst.
Moralische Probleme zu übersehen, bloß weil
es so bequem ist, ist moralisch verderblich.

JAN JÓZEF LIPSKI

In den 1990er-Jahren haben die blutigen »ethnischen Säuberungen« im ehemaligen Jugoslawien einer breiten Öffentlichkeit dramatisch vor Augen geführt, dass Vertreibung und Vertreibungsverbrechen keine Kavaliersdelikte oder »verständliche Reaktionen« auf frühere Ereignisse sind, sondern schlicht und einfach Verbrechen gegen die Menschlichkeit.

Völkerverständigung und Versöhnung sind hohe Güter. Sowohl Täter als auch Opfer müssen dazu bereit sein, wenn eine wirkliche Versöhnung gelingen soll. Im Zusammenhang mit Vertreibung und Vertreibungsverbrechen werden besonders in Deutschland allein die Opfer zur Versöhnung ermahnt. Allerdings hat Papst Benedikt XVI. schon 1979 – damals noch als Josef Kardinal Ratzinger – vor einem gedankenlosen Gebrauch dieses Begriffs gewarnt: »Auch Wohlgesinnte meinen, dass man um der Versöhnung willen nicht mehr davon sprechen solle. Aber eine Liebe, die den Verzicht auf die Wahrheit voraussetzt, ist keine Liebe. Sie hätte ein schlechtes Fundament. Aus der Psychologie wissen wir, dass Verschwiegenes und Verdrängtes im Menschen weiterwirkt und, wenn es keinen Ausweg findet, zur Vergiftung von innen her wird. Was im Leben des Einzelnen gilt, das gilt auch für die Völker. Unterdrückte Wahrheiten werden zu gefährlichen Mächten, die den Organismus von innen vergiften und irgendwo herausbrechen. Nur die Annahme der Wahrheit kann heilen. Liebe braucht Wahrheit und darf nicht ohne sie sein.«

Die Vertreibung der Deutschen aus Ostdeutschland und Ost- und Mitteleuropa gehört zu den bestdokumentierten Massenverbrechen der Geschichte. 13 Millionen Seiten umfasst nach einer Schätzung allein der Bestand »Ost-Dokumentation« des Bundesarchivs. Noch wesentlich umfangreicher ist die »Gesamterhebung zur Klärung des Schicksals der deutschen Bevölkerung in den Vertreibungsgebieten« des Kirchlichen Suchdienstes in München. Der Fülle der seit Jahrzehnten vorliegenden Dokumentationen und Literatur zum Geschehen entspricht die Faktenkenntnis im öffentlichen Bewusstsein jedoch in keiner Weise.

Der Massenterror gegen die Zivilbevölkerung stellt sich nicht als Vielzahl individueller Exzesse dar, sondern als Mittel der Kriegführung bis lange nach dem Krieg und als Voraussetzung der schließlichen Zwangsausweisung. Es offenbart sich beim Studium der Fakten auch die Ambivalenz des Begriffs der »Vertreibungsverbrechen«, der ja das Vorkommen von Verbrechen in und bei der Vertreibung suggeriert, während die Vertreibung doch per se das Verbrechen darstellt. Die vielfachen brutalen Angriffe gegen Leib und Leben der Zivilisten im Zuge der Vertreibungen waren zusätzliche Exzesse. Es lag der Keim zu millionenfachem Mord und Totschlag schon in der Entscheidung zur Vertreibung, die sich überhaupt nicht »in ordnungsgemäßer und humaner Weise«, wie sie das Potsdamer Protokoll vorsah, vollstrecken lässt. Wer Massenvertreibungen in Gang setzt, programmiert Terror und Gewalt über die Vertreibungen hinaus. Die Motive der Täter sind vielschichtig. Im Ganzen scheidet die Annahme aus, das Ausmaß der Vertreibungsverbrechen habe an den einzelnen Tatorten in direktem Zusammenhang mit den vorherigen deutschen Herrschaftspraktiken gestanden: Die Vertreibung sei also dort umso wilder verlaufen, wo sich zuvor das deutsche Regime besonders grausam präsentiert hatte. Die Vertreibung der Deutschen aus Polen, das unter dem Generalgouverneur Hans Frank und den Gauleitern Greiser und Forster den Anblick eines Schlachthauses bot, war nicht brutaler als die aus der wieder errichteten ČSR Eduard Beneš, die den Krieg – trotz Lidice und Theresienstadt – ungleich besser überstanden hat als andere vom Krieg direkt betroffene Länder. Die übelsten Exzesse gingen teilweise von vormaligen Kollaborateuren und den aus der Mitte des Volks

56

rekrutierten »Revolutionsgarden« aus, während die Beteiligung echter tschechischer Widerstandskämpfer an Verbrechen im Sudetenland eher gering war. Auch bei den zahllosen Gewalttaten von Rotarmisten stand »Rache« als wirkliches Motiv zumeist nicht im Vordergrund.

Die terroristischen Formen der Fluchterzwingung, Internierung, Ausweisung waren so allgemein und flächendeckend, dass der politische Wille dahinter sehr deutlich wird. Es wurde auch offen artikuliert, so vom Befehlshaber der tschechischen Exilverbände General Ingr: »Schlagt sie, bringt sie um, lasst keinen am Leben.« Oder von Jan Karski, einem damaligen Diplomaten der polnischen Exilregierung, 1943 gegenüber Roosevelt: »Wir haben vor, im Augenblick des deutschen Zusammenbruchs einen kurzen, sehr schrecklichen Terror gegen die deutsche Bevölkerung zu organisieren, sodass diese von sich aus massenhaft das Gebiet Polens verlassen wird.«

Männer wie General Władysław Anders (1892–1970), der die Katynmorde knapp überlebt hatte, polnischer Heerführer der Exilarmee, Exilpolitiker im Zweiten Weltkrieg, später zeitweise Chef der Londoner Exilregierung, blieb in Zeiten des Hasses und der Verblendung ein Rufer in der Wüste, als er Ende 1946 meinte: »Polen hat weder die menschlichen noch materiellen Mittel, um das deutsche Gebiet bis zur Oder zu verkraften. Diese Gebiete sind ein gefährliches Geschenk. Das Ganze kann nur eine vorübergehende Lösung sein, die an dem Tag endet, an dem Polen seine Freiheit wiedererlangt haben wird … Wir wünschen nichts, wozu wir nicht berechtigt sind und was nur der Sache unserer Nation schaden könnte.«

Die Nachzeichnung der Motive der Sowjets, der Polen, der tschechischen Nationalisten, der Tito-Partisanen und so weiter zeigt, dass die Vertreibung auf Krieg und nationalsozialistischen Terror eben nicht wie der Donner auf den Blitz folgte, sondern ein diplomatisch vorbereitetes und abgesichertes, ein geplantes und konsequent durchgeführtes Großverbrechen war, das teilweise auch auf Konzepte aus der Zeit noch vor dem Krieg zurückging.

Eine nüchterne Analyse der Motive für Vertreibung und Vertreibungsverbrechen macht das sehr deutlich. Wer weiß zum Beispiel, dass schon Bismarck warnend auf polnische Landkarten hinwies, die Pommern bis zur Oder als polnische Provinz zeigten? Wer weiß auch, dass höchste tschechische Diplomaten noch vor dem Zweiten Weltkrieg Einzelheiten einer »Ortsverlagerung des deutschen Elements« ernsthaft diskutierten und anregten? Und wer weiß, dass polnische und tschechische Repräsentanten während des Kriegs bei westlichen Regierungsstellen unverblümt zugaben, den Terror gegen die deutsche Bevölkerung organisieren zu wollen, damit diese die zu »säubernden« Gebiete verlässt? Dass Krieg und Nationalsozialismus einen ungemein günstigen Boden für die Verwirklichung des noch dazu sowjet-ideologisch aufgeladenen alten Panslawistentraums eines bis zur Linie Stettin-Triest von »Germanen« gesäuberten europäischen Osten bereitet hatten, bleibt dabei richtig. Ohne den Zweiten Weltkrieg allerdings wäre die Vertreibung nicht möglich gewesen.

Gleichartige Planungen und gleichartiges Vorgehen gab es in westeuropäischen Ländern mit bedeutenden deutschen Volksgruppen nicht. Aus Belgien, Dänemark oder Frankreich wurde die deutsche Minderheit trotz des auch dort zuvor vorhandenen nationalsozialistischen Terrors nicht vertrieben. Täter wurden bestraft und teilweise ausgewiesen. Wohl gab es Übergriffe, jedoch weder systematisch noch staatsgelenkt. Die schuldfreie Zivilbevölkerung konnte bleiben. So wurden beispielsweise aus dem französischen Elsass mit rund einer Million Menschen 8000 Personen zu Gefängnisstrafen, Zwangsarbeit oder dem Entzug der bürgerlichen Ehrenrechte verurteilt und in wenigen Fällen auch zum Tode. In anderen westlichen Ländern mit deutschen Minderheiten verhielt es sich ähnlich. Aus Belgien etwa wurde nicht einmal 1500 Personen mit ihren Familien im Zuge des Ausbürgerungsgesetzes von 1945 die belgische Staatsbürgerschaft aberkannt, das waren knapp acht Prozent des deutschen Bevölkerungsanteils. Und aus Dänemark wurde nicht ein einziger Angehöriger der deutschen Volksgruppe aus dem Lande gewiesen. Reflexartig kommt das Argument, dort sei Hitlers Terror ja moderater gewesen als im Osten. Damit offenbart sich aber das Denken in den Kategorien von Blutrache, wenn denn die Behauptung überhaupt flächendeckend so zutreffend gewesen wäre. Das alttestamentarische »Aug um Aug, Zahn um Zahn« sind zudem nicht Grundlage von Menschen- und Völkerrecht. Für die Tschechoslowakei wird sofort das Massaker in Lidice als triftiger Grund für die Vertreibung der Sudetendeutschen angeführt. Ausgeblendet wird, dass es auch in westeuropäischen Ländern sowohl nationalsozialistische Unterdrückung als auch Massaker gegeben hat. Für Frankreich ist das Massaker in Oradour-sur-Glane vom 10. Juni 1944 wohl am bekanntesten. 197 Männer wurden erschossen, 240 Frauen und 205 Kinder kamen in den Flammen der in Brand gesetzten Dorfkirche um. Im belgischen Vinkt sind 1940 85 Männer und Jungen erschossen worden. Unter ihnen war der Kaplan. Und auch die Bewohner des Altenheims wurden nicht verschont, sondern ermordet. Das älteste Opfer war 89 Jahre alt, das jüngste 13. Keine Familie dieses Ortes blieb ohne einen Toten. Dennoch gab es keine generelle Vertreibung der deutschen Volksgruppe. Dieser Sachverhalt macht sehr deutlich, dass der Nationalsozialismus und Hitlers Gewaltpolitik nicht als alleinige Erklärung für die Massenvertreibungen der Deutschen aus Mittel-, Ost- und Südosteuropa taugen. Und schon allemal nicht als Entschuldigung. Die Vertreibung war trotz Hitler weder ein unabwendbares Naturereignis noch Gottesgericht. Sie war Machtpolitik!

Unabhängig von dieser grundsätzlichen Ursachenbetrachtung machen die weniger geläufigen Schicksale deutscher Volksgruppen beispielhaft deutlich, dass derartige Erklärungsmuster ohnehin nicht durchgängig standhalten – selbst wenn man ihnen zustimmen sollte. Die Deutschen in Russland und die Donauschwaben im früheren Jugoslawien waren keine Akteure. Sie waren nichts anderes als Spielball der Mächte mit einem besonders grausamen Schicksal, verstärkt dadurch, dass ihr Elend bei uns in Deutschland weitergehend unbekannt ist.

Hilfe, die Russen kommen!

Der 28. August ist für jemanden, der wie ich in Frankfurt am Main lebt, der Geburtstag Johann Wolfgang von Goethes. Für Deutsche aus der ehemaligen Sowjetunion aber ist es ein traumatisches Datum. Am

28. August 1941, wenige Wochen nachdem Hitler deutsche Truppen in die Sowjetunion einmarschieren ließ, erließ Stalin ein Dekret, das die Deportation der Wolgadeutschen einleitete. Für die Wolgadeutschen und für alle anderen Deutschen in der damaligen Sowjetunion ist dieses Datum als ein Tag des Schreckens ins Gedächtnis eingebrannt. Alle Deutschen wurden deportiert. Die meisten Menschen hier im Lande wissen darüber nichts. Selbst linientreue kommunistische Aktivisten wie Wolfgang Leonhard waren von den Verfolgungen des Stalinregimes nicht ausgenommen. Allein die deutsche Volkszugehörigkeit bestimmte das Schicksal der Menschen. Es war unerheblich, ob sie loyale Staatsbürger der Sowjetunion waren. Zuvor waren bereits die Deutschen aus der Krim, dem Kaukasus und den Schwarzmeergebieten verschleppt worden. Sibirien und Mittelasien waren für Jahrzehnte die Verbannungsgebiete. Über Nacht wurden aus sowjetischen Mitbürgern Verfolgte, Verstoßene, Gequälte, Drangsalierte und Ermordete. »Sie trieben uns raus wie obdachlose Hunde. Man hat uns Wolgadeutschen alles geraubt – die Häuser, das Land, das Vieh, das Geld, die Heimat, die Rechte«, erzählte eine Zeitzeugin.

Unter den im Ausland lebenden Volksgruppen hatten und haben die Deutschen aus der ehemaligen Sowjetunion am längsten zu leiden.

Im Jahre 1948 – also noch drei Jahre nach Kriegsende – beschließt der Oberste Sowjet eine Verbannung »auf ewige Zeiten«. Zigtausende hatten bis dahin schon ihr Leben verloren. Das Verlassen der zugewiesenen Ansiedlungsorte ohne Sondergenehmigung wurde mit bis zu 20 Jahren Haft bestraft.

- Zwangsarbeit war seit 1941 an der Tagesordnung. Männer, Frauen, ja auch Kinder wurden in der berüchtigten »Trud-Armia« (Arbeitsarmee) zu härtester Zwangsarbeit zusammengefasst. Die Zahl der Toten war enorm.
- Von 1941 bis 1955, also 14 Jahre lang, waren alle Schulen für Deutsche gesperrt. Deutsch konnte nur noch in den Behausungen gesprochen werden – wenn überhaupt. Der Gebrauch der Muttersprache stand unter Strafe.

• Selbst die Ausübung der Religion war untersagt. Der Kirchgang war verboten.

Mit dem Besuch Konrad Adenauers in der UdSSR gab es 1955 die ersten Erleichterungen für die gequälten Menschen. Aber erst 1972 wird in einem geheimen Erlass, der aber niemals veröffentlicht wurde, zugesichert, dass der Wohnort wieder frei gewählt werden dürfe. 31 Jahre nach der Deportation!!

Seit Ende der 1980er-Jahre ist endlich die freie Ausreise nach Deutschland möglich. Bis zum heutigen Tage sind diese Deportations- und Zwangsarbeitsopfer weder angemessen entschädigt worden, noch hat man sie vollständig rehabilitiert oder ihnen die Rückkehr in die angestammten Siedlungsgebiete ermöglicht. Deshalb ist Deutschland der einzige Hort der Sicherheit. Wer bisher nach Deutschland nicht ausreisen konnte, lebt zumeist nach wie vor in den vom stalinistischen Regime zugewiesenen Verbannungsorten.

Wir haben hier in Deutschland eine besondere gemeinsame Verantwortung für diese deutschen Landsleute zu tragen. Allzu oft spüren sie hier nichts davon. Hilfe, die Russen kommen!, schlägt ihnen entgegen. Insbesondere die Begleitmusik unterschiedlichster Medien ist überwiegend negativ bis ablehnend. Obwohl eindeutig belegt ist, dass Russlanddeutsche sich hervorragend in Deutschland integrieren, dass sie leistungsbereit sind und dass die Kriminalitätsrate unter der der einheimischen Bevölkerung und weit unter der von Ausländern liegt, wurden seit Jahren immer wieder vorzugsweise Negativberichte thematisiert. Dass Probleme dort auftauchen können, wo die Menschen massenhaft in Kasernen untergebracht wurden ohne beständige Kontakte zur einheimischen Bevölkerung, liegt auf der Hand. Sie stehen aber in keiner Relation im Verhältnis zur übrigen Bevölkerung.

Noch heute leben viele Deutsche aus Russland in einer Ausnahmesituation, weil sie in eine grauenhafte Kollektivhaftung genommen worden sind. Deshalb gibt es eine besondere Verpflichtung Deutschlands, Solidarität und Zuwendung zu geben. In Russland waren sie »die Deutschen«, »Fritzen«, »Faschisten«. Im Land ihrer jahrzehntelangen

Sehnsucht, im Land ihrer ursprünglichen Herkunft, in Deutschland, sind sie nun »die Russen«. Das schmerzt viele.

Völlig unbekannt ist in Deutschland das Schicksal der Donauschwaben unter Tito.

In Deutschland gibt es nicht viele Menschen, die mit dem Begriff AVNOJ etwas verbinden können. Woher auch sollen sie wissen, dass sich hinter diesem Kürzel der »Antifaschistische Rat der Volksbefreiung Jugoslawiens« unter der Führung des Partisanenkommandanten Josip Broz, genannt Tito, verbirgt?

Wenn wir heute über die Vertreibung der Deutschen lesen und hören, könnte man glauben, diese Menschenrechtsfrage bezöge sich nur auf Polen oder die Tschechische Republik. Es ist weitgehend aus dem Blickfeld geraten, dass es diese Schicksale für Deutsche in nahezu allen ost-, mittelost- und südosteuropäischen Staaten gegeben hat. Art und Umfang der Vertreibungen waren höchst unterschiedlich. Auch das gegen deutsche Zivilisten wirksame Gewaltpotenzial war nicht einheitlich. Es reichte von spontanen Racheakten über Gewalt aus Habgier bis hin zu vorsätzlich geplanten Vernichtungsaktionen.

Der Untergang der deutschen Volksgruppen in Jugoslawien gehört mit Sicherheit zum Grausamsten, was es in der Mitte des 20. Jahrhunderts gegeben hat. Die Dramatik dieses Geschehens speiste sich nicht allein aus dem Zweiten Weltkrieg, sondern aus der Zerrissenheit dieser Balkanstaaten und einem doppelten Konfliktpotenzial, dem nationalen und dem religiösen. Das Spannungsverhältnis zwischen Katholiken, Orthodoxen und Muslimen einerseits hatte zusätzliche Brisanz durch die Vielzahl der Volksgruppen von Slowenen über Serben, Kroaten, Bosnier, Mazedonier und Albaner. Dazwischen die deutsche und ungarische Minderheit. Deren Bedeutung lag nicht in ihrer zahlenmäßigen Stärke, sondern vor allem in ihrem wirtschaftlichen Erfolg.

Ihr Untergang begann mit der Partisanentätigkeit einerseits der so genannten Tschetniks des großserbischen Monarchisten Draža Mihailovićund andererseits des Generalsekretärs der kommunistischen Partei Jugoslawiens, Josip Broz, uns unter dem Namen Tito bekannt, und seiner »proletarischen Brigaden«. Die besonders grausame Gewalt der Partisanen richtete sich nicht nur gegen die deutsche und italienische Besatzungsmacht oder deutsche Zivilisten. Im kroatischen Bereich fielen die griechisch-orthodoxen Serben den Massakern der Ustaschamilizen zum Opfer. Die Serben begannen in ihrem Bereich mit der Ausrottung der dort lebenden Muslime. Die Grausamkeit der Partisanen übersteigt bis heute unser Fassungsvermögen. Nicht alleine das Töten, sondern Folter und entsetzliche Verstümmelungen waren ab 1941 an der Tagesordnung. Die Reaktionen der italienischen und deutschen Wehrmacht waren drastisch und trotzdem hilflos. Beeindruckt davon wurden die Partisanen nicht. Im Gegenteil: Die Repressalien wurden oft ohne einen militärischen Sinn bewusst provoziert, um in einem Klima der Gewalt aller gegen alle die Grundlage zur schließlichen Machterringung zu legen.

In dieser furchterregenden Gemengelage lebten die Volksdeutschen. Die wehrfähigen Männer wurden ohne Chance auf ein Ausweichen unterschiedslos nicht zur Wehrmacht eingezogen, sondern zur Waffen-SS. Freiwilligkeit war reine Theorie. Die Rekrutierung erfolgte oft mit physischem und psychischem Zwang, wobei auch Todesfälle und Hinrichtungen vorkamen. Für Tito war all das willkommener Anlass, sich der deutschen Minderheit in Jugoslawien ein für alle Mal zu entledigen, sie auszurotten. Dieses Schicksal ereilte auch 40 000 Albaner, die Anfang 1945 im Kosovo ermordet wurden. Beim Rückzug der deutschen Truppen aus Jugoslawien lebte gegen Ende 1944 nur noch knapp die Hälfte der deutschen Volksgruppen in ihrer Heimat.

Zu diesem Zeitpunkt hatte Titos AVNOJ in Jugoslawien die Oberhoheit gegenüber den anderen Partisanenorganisationen gewonnen. Das bedeutete nicht nur für die deutsche Minderheit eine Schreckensherrschaft, sondern auch für die antikommunistischen Kräfte in Jugoslawien. AVNOJ erklärte sich selbst bereits auf seiner Sitzung vom November 1943 in Jajce zum obersten Legislativ- und Exekutionsorgan Jugoslawiens. Bereits zu diesem Zeitpunkt wurden die Grundlagen für den Völkermord an den Deutschen in Jugoslawien gelegt. Das betraf drei deutsche Volksgruppen: die Donauschwaben, die Deutsch-Untersteirer und die Gottscheer.

Den formellen Beschluss zur entschädigungslosen Enteignung aller in Jugoslawien lebenden Bürger deutscher Abstammung fasste der AVNOJ am 21. November 1944. Er erklärte diese Bürger Jugoslawiens in einem außergerichtlichen Verfahren kollektiv zu Volksfeinden, die zwar nicht ihre Staatsbürgerschaft, wohl aber alle staatsbürgerlichen Rechte verloren. Für alle, die nicht rechtzeitig die Flucht ergriffen hatten, begann eine Zeit des Schreckens. Von den 200 000 in ihrer Heimat verbliebenen Zivilpersonen wurden 170 000 in Lagern interniert. Von ihnen gingen nahezu 60 000 durch Mord, Misshandlungen und Hunger sowie an Mangelkrankheiten zugrunde. Unter ihnen waren mehr als 6000 Kinder unter 14 Jahren. Zuvor waren schon Tausende Zivilpersonen ermordet worden. Jeder Dritte der in der Heimat verbliebenen Deutschen verlor zwischen 1944 und 1948 das Leben.

Es war, daran besteht für den jugoslawischen Bereich kein Zweifel, Völkermord. Damit fand die vielhundertjährige Siedlungsgeschichte der Deutschen auf dem Balkan ein schauriges Ende. Alle Deutschstämmigen wurden in Lagern eingesperrt. Zehn dieser Orte waren nichts anderes als Todeslager. Im Banat waren es Rudolfsgnad und Molidorf, in der Batschka Jarek, Gakowa und Kruschiwl, in Syrmien die Seidenfabrik in Syrmisch-Mitrowitz und in Slawonien Kerndia und Walpach. Es übersteigt unser Vorstellungsvermögen, was sich in diesen Lagern abgespielt hat. Als ich das erste Mal Zeitzeugenberichte nachlas, hat es mir über Nächte hinweg den Schlaf geraubt. Über das Todeslager Rudolfsgnad berichtete ein Zeitzeuge: »Wir gingen täglich, um aus dem Pumpbrunnen Wasser zu trinken. Hier saßen die Kinder bei Sonnenschein und fingen die Läuse ihres Nachbarn. Fast alle hatten die Krätze, vereiterte Mundwinkel, ja, bei manchen waren schon Teile der Wangen weggefault, und die Zähne waren wie bei einem Skelett zu sehen. Die meisten weinten verhalten und kraftlos, dennoch war das Stöhnen dieser armen Kinder auch außerhalb des Hauses zu hören.«

Im Todeslager Gakowa kamen innerhalb weniger Monate 8500 Donauschwaben zu Tode. Ab Mai 1947 betreute Kaplan Paul Pfuhl die Sterbenden. In einem späteren Bericht über diese Zeit schildert er vielfaches menschliches Leiden und die seelischen Folgen. Sein Bericht ist beredtes Zeugnis auch der seelischen Not der Gefangenen. Er berichtet unter anderem: »Diese Häuser waren Stätten des Grauens. Wie oft habe ich Beichte gehört und die letzte Ölung gespendet. Ein Fall steht mir noch ganz lebendig vor Augen. Da lag eine Frau im Hausgang; ich fragte sie, ob sie nicht beichten wolle. Schroff wies sie mich ab. Sie hätte nichts zu beichten. Als ich ihr zuredete, dass wir doch alle Sünden hätten und die Verzeihung Gottes brauchten, kam es hart über ihre Lippen: Mir hat Gott nichts zu verzeihen, höchstens habe ich ihm zu verzeihen.« Die Verzweiflung überwog hier den Glauben an Gottes Güte. Nicht jedem ist es gegeben, Schicksalsschläge wie einst Hiob zu ertragen. Für die meisten der deutschen Vertreibungs-, Deportations- und Lageropfer aber war Gott die einzige Zuflucht, ja der Rettungsanker in ihrem fast unerträglichen Leben.

Für die Völker Europas ist es nötig, dass sich niemand in seinem persönlichen traumatischen Erleben vergräbt. Genauso nötig ist es aber auch, an den Schicksalen Anteil zu nehmen und den Opfern ein ehrendes Andenken zu bewahren. Heute gibt es einen konstruktiven Dialog der überlebenden Deutschen aus Jugoslawien und den jeweiligen Regierungen der Nachfolgestaaten auf dem Balkan. Es gibt Gedenkstätten an den Orten der Massengräber in Gakowa, Rudolfsgnad und Kikinda – alle im Bereich des heutigen Serbien – und im kroatischen Kerndia und Walpach. Das ist ein gutes Zeichen und lässt für die Zukunft hoffen.

V.
Trauer um Deutsche –
Schlupfloch aus der Verantwortung?

*Der Mensch nimmt nicht eher Anteil am
anderen Glück oder Unglück, als bis er sich
selbst zufrieden fühlt.*

IMMANUEL KANT

»Mit Liebe kam ich, nicht mit Hass.« Dieser Satz der Antigone zu
König Kreon in dem zeitenüberdauernden Drama von Sophokles gilt
dem toten und entehrten Bruder. Ihn, den Besiegten, will sie bestatten,
und sie setzt dafür ihr Leben ein für die menschliche Kultur der Toten-
ehrung.

Alljährlich versammeln sich in Deutschland viele Tausende zum
Volkstrauertag, um der Toten zweier Weltkriege, der Opfer von Gewaltherrschaft und von Flucht und Vertreibung zu gedenken. Kann man
überhaupt gemeinsam trauern? Ist ein Mensch, sind wir, ist jeder für
sich in der Lage, die Trauer seines/unseres Nachbarn, so wie er sie fühlt,
mitzutrauern? Sicher nicht. Schmerz, auch Trauerschmerz, ist sehr persönlich. Und dennoch, eine Gemeinschaft von Menschen, die mitzufühlen versucht, ist tröstlich für den Verzweifelten. Sie gibt ein Stück Geborgenheit in großer Einsamkeit und seelischem Verlassensein. Die Trauer
um den gefallenen Vater, den Verlobten oder Ehemann, die ermordete
Mutter, die nie gekannte Schwester, Trauer um alle diejenigen, die in der
Weite Europas an unbekannter Stelle oder in Massengräbern ruhen.
Trauer um die, die in den Konzentrationslagern ein schreckliches Ende
fanden. Trauer um die, die von den Trümmern unserer zerbombten
Städte erschlagen wurden oder verbrannten. Für alle die, für die es kein
liebevolles Grab gibt, das wir mit unserer Trauer verbinden könnten,
um Frieden für uns selbst zu finden.

Wird Trauer Trost oder Trauma? Fragen wir uns das an einem einzigen Schicksal! »Liebe Mutter! Ich liege hier in einem Behelfskrankenhaus auf dem Flur und muss morgen weiter, weil alles überfüllt ist und die Russen auch hierher kommen … Bitte, erschrick nicht, liebe Mutter, aber ich bringe Gabi nicht mit, und ich habe einen erfrorenen Arm. Ich hätte Gabi sonst noch weitergetragen … Ich habe sie gut eingewickelt und an der Straße … tief in den Schnee gelegt. Da war Gabi nicht allein, denn mit mir waren ein paar tausend Frauen mit ihren Kindern unterwegs, und sie legten auch die gestorbenen in den Graben, weil dort bestimmt keine Wagen und keine Autos fahren und ihnen noch ein Leid antun können … Es war so schrecklich kalt, und es stürmte so eisig, und es fiel Schnee, und es gab nichts Warmes, keine Milch und nichts … Hier liegt eine Frau aus der Brandenburger Straße. Die hat alle drei Kinder verloren.« Ein Flüchtlingsschicksal von Millionen. Das Grab des Kindes – ein Graben am Wegrand. Nicht mehr oder weniger als Fraß für Füchse und Wölfe. Wo soll da Trost sein in der Erinnerung? Vielleicht der Graben, der die kleine Leiche davor schützt, überrollt zu werden? Wohl eher in einer gemeinsamen Leidenserfahrung mit den anderen Müttern.

Die Schwester, die nicht weiß, wo ihr 1945 gefallener 17-jähriger Bruder liegt, wie er gestorben ist, ob es schnell ging, ob er sehr leiden musste. Es gibt kein Grab zu pflegen. Aber es gibt andere Menschen, die mit ihr dieses Schicksal teilen und deshalb Anteil nehmen können. Unsere jüdischen Nachbarn, die noch rechtzeitig Deutschland verlassen konnten, aber ihre lieben Angehörigen nicht. Auch für sie gibt es kein Grab, das mit den geliebten Menschen zu verbinden ist. Es bleiben die Gedenkstätten des Grauens als Verortung der Trauer und die Hoffnung auf Mittrauernde.

Der Goethepreisträger Raymond Aron stellte fest: »Der Charakter und die Selbstachtung einer Nation zeigen sich darin, wie sie mit ihren Opfern der Kriege und mit ihren Toten umgeht.«

Wo wir selbst aus Krieg und Gewaltherrschaft niemand persönlich zu beklagen haben, müssen wir denen Stütze geben, die daran bis heute leiden. Wir sollten sie in ihren Traumata nicht alleine lassen. Wir haben aber noch eine andere Aufgabe: die Erinnerung an die vielen Millionen Toten der Weltkriege und zweier deutscher Diktaturen als beständige Mahnung, Politik so auszurichten, dass Friede uns erhalten bleibt, dass die Würde von Menschen unangetastet bleibt – ja zweier deutscher Diktaturen, denn auch die zahllosen Opfer der DDR-Diktatur gehören in unser Gedächtnis.

Relativiert die Trauer um unsere Opfer nach allem, was Hitler mit dem Nationalsozialismus über die Welt und Millionen Menschen gebracht hat, die deutschen Verbrechen? Ist unsere Trauer ein Schlupfloch aus unserer Verantwortung, die die Geschichte uns aufgegeben hat? Wer unfähig oder unwillig ist, seine eigenen Toten zu betrauern, wird niemals ehrlich Anteil nehmen am Leid anderer. Ein kaltes Herz ist gegen jedermann kalt.

Carl Zuckmayer hat in seinem amerikanischen Exil am 12. März 1944 eine öffentliche Trauerrede zum Tod seines Freundes Carlo Mierendorff gehalten, der wenige Monate zuvor durch Fliegerbomben in Leipzig sein Leben verloren hat. Darin hat er ergreifende Worte gefunden, die uns auch heute weiterhelfen können: »Wenn ein Carlo Mierendorff in Deutschland gelebt, sein Leben lang für das deutsche Volk gewirkt hat und ihm in Not und Leiden treu geblieben ist – dann ist dieses Volk nicht verloren, dann ist es wert zu leben, dann wird es leben! ... Aber aus der Erkenntnis des Todes erwächst uns das Lebensbild. Nur aus der Totenmaske erhebt sich das wahre Angesicht, nur aus dem Grab die Auferstehung, nur aus der Vergängnis das Zeichen der Ewigkeit. Deutschland, Carlos und unser Vaterland, ist durch eine Tragödie gegangen, die so tief und so schaurig ist wie der Tod. Deutschlands Schicksal erinnert an jenes dunkle Christuswort von dem Ärgernis, das in die Welt kommen muss – aber wehe dem, der es in die Welt gebracht hat. Deutschland ist schuldig geworden vor der Welt. Wir aber, die wir es nicht verhindern konnten, gehören in diesem Weltprozess nicht unter seine Richter. Zu seinen Anwälten wird man uns nicht zulassen. So ist denn unser Platz auf der Zeugenbank, auf der wir Seite an Seite mit unseren Toten sitzen – und bei aller Unversöhnlichkeit gegen die Peiniger und Henker werden wir Wort und Stimme immer für das deutsche

Volk erheben.« Zwei Beamte des amerikanischen Geheimdienstes, die Deutsch verstanden, saßen bei dieser Trauerversammlung dabei und hinderten Zuckmayer nicht, in der härtesten Kriegszeit solche Worte zu sprechen.

Immer wieder hören wir bis heute den Ruf nach einem Schlussstrich. Aber wer immer nach einem Schlussstrich ruft, um sich von Hitlers Taten zu befreien, sich seiner Verantwortung für die Vertreibung zu entledigen oder um das Unrechtssystem der DDR vergessen zu machen, der beraubt sich seiner eigenen Vergangenheit, ja, er versagt sich seiner umfassenden Trauer. Der Ruf nach einem Schlussstrich, er hört sich sehr verlockend an. Er scheint ein Königsweg in die Zukunft, so federleicht ganz ohne den drückenden Ballast unserer Geschichte. Ist er das wirklich? Ein Schlussstrich unter die Vergangenheit trennt nicht nur die Zeit von 1933 bis 1989 heraus. Er tilgt doch alles, was davor lag. Das, was Künstler, Wissenschaftler, Forscher an Werten geschaffen haben. Ein Schlussstrich tilgt die Zeit, als Deutschland »in der Gnade« war, wie es der Dichter Fritz von Unruh in seiner ergreifenden Rede zur Wiedereröffnung der Frankfurter Paulskirche 1948 formulierte.

»Oder«, so fragte dort eindringlich der Dichter, »war es etwa nicht in der Gnade, als Dürer seine Holzschnitte der Apokalypse schuf, Riemenschneider die Mater dolorosa aus Gefühlstiefen formte, wie sie kaum ein anderes Volk so schmerzhaft durchlitten hat, als Luther in Acht und Bann die Bibel übersetzte und uns jene deutsche Sprache schenkte, ohne die wir keine klassische Dichtung hätten, Bach seine Fugen baute und die Matthäuspassion komponierte, Goethe dichtete ›Edel sei der Mensch, hilfreich und gut‹?« Von Unruh fragte sodann weiter, wie dieses Volk, das einmal in der Gnade war, dem Versucher erliegen konnte, und wandte sich mit brechender Stimme an die Anwesenden: »Was erwarten Sie zu hören von mir, dem Ausgebürgerten, dem Flüchtling, der heute seit 16 Jahren zum ersten Mal wieder auf deutschem Boden steht? Verlangen Sie etwa durch mich zu erfahren, dass die Tragödie deutscher Raubtiermoral vergeben und vergessen ist? Wer unter uns könnte sich selber vergeben – und vergessen? Wer?« Aber er knüpfte am Ende seiner Rede die Hoffnung daran, dass die Einweihungsfeier der wieder aufge-

69

bauten Paulskirche eine erste Zelle der Entsühnung und Versöhnung mit dem Geiste bilde, eine Zelle der Einigung und Kraft, dass wir aus dem Abgrund unserer Not wieder in die Gnade finden.

Dieser Beitrag von Unruhs führt uns eindringlich vor Augen, dass ein Schlussstrich uns wertvoller und wichtiger Teile unserer Identität berauben würde. »So ist es nicht gemeint«, sagen die Schlussstrichrufer, die es nicht nur in Deutschland gibt, sondern auch in Polen, auch in der Tschechischen Republik – aus anderen Gründen, um ihre Verantwortung für die Vertreibungen der Deutschen vergessen zu machen. Also, nur die Jahrzehnte ausblenden, die schwer zu bewältigen sind, damit der Weg in die Zukunft leichter wird? Beim Gang zurück in die gute gemeinsame Geschichte geraten wir, geraten unsere Kinder und Kindeskinder dann immer und immer wieder an den Rand eines tiefen geschichtlichen Grabens, der Neugierige und auch böse Geister entfesseln wird. Dieser vermeintlich leichte Akt des Schlussstrichs wäre am Ende der schwerere Weg für unser Volk und auch für Europa. Schon aus eigenem Interesse sollten wir uns nicht danach sehnen. Ein Volk, das nicht weiß, woher es kommt, wird auch nicht wissen können, wohin es gehen soll. Nur Vergangenheit und Gegenwart gemeinsam weisen den Weg in die Zukunft. Das Ausblenden der Vergangenheit raubt genauso ein Stück der Zukunft wie das Ignorieren der Gegenwart. Schlussstriche sind keine Hilfestellung, sondern Blockaden für eine gute gemeinsame Zukunft. Ein Volk ohne Erinnerung ist wie eine Pflanze ohne Wurzeln. Die Erkenntnis des großen Philosophen Hans-Georg Gadamer, dass selbst ein Revolutionär der Geschichte nicht entrinnen kann und er deswegen lieber produktiv in sie eintauchen sollte, ist längst nicht Allgemeingut. Den Willen dazu aber gibt es überwiegend.

Nach über fünf Jahrzehnten geht es bei der Aufarbeitung der Vergangenheit unserer europäischen Völker nicht um Schuld oder Sühne. Das wäre auch fruchtlos, ja kontraproduktiv. Daraus könnte leicht die Reaktion des Wagner'schen »Tannhäuser« erwachsen, der nach seinem schweren Bußgang zum Papst, ohne die ersehnte Verzeihung zu erlangen, empört und verzweifelt rückfällig wird: »Da ekelte mich der holde Sang, zu dir, Frau Venus, kehr ich wieder«, wendet sich Tannhäuser von

Rom ab. Nur geht es bei unseren Fragen nicht um ein männerbetörendes Weib, sondern um alle Teufel und bösen Geister dieser Welt. Wir müssen uns unserer Vergangenheit und unserer Trauer gemeinsam stellen, um eine auf Dauer friedvolle und fruchtbare Zukunft zu gewinnen. Dabei ist keine Kollektivschuld aufzuarbeiten, die gibt es nicht.

Zur Bürde Deutschlands und Europas gehört aber auch das Erbe aus einer finsteren Epoche. Jeder Staat hat seine Last und seine Verantwortung wahrzunehmen. Es sind schreckliche Erbschaften! Wer aber seine Erbschaft ausschlagen will, hat nur die Möglichkeit, sich von seinem Land abzuwenden – innerlich oder tatsächlich. Wer sein Vaterland liebt, wird diesen Weg nicht gehen, sondern zum Gesamterbe ja sagen. Mit allen Passiva, aber mit noch viel mehr Aktiva.

VI.
Die Charta – ein Akt der Selbstüberwindung

Gott hat uns nicht gegeben den Geist der
Furcht, sondern der Kraft und der Liebe und
der Besonnenheit.

APOSTEL PAULUS

Einmütigkeit und Kontinuität sind im politischen Auf und Ab Deutschlands eher selten. Wann immer aber ein deutscher Bundeskanzler oder Bundespräsident sich zur Charta der deutschen Heimatvertriebenen in Festreden oder an Gedenktagen dazu äußerte, waren über alle Jahrzehnte kaum politische Unterschiede zu erkennen. Lob, Bewunderung und Dankbarkeit waren durchgängige Reaktion. Von Konrad Adenauer bis Gerhard Schröder, von Helmut Schmidt bis Angela Merkel, von Theodor Heuss über Johannes Rau bis hin zu Horst Köhler.

Wie sah Deutschland 1950, im Jahr der Verkündigung dieser Charta, aus? Das Land lag noch immer weitgehend in Trümmern. Ein fünf Jahre währendes Bombardement hatte mehr als 1000 Städte und Ortschaften durch nahezu eine Million Tonnen Spreng- und Brandbomben überwiegend dem Erdboden gleichgemacht. Aus den öden Fensterhöhlen schaute das Grauen. Diesen »mörderischen Verheerungen«, wie der »Spiegel« am 6. Januar 2003 schrieb, fielen mehr als eine halbe Million Menschen zum Opfer. Die seit dem Mittelalter gewachsene deutsche Städtelandschaft war weitgehend vernichtet. Hinzu kam der moralische Schock mit den Bildern aus den geöffneten Konzentrationslagern, die niemanden kalt lassen konnten. Es war kaum vorstellbar, dass aus dieser Wüstenei ein geordnetes Miteinander und eine stabile Demokratie erwachsen konnten.

Zu den obdachlosen, verarmten und hungernden Einheimischen strömten schon ab 1944 Millionen und Abermillionen deutsche Flücht-

72

linge und Vertriebene aus ganz Mittel-, Ost- und Südosteuropa. Sie kamen aus den baltischen Ländern, aus Rumänien, Jugoslawien, Ungarn, Polen, der Sowjetunion und der Tschechoslowakei, aus den Ländern, in denen sie seit Jahrhunderten siedelten. Einige aus den Gebieten, in die sie von Hitler umgesiedelt worden waren. Und sie kamen aus dem Osten Deutschlands, der heute zu Polen und Russland gehört. Ohne jede Habe, heimatlos, verzweifelt und viele mit der festen Hoffnung im Herzen auf Rückkehr. Wie sollte, wie konnte dieses kumulierte menschliche Elend zu einer stabilen Demokratie führen? Das war völlig unvorstellbar. Stalin hatte gehofft, dass die Millionen Vertriebenen das ohnehin darniederliegende Deutschland destabilisieren würden und auch Westdeutschland unweigerlich in die Arme des Kommunismus treiben würde.

Konrad Adenauer, der erste deutsche Nachkriegsbundeskanzler, war sich dessen bewusst. Zu Beginn seiner Kanzlerschaft 1949 stellte er fest: »Ehe es nicht gelingt, den Treibsand der Millionen von Flüchtlingen durch ausreichenden Wohnungsbau und Schaffung entsprechender Arbeitsmöglichkeiten in festen Grund zu verwandeln, ist eine stabile innere Ordnung in Deutschland nicht gewährleistet.« In der Aufnahme und Eingliederung dieser riesigen Menschenmasse sah er eines der drängendsten Probleme der jungen westdeutschen Demokratie, in der die ersten Früchte des Marshallplans erst langsam wuchsen. Er schuf ein eigenes Ministerium für Flüchtlinge und Vertriebene mit dem Schlesier Hans Lukaschek an der Spitze. Und in einer ganzen Reihe von Gesetzen wurde in dieser ersten Legislaturperiode unserer jungen Demokratie der Grundstein für eine friedliche Zukunft gelegt. Eines der ersten überhaupt vom Deutschen Bundestag verabschiedeten Gesetze war das Soforthilfegesetz vom September 1949.

Den grausamen Kriegs- und Nachkriegsverlusten Deutschlands stehen auf der anderen Seite unschätzbare Gewinne der Aufnahmegesellschaft gegenüber, auch wenn diese das zunächst überhaupt nicht so gesehen hat: Das »unsichtbare Fluchtgepäck« der Vertriebenen, ihr technisches, handwerkliches oder akademisches Know-how, ihre 700-/800-jährige kulturelle Erfahrung im Neben- und Miteinander mit ihren slawischen, madjarischen, baltischen oder rumänischen Nachbarn hat Deutschland nachhaltig geprägt – Erfahrungen, die in Verbindung mit vielfacher Mehrsprachigkeit in keinem anderen westlichen Industriestaat so verdichtet sind wie in Deutschland! Die Heimatvertriebenen haben interkulturelle Kompetenz mitgebracht. Und sie haben als unsichtbares Fluchtgepäck ihre kulturelle Identität eingebracht. Es war nichts, was sofort sichtbar gewesen wäre, sondern das, was in Kopf und Herzen mitgetragen wurde aus der Heimat hierher. Es war allerdings hörbar in den Klangfarben der regionalen Mundarten.

Der französische Politikwissenschaftler Alfred Grosser hat die Integration der Vertriebenen und Flüchtlinge als die größte sozial- und wirtschaftspolitische Aufgabe bezeichnet, die von der Bundesrepublik gemeistert worden sei. Dennoch wird in der Darstellung der Nachkriegsgeschichte Deutschlands diese grandiose Leistung praktisch nicht benannt, sondern überwiegend ignoriert. Warum aber konnte diese Herkulesaufgabe gelingen?

Die Aufnahme einer solch großen Zahl von Menschen in so kurzer Zeit hätte schon ein intaktes Staatswesen vor kaum lösbare Probleme gestellt. Der wichtigste Grund: Die Heimatvertriebenen haben nicht Rachegedanken kultiviert, sondern immer und immer wieder manifestiert, dass sie ein neues Miteinander wollen mit den Staaten und den Menschen, die sie vertrieben haben.

Nur wenige begriffen bereits in den 1950er-Jahren, was die Vertreibung und die Aufnahme Millionen ost-, sudeten- und südostdeutscher Heimatvertriebener in West- und dem damaligen Mitteldeutschland bedeutete. Der bedeutende Soziologe Eugen Lemberg beschrieb schon 1950 den unter tumultuarischen, von Not und Mangel bestimmten Nachkriegsverhältnissen verlaufenden und oft auch konfliktreichen Prozess wissenschaftlich kühl-distanziert als die »Entstehung eines neuen Volkes aus Binnendeutschen und Ostvertriebenen«, also gewissermaßen als Ethnomorphose.

Niemals seit dem Augsburger Religionsfrieden 1555 oder seit dem Dreißigjährigen Krieg waren die demografischen und konfessionellen Verhältnisse in Deutschland dermaßen umgestürzt worden. Jeder zweite Deutsche lebte schon 1945 nicht mehr dort, wo er 1939 seinen Lebens-

mittelpunkt gehabt hatte. Nicht nur die Vertriebenen, auch die Ausge-
bombten, Evakuierten oder Kriegsgefangenen. Jedoch: Alle konnten in
ihre Heimatorte zurückkehren, wenn sie denn wollten. Nicht so die Vertriebenen. Hunderttausende zogen es deshalb vor, aus dem zertrümmerten Deutschland nach Übersee auszuwandern.

Am 5. August 1950 fand in Stuttgart die erste gemeinsame politische
Willenskundgebung der Vertriebenen in Westdeutschland statt. Es war
der fünfte Jahrestag des Potsdamer Protokolls der Siegermächte, in dem
toleriert wurde, dass Millionen geflüchtete Deutsche nicht in ihre Heimat zurückkehren durften und weitere Millionen aus Ostdeutschland
und dem ostmitteleuropäischen Raum vertrieben werden sollten. Wobei
die Vertreibungen bereits seit Monaten durch polnische und tschechische Willkür tägliche Realität waren. Den Bund der Vertriebenen gab
es 1950 noch nicht.

Vorbereitet wurde dieses erste Großtreffen der Vertriebenen vom
Sprechergremium der »Vereinigten Ostdeutschen Landsmannschaften«
(VOL) und vom »Zentralverband der Vertriebenen Deutschen« (ZvD),
zwei Organisationen, die sich dann 1957 zum Bund der Vertriebenen
zusammenschlossen.

Politik und Medien in Westdeutschland sahen dieser Veranstaltung
mit Spannung, aber auch mit Sorge entgegen. Die Brisanz des Vertrie-
benenproblems war landauf, landab offenkundig. Selbst das Ausland,
das in den ersten Nachkriegsjahren das Elend dieser Millionen Deutschen ignoriert oder bagatellisiert hatte, war aufmerksam geworden.
Der enorme Erfolg der Vertriebenenpartei BHE (Bund Heimatvertriebener und Entrechteter) bei den Landtagswahlen im Frühjahr des gleichen Jahres in Schleswig-Holstein, wo er fünf Monate nach seiner
Gründung aus dem Stand über 23 Prozent der Stimmen erhielt, hatte
aufgerüttelt. Es gab Befürchtungen, dass sich die Vertriebenen radika-
lisieren könnten.

»Die Verzweiflung der Vertriebenen ist nicht zu beschreiben«, so
berichtete die »Neue Zürcher Zeitung«. Sie habe sich nur deshalb noch
nie in Verzweiflungsakten geäußert, weil sie gepaart sei mit einer aus

Hoffnungslosigkeit geborenen Apathie. Ruhe und Ordnung seien jedoch nur unter einer dünnen Decke bewahrt, die jederzeit brechen könne. Und in der »New York Times« hatte die angesehene Journalistin Anne O'Hare McCormick, die sich vor Ort ein Bild von der Lage gemacht hatte, gewarnt, ein explosiver Aufruhr der Betroffenen werde den demokratischen und wirtschaftlichen Wiederaufbau in Westdeutschland, der soeben mit Marshallplanhilfe und anderen Maßnahmen in Gang gekommen war, zunichte machen, wenn nicht schleunigst mit verstärktem westlichem Einsatz Abhilfe geschaffen werde. Auch die Berichte der Besatzungsbehörden an ihre Regierungen warnten, die junge Republik in dieser Sache nicht im Stich zu lassen, da sie sonst »ideologischer Hilfe« durch die östlich-kommunistischen Regimes anheim fallen würde. Die USA waren hellhörig geworden. Man überlegte sich Hilfsmaßnahmen. Einige Monate zuvor hatte sich bereits die Londoner Außenministerkonferenz Gedanken zur Mitverantwortung gemacht. Man begnügte sich jedoch damit, die Bundesrepublik Deutschland mit der Aussicht auf Wiedervereinigung zu vertrösten, durch die auch dieses Problem gelöst werden würde. Aber für die Millionen Vertriebenen war all das kaum glaubwürdige Zukunftsmusik.

Die überwiegende Zahl fristete zu dieser Zeit ihr Leben in Lagern und Notunterkünften. Über ein Drittel der Arbeitsfähigen war ohne Arbeit, ein weiteres Drittel berufsfremd oder als Hilfsarbeiter weit unter eigener Qualifikation tätig, so wie mein eigener Vater. Ein Dreivierteljahr zuvor erst war er aus russischer Kriegsgefangenschaft zurückgekehrt, körperlich, aber auch seelisch am Ende. Wir lebten in Hanau zu viert in einem kleinen Zimmer. Es gab zwei Betten. In dem einen schliefen meine Eltern, das andere teilten sich meine Schwester und ich. Toilette, Herd und fließendes Wasser waren nicht vorhanden. Mein Vater atmete deshalb auf, als er bei der in Hanau sehr renommierten Firma W. C. Heraeus eine erste Anstellung erhielt. Er sah Licht am Horizont. Der Lohn dafür trieb meiner Mutter prompt die Tränen in die Augen. Es waren ganze 98 Pfennig die Stunde, weniger als der damalige Fürsorgesatz. Ich selbst sah nur das Positive. Endlich, endlich hatte ich vor meinen 60 Klassenkameradinnen auch etwas zu bieten. Voller Stolz verkündete ich in der

Schule: »Mein Papi arbeitet jetzt bei W.C. Heraeus.« Die Enttäuschung folgte abrupt, als eine Mitschülerin lapidar feststellte: »Und meinem Vater gehört Heraeus.« Es war die Stieftochter des Firmeninhabers. Unsere Situation, mit dem verzweifelten Versuch, wieder Boden unter die Füße zu bekommen, war eine von Millionen Varianten im Jahre 1950.

Die Menschen begannen die Geduld zu verlieren. In dieser Stimmung fand die Stuttgarter Veranstaltung statt.

Bereits im Jahr zuvor hatten sich verantwortungsbewusste Vertriebene zusammengesetzt und darüber beraten, wie man diesem Elend entrinnen könnte. Die Idee, in einer Charta, in einer Art »Grundgesetz«, Pflichten und Rechte der Vertriebenen festzuhalten, ging auf einen Beschluss der beiden Vertriebenenorganisationen ZvD und VOL zurück. Eine Kommission bereitete den Text vor. Der Gehalt der Charta war keine alleinige Erfindung der Verfasser. Er war vielmehr weitgehend in Diskussionen führender intellektueller Kreise und Institutionen der Vertriebenen herangereift.

Bereits zuvor, am 12. Juni 1948, hatte ein sudetendeutscher Führungskreis, dem unter anderem Wenzel Jaksch, Walter Becher und Hans Schütz angehörten, in Heppenheim einen Forderungskatalog aufgestellt.

In der »Eichstätter Deklaration« vom 27. November 1949 wurden Grundsätze einer sudetendeutschen Europapolitik festgelegt. Darin wurden »Anerkennung und Wiederherstellung des Heimatrechts« für alle Vertriebenen gefordert. Gleichzeitig wurde bereits darin ein »Verzicht auf Rache und Vergeltung« erklärt und eine »friedliche Verwirklichung des Rechtes auf die Heimat« im Rahmen einer föderativen Gesamtordnung Europas, frei von Hegemonialansprüchen »irgendeiner Großmacht«. Nur einen Tag vor Unterzeichnung der Charta haben im so genannten Wiesbadener Abkommen die »Münchner Arbeitsgemeinschaft zur Wahrung der sudetendeutschen Interessen« (die Vorläuferorganisation des Sudetendeutschen Rates) und der tschechische Nationalausschuss – tschechische Oppositionelle im Londoner Exil – ein gemeinsames Versöhnungsdokument unterzeichnet. Darin wird, wie in der Charta, Rache für erlittenes Unrecht abgelehnt, aber Strafe für die

Verantwortlichen gefordert. Gleichzeitig waren sich beide Seiten einig, dass es keine Kollektivschuld gibt.

Sinn und Aufgabe der Charta sollte es sein, gegenüber den Besatzungsmächten Protest gegen das Unrecht der Vertreibung zu erheben, Wiedergutmachung zu fordern, aber auch den Willen zur Verständigung und zum Wiederaufbau Deutschlands und Europas zu bekunden. Wobei eine rechtliche Gleichstellung der Vertriebenen mit den Einheimischen auf allen Gebieten als Grundbedingung gefordert werden sollte. Ein vorbereitender Ausschuss hatte die Aufgabe, Textvorschläge auszuarbeiten. Eine erweiterte Kommission aus zehn Personen formulierte nach eingehender Beratung mit Änderungen und Ergänzungen der Textvorschläge die endgültige Fassung der »Charta der Heimatvertriebenen«. Die Präsidenten der beiden Vertriebenenorganisationen vereinbarten, dass die Verkündung der Charta in Erinnerung an und als Protest gegen die Potsdamer Vereinbarungen fünf Jahre zuvor in einer gemeinsamen Feierstunde am 5. August 1950 erfolgen soll. Und es wurde vereinbart, dass in einer Großkundgebung diese Charta öffentlich proklamiert wird. Als Ort wurde Stuttgart ausgewählt. Die Vertriebenen in Baden-Württemberg waren bereits recht gut organisiert und somit am ehesten in der Lage, einen geordneten Ablauf einer solchen eher unkalkulierbaren Großveranstaltung zu bewältigen.

Am 5. August 1950 wurde die »Charta der deutschen Heimatvertriebenen« feierlich im Kursaal von Stuttgart-Bad Cannstatt verlesen. Vorgetragen wurde das Manifest durch einen unbekannten jungen Vertriebenen, den Oberschlesier Manuel Jordan. Im Anschluss daran wurde das Dokument in der Villa Reitzenstein, dem Sitz des baden-württembergischen Ministerpräsidenten, von den Verfassern und den Repräsentanten der Vertriebenen unterschrieben. Der breiten Öffentlichkeit wurde die Charta einen Tag später auf der Hauptkundgebung vor der Ruine des Neuen Schlosses im Herzen Stuttgarts verkündet. Die Zahl der Vertriebenen, die aus allen Teilen Deutschlands unter Mühen angereist waren, war so groß, dass es für einen reibungslosen Ablauf der Großkundgebung erforderlich wurde, die Teilnehmer zuerst auf vier verschiedenen Plätzen zu sammeln und in Kolonnen zum Schlossplatz

Dr. Linus Kather
Mitglied des Bundestages
Vorsitzender
des Zentralverbandes
der Vertriebenen Deutschen

Josef Walter
Vorsitzender des Landesverbandes
der Heimatvertriebenen in Hessen

Helmut Gossing
Vorsitzender des Landesverbandes
Niedersachsen im ZvD

Dr. Mocker
Vorsitzender des Landesverbandes
der vertriebenen Deutschen
in Württemberg

H. Eschenbach
Landesverband der vertriebenen
Deutschen, Stuttgart

Wilhelm Zeisberger
Neubürgerbund, Bayern

Dr. Alfred Gille
Vorsitzender des Landesverbandes
der Heimatvertriebenen,
Schleswig-Holstein

Dr. Bernhard Geisler
Vorsitzender des Landesverbandes
der Ostvertriebenen
Nordrhein-Westfalen

Erwin Engelbrecht
Vorsitzender des Landesverbandes
Bayern im ZvD

A. Deichmann
Vorsitzender des Landesverbandes
der vertriebenen Deutschen
Rheinland-Pfalz

Roman Herlinger
Hauptausschuß der Flüchtlinge
und Ausgewiesenen in Bayern

Dr. Rudolf Lodgman von Auen
Sprecher der Sudetendeutschen
Landsmannschaft

Erwin Tittes
Sprecher der Landsmannschaft
der Siebenbürger Sachsen
in Deutschland

Dr. Rudolf Wagner
Sprecher der Landsmannschaft
der deutschen Umsiedler aus der
Bukowina

Dr. Alfred Rojek
Vorsitzender des Berliner
Landesverbandes der
Heimatvertriebenen

Walter von Keudell
Sprecher der Landsmannschaft
Berlin-Brandenburg

Dr. Konrad Winkler
Vorsitzender der Interessen-
gemeinschaft der
Heimatvertriebenen in Südbaden

Axel de Vries
Sprecher der Deutsch-Baltischen
Landsmannschaft

Franz Hamm
Vorsitzender der Landsmannschaft
der Deutschen aus Jugoslawien

Erich Luft
Landesverband Bayern im ZvD

Dr. Bartunek
Landesverband der vertriebenen
Deutschen in Nordbaden

Dr. Schreiber
Sprecher der Landsmannschaft
Ostpreußen

Erik von Witzleben
Sprecher der Landsmannschaft
Westpreußen

Dr. Walter Rinke
Sprecher der Landsmannschaft
Schlesien

Anton Birkner
Sprecher der Karpatendeutschen
Landsmannschaft Slowakei

v. Bismarck
Sprecher der Pommerschen
Landsmannschaft

Waldemar Kraft
Sprecher der Landsmannschaft
Weichsel/Warthe

Dr. Gottlieb Leibbrandt
Sprecher der
Arbeitsgemeinschaft der
Ostumsiedler (Rußlanddeutsche)

Dr. Kimme
Vorsitzender des Landesverbandes der
vertriebenen Deutschen
in Bremen

Dr. Kautzor
Vorsitzender des Verbandes der
Heimatvertriebenen in
Württemberg, Hohenzollern
und Lindau

zu lenken. Die öffentliche Proklamation fand vor 100 000 bis 150 000 Vertriebenen statt. Überwiegend wird von 150 000 Menschen gesprochen. Eine zutiefst beeindruckende Kulisse vor dem zerstörten Neuen Schloss.

Das Echo war breit und vielfältig, Inhalt und Stil der Erklärung sorgten für Überraschung in Politik und Medien. Man war auf harte Töne und aggressive Forderungen gefasst. Mit einer postulierten Selbstverpflichtung, mit einer so eindeutigen Absage an Revanche und Gewalt, mit dem Willen, als Vertriebene zu einem versöhnten Europa beizutragen, hatte man nicht gerechnet. Insbesondere im Ausland wurde positiv vermerkt, dass sich die außenpolitischen Forderungen auf die Umsetzung des Rechts auf die Heimat beschränkten, und das eben nicht mit Gewalt, sondern auf friedlichem Wege. Das eingeforderte Recht auf Selbstbestimmung war inzwischen völkerrechtlich anerkannt.

Die Charta der Heimatvertriebenen ist geprägt aus der evangelischen Tradition sittlicher Verantwortung für Deutschland und katholischem Naturrechtsdenken. Von der christlichen Prägung zeugt schon die Einleitung »Im Bewusstsein ihrer Verantwortung vor Gott und den Menschen, im Bewusstsein ihrer Zugehörigkeit zum christlichen-abendländischen Kulturkreis«, aber auch der Hinweis, »dass das Recht auf die Heimat als eines von Gott geschenktem Grundrecht der Menschheit anerkannt und verwirklicht« werden solle. Aus keinem einzigen Satz, aus keiner Silbe dieser ersten gemeinsamen Deklaration der Heimatvertriebenen sprach Hass gegenüber den Nachbarvölkern. Im Gegenteil: »Wir werden jedes Beginnen mit allen Kräften unterstützen, das auf die Schaffung eines geeinten Europas gerichtet ist, in dem die Völker ohne Furcht und Zwang leben können. Wir werden durch harte, unermüdliche Arbeit teilnehmen am Wiederaufbau Deutschlands und Europas«, war als Selbstverpflichtung postuliert.

Im Ganzen gesehen war die Charta ein beträchtlicher Gewinn. Auch für die Vertriebenen. Das Vertrauen in die eigene Kraft, der Wille zur Selbstbehauptung und auch der Durchsetzungswille für rechtliche und soziale Gleichstellung mit den Einheimischen, all das wurde durch ihre Proklamation gestärkt. Sie gaben sich und ihrem Anliegen ein moralisches Fundament über den Tag hinaus. Ich sage das sehr nachdrücklich und voller Bewunderung.

Dabei ist mir durchaus bewusst, dass es immer wieder die eine oder andere kritische Stimme zur Charta gibt. Deren Argumente habe ich sorgfältig und gründlich bedacht und gewogen, soweit sie sich nicht im Polemischen verlieren, wie etwa bei Micha Brumlik. Sie sind mir nicht tragfähig genug, weil sie ganz überwiegend aus heutiger Sicht gespeist sind. Ralph Giordano, dem ich mich freundschaftlich verbunden fühle, nehme ich davon aus. Sein Blickwinkel ist aus den persönlichen schlimmen Erfahrungen durch den Nationalsozialismus geprägt, den er nur knapp überlebt hat. Seine Argumente respektiere ich, aber ich teile sie nicht.

Der Wert der Charta lässt sich nur ermessen, wenn man sich in ihre Zeit hineinbegibt und sich vor Augen führt, welchen Weg die Vertriebenen damals leicht hätten nehmen können. Ein solches Dokument schreibt man nicht einfach um und passt es alle zehn Jahre neu dem gerade wehenden Geist der Zeit an.

Der 5. August 1950 ist für Deutschland und Europa von unschätzbarer Bedeutung. Hätten sich die Heimatvertriebenen an diesem Tag für einen anderen Weg entschieden, für einen Weg der Gewalt, so sähe Deutschland heute anders aus. Die Heimatvertriebenen haben sich in einem beeindruckenden Akt der Selbstüberwindung für den Weg des Friedens und des Miteinanders entschieden. Schon damals haben sie ein ganzes Europa nicht nur als Vision gesehen, die sich irgendwann durch irgendjemand erfüllt, sondern sie haben deutlich gemacht, dass sie selbst daran aktiv »durch harte unermüdliche Arbeit« wirken wollen. Die Botschaft von damals trägt bis heute.

VII.
Bund der Vertriebenen – weder links noch rechts!

Der Bund der Vertriebenen und die Landsmannschaften pflegen in vorbildlicher Weise das geistig-kulturelle Erbe der alten Heimat und leisten einen aktiven Beitrag zur Aussöhnung und Völkerverständigung.

ERWIN TEUFEL

Bis zum Jahr 1950 fanden fast acht Millionen Heimatvertriebene und Flüchtlinge in Westdeutschland Aufnahme. Vier Millionen kamen zunächst in das damalige Mitteldeutschland. Ein erheblicher Teil von ihnen wechselte bis zum Mauerbau 1961 und auch später in die Bundesrepublik Deutschland. Die Eingliederung so vieler seelisch und körperlich erschöpfter Menschen, die zudem völlig mittellos waren, schien in den ersten Jahren schier unmöglich. Wie auch sollte sich aus diesem Massenelend ein halbwegs funktionstüchtiges Miteinander zwischen Einheimischen und Heimatvertriebenen entwickeln können? Doch zum Erstaunen vieler gelang es sowohl in der Bundesrepublik Deutschland als auch in der früheren DDR. Die Eingliederung der aus dem historischen Ostdeutschland sowie aus ganz Mittel- und Osteuropa hierher verschlagenen Menschen ist heute sozial weitestgehend gelungen und Teil der Nachkriegserfolgsgeschichte unseres Landes. Die Bedingungen dafür waren höchst unterschiedlich.

Unsere Schicksalsgefährten in der sowjetischen Besatzungszone, der späteren DDR, hatten es wesentlich schwerer als die im Westen Deutschlands Gestrandeten. Ihr Schicksal war über Jahrzehnte tabuisiert, als Gruppe durften sie sich weder organisieren noch artikulieren. Sie waren über mehr als 40 Jahre in doppelter Hinsicht Opfer des Zweiten Weltkriegs.

Aber auch die Anfänge der Vertriebenenverbände im Westen Deutschlands waren zunächst durchaus nicht einfach. Unter dem alliierten Besatzungsregime unterlagen die Vertriebenen bis zum Ende der 1940er-Jahre einem »Koalitionsverbot«. Sie durften sich in dieser Zeit offiziell auch nicht zusammenschließen. Die Gründung von Vereinen oder gar Parteien mit heimatpolitischen Zielen war in den westlichen Besatzungszonen bis nahezu 1950 verboten. Gleichwohl fand man sich zusammen. Familien, ehemalige Kirchengemeinden, Dorfgemeinschaften suchten und fanden Kontakt zueinander – auch über große Entfernungen. Die kirchlichen Suchdienste und das Deutsche Rote Kreuz haben vieltausendfach Hilfestellung gegeben und die Menschen zusammengeführt. Dennoch, willkommen konnten sich die Vertriebenen hier nicht fühlen.

Die Eingliederung der Vertriebenen war keine lineare Erfolgsgeschichte, sondern für viele eine zusätzliche bittere Leidenserfahrung.

Ab Gründung der Bundesrepublik Deutschland entwickelten sich zahlreiche Vertriebenenorganisationen mit einem häufig sehr vitalen Eigenleben. Das Miteinander war noch wenig ausgeprägt. Die erste wirklich große Gemeinschaftsleistung der Heimatvertriebenen in der Bundesrepublik war das Stuttgarter Treffen 1950 mit der Proklamation der Charta der Heimatvertriebenen.

Es war der 27. Oktober 1957, als sich nach langwierigen und oft schwierigen Verhandlungen zwei bis dahin nebeneinander, oftmals sogar gegeneinander wirkende Vertriebenenorganisationen zusammenschlossen. Aus dem »Verband der Landsmannschaften« (VdL) und dem »Bund der Vertriebenen Deutschen« (BVD) wurde zwölf Jahre nach Kriegsende und schier endlosen, teils heftigen Diskussionen unser Verband. Bis kurz vor der Einigung rang man noch um den Namen. Es wurden Vorschläge wie »Landsmannschaftlicher Bund der Vertriebenen« oder sogar »Kampfbund der Heimatvertriebenen« gemacht. Zu guter Letzt entschloss man sich für den bis heute geltenden, ziemlich langen Namen »Bund der Vertriebenen – Vereinigte Landsmannschaften und Landesverbände e. V.«. Darin fanden sich alle wieder. Gleichzeitig

83

spiegelt dieser erklärende Name treffend eine sehr komplexe Organisationsstruktur. Sehr bald etablierte sich die Kurzbezeichnung BdV.

Für eine Übergangsphase gab es aufgrund der beiden fusionierten Verbände zwei gleichberechtigte Vorsitzende. Dies waren der Ostpreuße Linus Kather und der Deutschbalte Georg von Manteuffel-Szoege. Im Dezember 1958 erfolgte dann die endgültige Konstituierung des Gesamtverbands in Berlin.

Der BdV hat sich von Beginn an nicht nur sozial, sondern auch politisch engagiert. Wie auch anders? Die Vertreibung der Deutschen war politisches Handeln. Die demokratischen Parteien der Bundesrepublik unterstützten über Jahre einmütig die Vertriebenen und ihre Verbände auf kommunaler, Landes- und Bundesebene.

Das Heimatrecht und das Rückkehrrecht für Vertriebene waren sehr lange völlig unbestritten. Es war auf allen politischen Ebenen der Wille vorhanden, das Schicksal der Vertriebenen als gesamtdeutsches Schicksal zu sehen. Das Lastenausgleichsgesetz 1952 und das Bundesvertriebenengesetz 1953 waren nach jahrelangen, teilweise heftig geführten Kontroversen im Nachhinein betrachtet Meilensteine auf dem Weg der im Großen und Ganzen geglückten sozialen und wirtschaftlichen Eingliederung.

Die Schwierigkeiten zwischen Alt- und Neubürgern dürfen dabei nicht verkannt werden. Andreas Kossert hat in seinem Buch »Kalte Heimat« sehr eindringlich beschrieben, mit welcher Ablehnung die Heimatlosen leben mussten. Sehr richtig stellte er fest: »Abwehr und Verachtung schlugen ihnen entgegen.« Die Menschen versuchten sich darüber hinwegzusetzen und begannen sehr früh, sich auch politisch zu engagieren. Ein Jugenderlebnis des Historikers Lutz Niethammer zeigt auf, wie früh sich Vertriebene aktiv politisch einmischten. In seinem Beitrag »Flucht ins Konventionelle? Einige Randglossen zu Forschungsproblemen der deutschen Nachkriegsmigration« aus dem Jahre 1987 erinnert er sich: »Als ich 1953 im Schwäbischen in der dritten Klasse des Gymnasiums war, bekamen wir einen neuen Deutschlehrer. Vom Bundespräsidenten abwärts [Anmerkung: damals Theodor Heuss] waren wir gewohnt, dass Schwäbisch Deutsch ist und Bildungsschwäbisch

Hochdeutsch, und wir empörten uns mächtig darüber, dass wir unseren neuen Deutschlehrer nicht verstanden. Wie ich heute weiß, sprach er Deutsch, und zwar ein gutturales Oberschlesisch, aber bei uns gab es eine Initiative, dass wir den ›Polaken‹ nicht mehr haben wollten und schon gar nicht in Deutsch. Er wurde uns dann tatsächlich genommen, freilich auf für uns überraschende Weise, denn er wurde in den Bundestag gewählt. Er war der spätere Vertriebenenpräsident Czaja.«

Aus allen demokratischen Parteien kamen die führenden Vertreter des BdV. Axel de Vries, einer der Verfasser unserer Charta, gehörte der FDP im Deutschen Bundestag an. Als Präsidenten unseres Verbands amtierten die Christdemokraten Hans Krüger und Herbert Czaja, die Sozialdemokraten Wenzel Jaksch und Reinhold Rehs sowie der Christsoziale Fritz Wittmann. Alle waren jeweils Mitglied des Deutschen Bundestags. Schon daran ist erkennbar, dass eine politische Führung des BdV gewollt war. Die Erfahrung war: Wer keine Politik macht, mit dem wird Politik gemacht.

1961 verabschiedete der Deutsche Bundestag einstimmig den so genannten »Jaksch-Bericht«, benannt nach dem damaligen BdV-Präsidenten Wenzel Jaksch. Mit diesem Beschluss wurden neue Wege einer Menschenrechte und Völkerrecht nicht ausklammernden deutschen Ostpolitik aufgezeigt.

Alle politischen Parteien standen in dieser Zeit noch an der Seite der Vertriebenen. Die Schlesier erhielten 1963 zum Beispiel zu einem ihrer großen Deutschlandtreffen ein Grußtelegramm, in dem es hieß: »Breslau – Oppeln – Gleiwitz – Glogau – Grünberg, das sind nicht nur Namen, das sind lebendige Erinnerungen, die in den Seelen von Generationen verwurzelt sind und unaufhörlich an unser Gewissen klopfen. Verzicht ist Verrat, wer wollte das bestreiten? Das Recht auf Heimat kann man nicht verhökern – niemals darf hinter dem Rücken der aus ihrer Heimat vertriebenen oder geflüchteten Landsleute Schindluder getrieben werden. Das Kreuz der Vertreibung muss das ganze Volk mittragen helfen.« Diese Grußbotschaft an die Schlesier trug die Unterschriften der Sozialdemokraten Erich Ollenhauer, Willy Brandt und Herbert Wehner.

Solche Aussagen muss man kennen, um manches an Reaktionen Vertriebener in späteren Jahren nachvollziehen zu können. Denn in den 1960er-Jahren wandelte sich das Klima. Die Vokabel »Revanchismus«, ein Schlagwort kommunistischer Desinformation bezogen auf die Bundesrepublik und die Vertriebenen, fand ihren festen Platz auch in der innerdeutschen Diskussion. Ein österreichischer Journalist konstatierte noch 1966, dass es eine wahre Schande sei, wie unter dem jetzigen System in Deutschland die Vertriebenen, die stellvertretend für das ganze deutsche Volk für die Sünden und Verbrechen des NS-Regimes gebüßt hätten, noch weiter büßten und so übel wie keine anderen Mitglieder des deutschen Volks behandelt würden: »In diesem Blatt (›Salzburger Nachrichten‹), das oft … dagegen war, dass die Bundesrepublik in Ost und West und in der ganzen Welt als Prügelknabe herhalten müsse, muss nun einmal gesagt werden, dass die Vertriebenen innerhalb des deutschen Volkes die Prügelknaben … sind …«

Der 1938 aus Deutschland emigrierte New Yorker Professor Robert Rie stellte bei einem Deutschlandbesuch im gleichen Jahre verwundert fest, man habe in den Flüchtlingen offenbar »Ersatzjuden« gefunden.

Im Zuge der sozialliberalen Ostpolitik unter dem damaligen Bundeskanzler Willy Brandt eskalierte die Auseinandersetzung nicht nur zwischen der SPD/FDP-Koalitionsregierung und der CDU/CSU-Opposition, sondern auch mit dem BdV. Die Ankündigung Willy Brandts vom 20. November 1970, das deutsch-polnische Verhältnis auf eine neue Basis stellen zu wollen, löste geradezu Turbulenzen aus, die sich mit seiner Warschaureise und der Unterzeichnung der Ostverträge noch verschärften. Die Enttäuschung insbesondere der ostdeutschen Vertriebenen war elementar. Sätze wie »Brandt an die Wand« oder Schlagworte wie »Verzichtspolitiker« waren – allerdings auch weit über den Kreis der Vertriebenen hinaus – nicht selten. Emotionen überlagerten die Ratio am Ende auf beiden Seiten.

Liest man die Reden Willy Brandts nach, so lässt sich heute mit der Distanz von vielen Jahrzehnten aber deutlich erkennen, dass ihm die Gefühle und das Schicksal der Vertriebenen durchaus nicht nebensächlich waren. In seiner Warschauer Fernsehansprache am 7. Dezember

1970 sagte Brandt unter anderem: »Großes Leid traf auch unser Volk, vor allem unsere ostdeutschen Landsleute. Wir müssen gerecht sein: Das schwerste Opfer haben jene gebracht, deren Väter, Söhne oder Brüder ihr Leben verloren haben. Aber nach ihnen hat am bittersten für den Krieg bezahlt, wer seine Heimat verlassen musste. Ich lehne Legenden ab, deutsche wie polnische: Die Geschichte des deutschen Ostens lässt sich nicht willkürlich umschreiben. Unsere polnischen Gesprächspartner wissen, was ich Ihnen zu Hause auch noch einmal in aller Klarheit sagen möchte: Dieser Vertrag bedeutet nicht, dass wir Unrecht anerkennen oder Gewalttaten rechtfertigen. Er bedeutet nicht, dass wir Vertreibungen nachträglich legitimieren.« In einem handschriftlichen Antwortbrief an Gräfin Dönhoff, die sich emotional nicht in der Lage sah, Brandts Einladung, nach Warschau mitzufliegen, anzunehmen, steht zu lesen: »Was das ›Heulen‹ angeht: Mich überkam es an meinem Schreibtisch, als ich die Texte für Warschau zurechtmachte … Ich darf jedenfalls hoffen, dass Sie es verstanden haben und wissen: Ich habe es mir nicht leicht gemacht.«

Ja, ich bin davon überzeugt, dass Willy Brandt es sich nicht leicht gemacht hat. Aber vor dem Hintergrund vieler Solidaritätserklärungen an die Vertriebenen in Oppositionszeiten rief seine Regierungspolitik abgrundtiefe Enttäuschung hervor. Sie wurde als Verrat empfunden. Und das Brandt'sche Mitgefühl seiner Warschauer Rede verhallte unreflektiert.

Scharenweise traten Vertriebene nicht nur aus der SPD, sondern auch aus der mitregierenden FDP aus. Etliche wechselten in die Unionsparteien. Prominenteste Namen sind Herbert Hupka, der von der SPD in die CDU wechselte, und der ehemalige Vizekanzler Erich Mende, der von der FDP in die CDU übertrat. Das damalige Verhältnis des BdV zu den beiden regierenden Parteien ab 1970 ist mit »frostig« untertrieben charakterisiert. Es war feindselig. Völlig schuldfrei an der weiteren Entwicklung war unser Verband nicht. Die Enttäuschung führte zu Verhärtung und Abschottung.

Emotional ist es verständlich, politisch klug war es nicht. Umso enger suchte man den Schulterschluss mit den Unionsparteien, die sich sehr bemühten, auf die Vertriebenen und den BdV einzugehen. Die politischen Interessen liefen über weite Strecken synchron. Unterstützt sah man sich zudem durch Entscheidungen des Bundesverfassungsgerichts zur Oder-Neiße-Grenze. Das mediale und intellektuelle Klima in Deutschland aber stand schon lange gegen die Vertriebenen. Hämische und bösartige Berichte über landsmannschaftliche Treffen, Mitleidlosigkeit gegenüber den Opfern waren nahezu Volkssport von ganzen Journalistenriegen geworden.

Ganz bewusst wurde und wird auch heute noch ausgeblendet, dass die Forderungen des BdV im Einklang und auf der Grundlage der Gesetze der Bundesrepublik Deutschland und der dazu ergangenen Urteile waren. Angefangen von der Grenzfrage bis hin zur Eigentumsfrage. Insbesondere ab den 1970er-Jahren wurde die Tatsache der nationalsozialistischen Schreckensherrschaft über Europa als Stoppschild missbraucht, um die Anliegen der Vertriebenen zu diskreditieren und diese Massenvertreibung zu rechtfertigen.

Kaltherzig ignorierte man, dass Münchner, Hamburger, Leipziger oder Berliner nicht vertrieben wurden, selbst wenn sie fanatische Nationalsozialisten gewesen waren. Man scheute selbst nicht davor zurück, die DDR-Propaganda zu übernehmen, nach deren Lesart der BdV das Sammelbecken für Revanchisten und Nationalsozialisten war. Es entschwand in den post-70er-Jahren nicht wenigen Intellektuellen und Journalisten, dass die Vertreibung von 15 Millionen Menschen aus der Heimat oder in den Tod eine gesamtdeutsche Tragödie, ja ein Bruch von ungeheurer kultureller und historischer Dimension, für das ganze deutsche Volk war.

Es kam zu einem dramatischen Prozess der Entsolidarisierung großer Teile der politischen Klasse. Das Schicksal vieler Millionen Menschen geriet zwischen die Mahlsteine politischer Auseinandersetzungen. Es begann sich ein Mantel des Schweigens über diesen Teil deutscher Geschichte zu legen, nur durchbrochen von überwiegend gehässigen oder hämischen Kommentaren zu Vertriebenentreffen und dem BdV. Die Berichterstattung der deutschen Medienlandschaft über die Jahrzehnte hinweg spiegelt das Auf und Ab zum Thema Vertreibung der Deutschen zwischen Empathie und Antipathie wider.

In den 90er-Jahren des vorigen Jahrhunderts wich diese strikte Ablehnung neuer Einsicht. Mit dem Fall des Eisernen Vorhangs und den Tragödien auf dem Balkan mit Flüchtlingsströmen mitten in Europa vor
der deutschen Haustür kehrten Nachdenklichkeit und Erinnern ein.
Man sah zu deutlich, dass Vertreibung eben kein Thema der Vergangenheit war.

Die Entwicklungen der Jahre 1989 bis 1991, die nach der Erosion
des kommunistischen Ostblocks, dem Fall der Mauer und dem Beitritt
der DDR zum Bundesgebiet endgültig zum Ende der Nachkriegszeit
führten, rissen im Zuge der 2+4-Verhandlungen und der Diskussion
um den deutsch-polnischen Grenzbestätigungsvertrag alte Wunden
wieder auf. Ein hartes Ringen um Kompromisslösungen begann. Das
Klima war aber längst nicht mehr so aufgeheizt wie 1970. Tief im
Innern war vielen Vertriebenen längst klar, dass kein Weg an der Oder-
Neiße-Grenze vorbeiführen würde. Am Ende stimmten 20 Abgeord-
nete, Vertriebene und Nichtvertriebene im Deutschen Bundestag dagegen. Auch ich. Unser Anliegen war es, nicht nur die Frage der Grenze
endgültig zu regeln, sondern gleichzeitig alle anderen offenen Fragen
zu klären. Insbesondere die Eigentumsfragen gehörten dazu. Wäre das
damals geschehen, so wäre Deutschland und den Nachbarländern
manche nachfolgende heftige Aufwallung erspart geblieben. Den Mut,
auch dieses heiße Eisen anzupacken, hatte niemand in Deutschland
und überwiegend auch in den Nachbarländern nicht. Die baltischen
Staaten, Ungarn und Rumänien sind bis heute die rühmlichen Ausnahmen.

Die überwältigende Mehrheit der deutschen Vertriebenen hatte sich
mit dem Verlust ihres Eigentums längst abgefunden.

Aber als der damalige Bundeskanzler Gerhard Schröder am 1. August
2004 in Warschau entgegen der deutschen Gesetzeslage verkündete:

»… Deshalb darf es heute keinen Raum mehr geben für Restitutions-
Ansprüche aus Deutschland, die die Geschichte auf den Kopf stellen.
Die mit dem Zweiten Weltkrieg zusammenhängenden Vermögensfragen sind für beide Regierungen kein Thema in den deutsch-polnischen Beziehungen. Weder die Bundesregierung noch andere ernstzu-

nehmende politische Kräfte in Deutschland unterstützen individuelle Forderungen, soweit sie dennoch geltend gemacht werden. Diese Position wird die Bundesregierung auch vor internationalen Gerichten vertreten«, und später noch hinzufügte: »Die Bundesregierung wird solchen Ansprüchen entgegenwirken ...«, schwappten Empörungswellen nicht nur durch den BdV und seine Mitgliedsverbände, sondern weit darüber hinaus.

Es ging um Rechtstreue und Glaubwürdigkeit politischen Handelns. Dabei spielten nicht nur gesetzliche Rahmenbedingungen eine Rolle, sondern auch die Schreiben – seitens der Bundesregierung an zahlreiche Petenten, die in der Frage ihres Eigentums die Hilfe der Bundesregierung erbaten.

Den Antwortschreiben an die Antragsteller war in schöner Beständigkeit zu entnehmen, dass sie sich doch an die jeweiligen Länder wenden mögen, die für die entschädigungslose Enteignung die nachfolgende Verantwortung zu tragen hätten.

Bis zum heutigen Tage gibt es in Deutschland keine veränderte Rechtsposition, was die entschädigungslose, völkerrechtswidrige Enteignung der deutschen Vertriebenen anbelangt. Alle Gesetze der Bundesrepublik Deutschland, die sich mit dieser Frage befassen, sind eindeutig:

- Das Lastenausgleichsgesetz von 1952 regelt die Vermögensrechte in seiner Präambel wie folgt: »... unter dem ausdrücklichen Vorbehalt, dass die Gewährung und Annahme von Leistungen keinen Verzicht auf die Geltendmachung von Ansprüchen auf Rückgabe des von den Vertriebenen zurückgelassenen Vermögens bedeutet, und unter dem weiteren ausdrücklichen Vorbehalt, dass die Gewährung und Annahme von Leistungen für Schäden im Sinne des Beweissicherungs- und Feststellungsgesetzes weder die Vermögensrechte des Geschädigten berühren noch einen Verzicht auf die Wiederherstellung der unbeschränkten Vermögensrechte oder auf Ersatzleistung enthalten ...«.

- Das Vertriebenenzuwendungsgesetz von 1994 für die in der früheren DDR lebenden Heimatvertriebenen hält die Vermögensfrage gleichermaßen offen. In der amtlichen Begründung zum Gesetz heißt es:

»... Die Gewährung und Annahme der einmaligen Zuwendung berührt weder die Vermögensrechte der Vertriebenen noch enthält sie einen Verzicht auf deren Wiederherstellung oder auf Ersatzleistung durch die Schädiger; die Geltendmachung von Ansprüchen gegen die Schädiger wird durch diese Leistung nicht ausgeschlossen.«

- Weder durch die Ostverträge, den Grenzbestätigungsvertrag noch den Nachbarschaftsvertrag wurde die Vermögensfrage ausgeräumt.

Zudem sind die einschlägigen Urteile des Bundesverfassungsgerichtes zu dieser Frage eindeutig:

- Das Bundesverfassungsgericht hat am 5. Juni 1992 zum Grenzvertrag ausgeführt: »... Der Grenzvertrag trifft selbst keinerlei Regelung in bezug auf das Eigentum von aus den ehemaligen deutschen Ostgebieten vertriebenen oder geflohenen Personen und ihren Erben ... Der Vertrag bestätigt nur die jedenfalls faktisch seit langem zwischen Deutschland und Polen bestehende Grenze. Darin liegt eine völkerrechtliche Bestimmung der territorialen Zuordnung eines Gebietes zu einem Staat, nicht dagegen eine hoheitliche Verfügung über privates Eigentum. Insbesondere ist mit der Grenzbestätigung keine Anerkennung früherer polnischer Enteignungsmaßnahmen seitens der Bundesrepublik Deutschland verbunden.«

- In einer Entscheidung zum Nachbarschaftsvertrag vom 8. September 1993 führte das Bundesverfassungsgericht aus: »... Der deutsch-polnische Nachbarschafts- und Freundschaftsvertrag beeinträchtigt die Beschwerdeführer nicht in ihrem Eigentumsgrundrecht.

Auch im Jahre 2004 als Gerhard Schröder sich in Warschau so vollmundig äußerte, lauteten die Antwortschreiben an Antragsteller, die eine Entschädigung für das ihnen entrissene Eigentum von Deutschland forderten:

»... Die Bundesregierung ist – ebenso wie andere Bundesregierungen vor ihr – der Auffassung, dass die Vertreibung und entschädigungslose Enteignung deutscher Staatsangehöriger im Widerspruch zum Völkerrecht erfolgte. Die Haltung der Bundesregierung ist der polnischen Seite bekannt. Jene hat aber zur Kenntnis nehmen müssen, dass Polen in dieser Frage eine andere Rechtsposition vertritt. Die Bundesregierung ist aber auch der Meinung, dass die bilateralen Beziehungen nicht mit aus der Vergangenheit herrührenden Fragen belastet werden sollten. Sie hat erklärt, dass sie weder heute noch in Zukunft in diesem Zusammenhang Vermögensfragen aufwerfen oder Forderungen stellen werde. Die Bundesrepublik hat damit nicht auf individuelle Ansprüche von Deutschen verzichtet. Für deren Geltendmachung stehen den Betroffenen die in den jeweiligen Ländern oder internationalen Institutionen bestehenden rechtlichen Möglichkeiten offen. An derartigen Verfahren ist die Bundesregierung jedoch in aller Regel nicht beteiligt. Daher kann von hieraus nicht beurteilt werden, ob insoweit größere Erfolgsaussichten bestehen.«

Mehrere dieser Antwortschreiben liegen dem BdV vor.

Damit hat die Bundesregierung Antragsteller ausdrücklich auf den Klageweg verwiesen um gleichzeitig in Person des Bundeskanzlers von Warschau aus deutlich zu machen, dass sie gegen solche Klagen seitens deutscher Geschädigter vor internationalen Gerichten Position beziehen werde. Ein singulärer Vorgang!

Im Juni 2004 wiederum verkündete der Staatssekretär im Auswärtigen Amt, Jürgen Chrobog, angesichts aktueller Verhandlungen zwischen der Republik Österreich und Kroatien bezüglich Restitution bzw. Entschädigung Vertriebener:

»Die Bundesregierung hat gegenüber der kroatischen Regierung ihr Interesse an der Entschädigung deutscher Vertriebener anhängig gemacht.«

Dass derartiges disparates Verhalten kein Vertrauen in unseren Rechtsstaat befördert, liegt auf der Hand. Jeder Bundeskanzler hat einen Amtseid geleistet, in dem es u. a. heißt:

»Ich schwöre, dass ich ... das Grundgesetz und die Gesetze des Bundes wahren und verteidigen ... werde ...«

Die Äußerungen Gerhard Schröders machten das Gegenteil deutlich und sie machten die Vertriebenen zu Sündenböcken.

Politik und Politiker müssen ein Mindestmaß an Glaubwürdigkeit bewahren. Es ist das gute Recht eines jeden Bundeskanzlers, in der nach wie vor gültigen Rechtslage ein Hindernis für den Dialog mit unseren Nachbarstaaten zu sehen. Wenn das so ist, dann müssen die Rahmenbedingungen, das heißt die Gesetze, geändert werden. Das aber wagte weder die Regierung Gerhard Schröder noch seine Vorgänger oder Nachfolgeregierungen.

Warum? Es hätte doch dem Miteinander zu unseren Nachbarländern sehr geholfen. Es gibt einen ganz einfachen Grund: Deutschland wäre damit regresspflichtig gegenüber den rechtswidrig Enteigneten geworden. So lieb und teuer waren die Vertriebenen keiner Bundesregierung. Dennoch bin ich überzeugt, dass eine tragbare innerdeutsche Lösung möglich wäre, die endlich Rechtsfrieden bewirkt. Wo ein Wille ist, ist auch ein Weg. Ich bin mir sicher, dass schlichtes Nichtstun Deutschland nicht dauerhaft von dieser Frage befreit.

Jeder, der sich heute empört, wenn die Eigentumsfrage wieder hochkocht – und das wird so lange geschehen, wie diese Frage nicht geregelt ist –, möge sich deshalb an die politischen Akteure wenden und nicht an den BdV. Ein Verband hat weder das Recht noch die Möglichkeit, abschließende gesetzliche Regelungen zu treffen, die befriedend wirken. Für den BdV, der ausdrücklich auf dem Boden der demokratischen Werteordnung Deutschlands steht, war mit dem Bundestagsbeschluss eine schmerzliche, aber zu respektierende Entscheidung bezüglich der deutsch-polnischen Grenze gefallen.

Der BdV kann als Organisation aufgrund seines Gründungsdatums nicht im Nationalsozialismus verstrickt gewesen sein. Im Gründungsjahr war die Entnazifizierung längst abgeschlossen.

Ein neues demokratisches Land war im Aufbau. Die Menschen aber waren die alten. In allen gesellschaftlichen Bereichen der jungen Bundesrepublik gab es Personen, die durch das NS-Regime geprägt oder sogar Teil des Machtapparates gewesen waren und sich nun in den neuen Institutionen beteiligten. Natürlich auch in den Organisationen der Vertriebenen. Alles andere wäre geradezu ein Wunder. Wobei auch Verfolgte und Gegner des NS-Regimes in unserem Verband wirkten.

Wenzel Jaksch und Herbert Hupka waren Verfolgte der Nationalsozialisten. Auch Herbert Czaja, der 24 Jahre lang unseren Verband geführt hat, stand erwiesenermaßen in Opposition zum nationalsozialistischen Regime. Er weigerte sich, der NSDAP beizutreten. Trotzdem ist es gut, die Vita der frühen führenden BdV-Repräsentanten zu ergründen und zu erforschen, welche NS-Belastung es beim einen oder anderen gegeben hat. Viele Säulenheilige des deutschen Nachkriegsgeisteslebens wie Günter Grass oder Walter Jens müssen inzwischen mit ihrer nicht ganz so lupenreinen Vita leben. Und in der Journalistenriege der frühen Nachkriegsjahre gab es nicht nur unbefleckte, sondern auch belastete Akteure, wie in der gesamten deutschen Gesellschaft.

Der BdV steht mit seinen Millionen Mitgliedern in der Mitte der Gesellschaft. Und eines steht fest: Vom Nationalsozialismus geprägtes oder extremistisches Gedankengut hat niemals Einzug in unsere Verbandspolitik gefunden. Wir haben uns weder von links außen noch von rechts außen missbrauchen lassen. Allerdings war der BdV in Zeiten des Kalten Kriegs und des Ost-West-Spannungsverhältnisses erklärtes Objekt der Ausspähung durch die DDR. Eine Mitarbeiterin der BdV-Bundesgeschäftsstelle verschwand im August 1985 nach 13-jähriger Tätigkeit, und zwar über Nacht. Sie fürchtete, als DDR-Agentin entlarvt und verhaftet zu werden. Unter dem Decknamen Ursula Richter hatte sie jahrelang vertrauliche Informationen aus unserer Bundesgeschäftsstelle weitergegeben.

Der BdV ist ein überparteilicher Verband. Über einen langen Zeitraum war das jedoch kaum noch erkennbar.

Heute gibt es wieder den Dialog mit allen demokratischen Parteien. Mutiger Partner für ein neues konstruktives Miteinander war ab 1998 seitens der SPD der damalige Bundesinnenminister Otto Schily. Im Berliner Dom erklärte er 1999 vor den Repräsentanten des BdV in unumwundener Selbstkritik: »Die politische Linke hat in der Vergangenheit, das lässt sich leider nicht bestreiten, zeitweise über die Vertreibungsverbrechen, über das millionenfache Leid, das den Vertriebenen zugefügt wurde, hinweggesehen, sei es aus Desinteresse, sei es aus Ängstlichkeit vor dem Vorwurf, als Revanchist gescholten zu werden. Oder sei es in dem Irrglauben, durch Verschweigen und Verdrängen eher den Weg zu einem Ausgleich mit unseren Nachbarn im Osten zu erreichen. Dieses Verhalten war Ausdruck von Mutlosigkeit und Zaghaftigkeit. Inzwischen wissen wir, dass wir nur dann, wenn wir den Mut zu einer klaren Sprache aufbringen und der Wahrheit ins Gesicht sehen, die Grundlage für ein gutes und friedliches Zusammenleben finden können.« Daraus entstand ein lebendiger Dialog.

Wichtigste gesellschaftspolitische Leistung des BdV in jüngerer Zeit war die Gründung der Stiftung »Zentrum gegen Vertreibungen« im Jahr 2000. Sie soll dazu beitragen, ein vollständiges und wahrhaftiges deutsches und europäisches Geschichtsbild zu zeichnen. Die deutschen Heimatvertriebenen stellen sich mit dieser Stiftung aus Überzeugung und Anteilnahme an die Seite aller anderen Vertreibungsopfer, unabhängig von der jeweiligen nationalen Zugehörigkeit. Menschenrechte sind unteilbar.

Aus dieser Anteilnahme heraus erinnerten wir 2004 in der Berliner Friedrichstadtkirche an das polnische Trauma des Warschauer Aufstandes sechzig Jahre zuvor. Herbert Czaja, unser langjähriger Präsident des BdV, schrieb schon 1993: »Man macht sich oft keine genügende Vorstellungen darüber, wie viele z. B. polnische Nachkommen der sehr großen Zahl ziviler Opfer des Warschauer Aufstandes von 1944 das Trauma gegen Deutsche nicht überwunden haben … Viele Vertriebene kennen auch heute den ganzen Umfang der Untaten noch nicht.«

Es war mir und dem BdV ein Anliegen, gemeinsam mit Kardinal Lehmann, Ralph Giordano, Bogdan Musial und Hans Maier (München) dazu beizutragen, Wissen über den Warschauer Aufstand und die polnischen Opfer zu vermitteln und Anteil an ihrem Schicksal zu nehmen. Eine derartige Veranstaltung der Empathie für dieses polnische Trauma hatte es in Deutschland niemals zuvor gegeben.

Die vom BdV ausgestreckte Hand der Anteilnahme wurde barsch zurückgewiesen. Bereits im Vorfeld der Veranstaltung hatte Wladislaw Bartoszewski den als Rednern eingeladenen Persönlichkeiten geraten, ja sie bedrängt, an der Gedenkveranstaltung nicht mitzuwirken. Erfolglos.

Hans Maier (München) ließ ihn wissen: »Ich bedauere sehr, dass unser Versuch einer Verbeugung vor der polnischen Freiheitsliebe so missverstanden wird.« Bartoszewski war auch durch diesen langjährigen Freund, dem er viel zu verdanken hatte, nicht zu besänftigen. Er wetterte in der polnischen Zeitung *Gazeta Wyborcza,* die Gedenkveranstaltung sei eine Provokation, Erika Steinbach eine Lügnerin, die angeblich freundschaftliche Geste solle nur dazu dienen, künftige feindliche Schritte zu bemänteln. Und in einem Interview mit dem Bayerischen Rundfunk wütete er mit Blick auf meine Person: »Wir brauchen keine Lügner und Heuchler.«

All das hat aber die persönlichen Kontakte tausender Vertriebener in- und außerhalb des BdV zu den Menschen, die heute in deren Heimat leben, kaum beeinträchtigt. Das Verständnis von Mensch zu Mensch zwischen unseren Völkern ist wesentlich weiter als es die öffentlichen Aufwallungen vermitteln. Warschau und Bartoszewski sind für sie zum Glück für Europa nicht die deutsch-polnische Wirklichkeit. Das sollte auch die politische Klasse in Deutschland begreifen und Pressionen aus Warschau nicht willfährig nachgeben.

Der BdV mit seinen 20 Landsmannschaften und 16 Landesverbänden sowie vier außerordentlichen Verbänden ist ein heterogenes Gebilde. Die Deutschen aus Estland und Lettland haben ein anderes Schicksal als die Ostpreußen und Schlesier oder die Donauschwaben, die Sudetendeutschen oder die Deutschen aus Russland. Es einte und eint die Sorge um die soziale und wirtschaftliche Eingliederung der Landsleute. Seien es wie in den Anfangsjahren Vertriebene, später Aussiedler und jetzt die Spätaussiedler.

Für die in die Zehntausende gehenden ehrenamtlichen Betreuer gab es immer viel zu tun. Jeder half, wo er konnte, die landsmannschaftliche Zugehörigkeit spielte dabei keine Rolle. Auch heute ist die haupt- und ehrenamtliche Beratung und Betreuung der Spätaussiedler, meist Deutsche aus Russland, eine Aufgabe, die der gesamte Verband leistet.

Ein anderes wichtiges Tätigkeitsfeld ist die Bewahrung und Fortentwicklung des historischen Erbes der Heimatgebiete. Die zahlreichen wissenschaftlichen und kulturellen Einrichtungen, Hunderte von Heimatstuben und Sammlungen sowie die Heimatzeitungen sind Beispiele lebendiger Kulturtraditionen. Bürgerschaftliches ehrenamtliches Engagement kennzeichnet diesen Verband seit seiner Gründung. Vieltausendfache Kontakte in die alte Heimat seitens der Verbandsmitglieder haben vor allem auf kommunaler Ebene über die Jahre, insbesondere seit dem Fall des Eisernen Vorhangs, Vertrauen, Partnerschaften, sogar Freundschaften in unseren Nachbarländern wachsen lassen. Den Anstoß dazu gab und gibt es nahezu immer seitens der Vertriebenen. Begegnungen gibt es nicht nur mit den wenigen Deutschen, die heute noch in der Heimat leben und denen wir uns verbunden fühlen, sondern weit darüber hinaus, insbesondere auch mit den Neubewohnern. Gemeinsam mit Einzelpersonen, Bürgermeistern oder anderen Mitfühlenden und Engagierten wurden inzwischen sogar Hunderte kleine und große Gedenkorte geschaffen, die an die früheren deutschen Bewohner und an deutsche Schicksale auf die unterschiedlichste Art erinnern. Ob in Rudolfsgnad bei Belgrad oder Wudersch in der Nähe von Budapest, ob in Wekelsdorf in der Tschechischen Republik oder auch an vielen Orten in Polen oder Kroatien.

Ein zentrales Anliegen des BdV ist die Pflege der zwischenmenschlichen Kontakte über die Grenzen hinweg. Wie fruchtbar sich die Verbindungen ausgewirkt haben, ist zum Beispiel daran zu erkennen, dass im heutigen Polen, dort, wo einst Deutsche ihre Heimat hatten, nationalistische, deutschen- und vertriebenenfeindliche Parteien keine Mehrheiten erringen konnten. Deren Thesen fielen deshalb nicht auf fruchtbaren Boden, weil man deutsche Vertriebene inzwischen längst persönlich kennengelernt hatte.

Die Stärke des BdV liegt innerhalb und außerhalb Deutschlands in praktizierter Solidarität auf der Grundlage von Menschenrechten. Daraus schöpft er seine Kraft.

97

VIII.
Initiative für Berliner Gedenkstätte –
»Zentrum gegen Vertreibungen«

*Es soll durchaus ein Agitationszentrum werden
gegen die längst alltäglich gewordene, alerte Heuchelei, die Vertreibungen von gestern mit diplomatischer
Miene verurteilt, nicht ohne darauf hinzuweisen,
dass damals eben andere Verhältnisse herrschten.*

PETER GLOTZ

Nichts machen wir uns in Deutschland leicht. Keine Reform, keinen
Autobahn- oder Startbahnbau. Auch nicht die Wiedererrichtung des
Berliner Stadtschlosses und schon gar nicht ein dauerhaftes Gedenken
an das Schicksal der deutschen Heimatvertriebenen, und das noch ausgerechnet in der deutschen Hauptstadt. Unproblematisch sind nur Krö-
tentunnel, Lichterketten oder Aids-Galas. Fast alle wollen dabei sein,
und sei es in tiefer Heuchelei. Aber es macht sich einfach gut.

Als im Jahre 1999 im Präsidium des BdV darum gerungen wurde, ob
und mit welchen Zielsetzungen man eine Stiftung zur Erinnerung an
die Vertreibung der Deutschen gründen wolle oder sollte, hatte es sich
von uns Beteiligten keiner träumen lassen, was damit in den Folgejahren
bis zum heutigen Tage ausgelöst werden würde.

Sehr schnell waren wir uns einig, dass eine solche Stiftung dazu bei-
tragen muss, in Berlin eine dauerhafte Gedenkeinrichtung für Flucht,
Vertreibung, Deportation, Vergewaltigung und Heimatverlust der Deut-
schen zu errichten. Einigkeit bestand auch darin, dass eine solche
Gedenkstätte der Wahrheit im gesamthistorischen Kontext verpflichtet
zu sein hatte. Und der beginnt weder 1933 noch 1939, sondern hat seine
Wurzeln weiter zurückliegend. Lebhafte, intensive und auch kontroverse
Diskussionen wurden aber darüber geführt, ob diese Stiftung sich aus-

98

schließlich mit dem Schicksal der deutschen Vertriebenen auseinandersetzen sollte oder ob andere Vertreibungen aufgenommen werden könnten. Am Ende waren wir einmütig im BdV-Präsidium der Auffassung, dass wir uns solidarisch an die Seite anderer Vertreibungsopfer stellen wollten. Damit hat unser Verband auch das Signal setzen wollen: Menschenrechte sind unteilbar! Und es darf keine Haltung »Opfer gegen Opfer« geben. Darüber könnten sich nur die Täter freuen. Aus diesem Geist des Miteinanders erblickte am 6. September 2000 unsere Stiftung »Zentrum gegen Vertreibungen« das Licht der Welt.

Diese Stiftung wurde geboren aus der Erkenntnis, dass es nötig ist, die Erinnerung an die Vertreibung der Deutschen mit all ihren Facetten über die Erlebnisgeneration hinaus dauerhaft im Gedächtnis unserer Nation als elementarer Teil gesamtdeutschen Schicksals zu bewahren. Sie wurde auch geboren mit dem ausdrücklichen Willen, dass es nötig ist, nicht im eigenen Leid, in persönlichen traumatischen Erinnerungen, zu verharren, sondern einen Ort zu haben, an dem deutlich wird, dass Vertreibung und Genozid grundsätzlich als Mittel von Politik geächtet werden müssen. Theoretisch ist das im Völkerrecht schon lange der Fall. Menschenfeindliche Praxis setzt sich leider nur allzu oft darüber hinweg – bis zum heutigen Tage. Der Stiftung haben wir vier Aufgaben gestellt, deren Kern immer die Menschenrechte sind:

• Erstens soll in einer Gedenkeinrichtung in Berlin das Schicksal der mehr als 15 Millionen deutschen Deportations- und Vertreibungsopfer aus ganz Mittel-, Ost- und Südosteuropa mit ihrer Kultur und ihrer Siedlungsgeschichte genauso erfahrbar werden wie das Schicksal der vier Millionen deutschen Spätaussiedler, die seit den 1950er-, vor allem seit Ende der 1980er-Jahre nach Deutschland gekommen sind. Dabei sollen auch die Vertreibungen in der Zwischenkriegszeit einbezogen werden.

• Zweitens wollen wir die Veränderungen Deutschlands durch die Integration Millionen entwurzelter Landsleute mit den Auswirkungen auf alle Lebensbereiche ausleuchten. Auch das schwierige Miteinander zwischen Vertriebenen und Einheimischen muss betrachtet werden.

- Drittens gehören gemäß dem Willen des BdV zum »Zentrum gegen Vertreibungen« auch Vertreibung und Genozid an anderen Völkern, insbesondere in Europa, dazu. Allein in Europa waren beziehungsweise sind mehr als 30 Volksgruppen von solchen Menschenrechtsverletzungen betroffen.

- Viertens gehört zu den Stiftungsaufgaben die Verleihung des Franz-Werfel-Menschenrechtspreises, mit dem Menschen ausgezeichnet werden, die durch ihr Handeln das Verantwortungsbewusstsein schärfen. Der Preis kann an Einzelpersonen, aber auch an Initiativen oder Gruppen verliehen werden, die sich gegen die Verletzung von Menschenrechten durch Völkermord, Vertreibung und die bewusste Zerstörung nationaler, ethnischer oder religiöser Gruppen gewandt haben.

Es lag uns im BdV von Anbeginn an einem europäischen Miteinander. Mit Datum vom 11. August 2000 – also noch vor der Eintragung der Stiftung am 6. September 2000 – habe ich den Botschaftern von Estland, Kroatien, Lettland, Litauen, Polen, Rumänien, Slowenien, Ungarn, der Slowakei, der Russischen Föderation, der Tschechischen Republik und der Ukraine die gesamte Konzeption der Stiftung mit jeweils folgendem Begleitschreiben zugesandt:

»Exzellenz,
der Bund der Vertriebenen hat sich vorgenommen, ein Zentrum gegen Vertreibungen zu errichten. Dieses von uns geplante Projekt soll auch dazu dienen, in konstruktivem Dialog mit den Nachbarvölkern die gemeinsame Vergangenheit aufzuarbeiten und daraus Friedenspotenzial für die Zukunft zu schaffen. Über das Trennende hinaus soll das Verbindende herausgearbeitet werden. Zu Ihrer Information übersende ich unsere Konzeption zum Zentrum gegen Vertreibungen, der Sie im Einzelnen entnehmen können, welche Ziele wir damit verbinden. Ich würde mich freuen, wenn diese Konzeption Ihr Interesse und darüber hinaus auch die wohlwollende ideelle Begleitung und Unterstützung Ihres Landes findet. Ich bitte Sie, Ihre Regierung entsprechend zu informieren. Es liegt uns sehr daran, dass das Zentrum zu einem friedlichen Miteinander der Völker in der Zukunft beiträgt.«

Darüber hinaus habe ich auch den damaligen Außenminister Polens, Wladislaw Bartoszewski, persönlich angeschrieben, ihm die Konzeption übersandt und um ein Gespräch gebeten. Mit einer Ausnahme, nämlich Russland, das sich sehr ehrlich dagegen ausgesprochen hat, gab es keinerlei Antwort oder Reaktion zur Stiftung. Insbesondere nicht aus dem Land, wo bis heute die größte Aufregung herrscht, aus Polen. Es wurden keinerlei Bedenken geäußert, und es wurde auch kein Interesse bekundet. Man schwieg.

Berlin ist Deutschlands Hauptstadt. In ihr begann die Gewaltherrschaft Hitlers. Diese Stadt ist mit dem Anfang und dem Ende des Nationalsozialismus verbunden, diese Stadt musste die Spannungen des Kalten Kriegs aushalten, und in dieser Stadt haben die Menschen der DDR die Mauer, die unser Volk trennte, überstiegen und eingerissen. In ihr spiegelt sich deutsche Identität und deutsches Schicksal wider. In dieser Stadt fanden innerhalb weniger Monate im Jahr 1945 zwei Millionen deutsche Vertriebene erste Zuflucht. Berlin ist der richtige Ort für die Ächtung von Genozid und Vertreibung. Deshalb haben wir uns für Berlin entschieden.

Professor Ernst Cramer, der aus Deutschland emigrieren musste, um zu überleben, hat in einer Veranstaltung des ZgV im Jahre 2004 nachdrücklich für Berlin als Standort mit folgenden Worten plädiert: »Berlin war eben – so ungern wir das heute sagen – eine Zeit lang Hauptstadt des Unrechts in Europa. In Berlin begannen vor mehr als 70 Jahren die ersten Ausweisungen, also Vertreibungen. Das war unverzeihlicher Frevel, ebenso wie die quasi als Retourkutsche und Reaktion darauf erfolgte Vertreibung von Millionen Menschen aus dem Osten Europas großes Unrecht waren. Indem jetzt nicht der Versuch gemacht wird, das eine gegen das andere aufzurechnen, ist ein großer Schritt in eine vernünftige Zukunft getan. Auch dann, wenn dieser Wille zur Versöhnung und zur Aussöhnung noch nicht überall anerkannt wird. Indem wir weder vor der einen noch der anderen Untat die Augen verschließen, indem wir alles offen beim Namen nennen, dienen wir der Sache der Freiheit, nämlich der Wahrheit. Ich kenne keinen Ort in Europa, in dem ein Zentrum gegen Vertreibungen sinnvoller im Geiste eines freien gemeinsamen Europas arbeiten könnte als in der deutschen Hauptstadt, als in Berlin.«

Eines wird deutlich, wenn man zurückschaut: Initialzündung für ein neues, gewaltiges Interesse am Thema Vertreibung war die Gründung des »Zentrums gegen Vertreibungen« (ZgV) im Jahre 2000 mit all den Kontroversen. Gerade die Intensität der Auseinandersetzungen hat dem Thema und dem Anliegen geholfen. Das lässt sich bei der Auswertung der Medienberichterstattung deutlich verfolgen. Seit diesem Zeitpunkt gibt es ein lebhaftes Interesse für das Schicksal der Vertriebenen. Renommierte Persönlichkeiten haben sich an die Seite unserer Stiftung gestellt. Namen wie György Konrád, Imre Kertész, Harald Schmidt, Peter Scholl-Latour, Rabbiner Walter Homolka, Julius Schoeps, Michael Wolffsohn, Arnulf Baring, Freya Klier, Otto Graf Lambsdorff, Gabriele Wohmann, Christian Thielemann, Helga Hirsch, Rüdiger Safranski oder Hellmuth Karasek sind nur ein Ausschnitt aus der großen Unterstützerschar.

Innerhalb von wenigen Jahren wurden mehr als 400 Städte und Gemeinden Paten dieser Stiftung. Dem schlossen sich die Länder Hessen, Bayern, Baden-Württemberg und Niedersachsen an. Paten wurden nicht nur Gemeinden mit Unionsmehrheit, nein, das Engagement ging quer durch alle Parteien, die LINKE ausgenommen. Seitens der Bundespolitik gab es zunächst Erstaunen. Bis dahin hatte niemand daran gedacht, in Berlin ein derartiges Dokumentations- und Erinnerungszentrum zu errichten. Aber bereits in der Gründungsphase 1999 sprachen sich sowohl Otto Schily (SPD), der damals amtierende Bundesinnenminister, als auch Roland Koch (CDU), Ministerpräsident Hessens und 1999 amtierender Bundesratspräsident im Rahmen der Gedenkfeier des BdV zum 50. Jahrestag der Bundesrepublik Deutschland, im Berliner Dom sehr spontan für die Gründung eines solchen Zentrums gegen Vertreibungen in Berlin aus.

Im ersten Jahr nach der Gründung war es um die Stiftung vergleichsweise noch ruhig. Zwar rumorte es spürbar hinter den Kulissen in der politischen Linken. Aber es gab eine gewisse Hilflosigkeit, mit dem Anliegen umzugehen. Was konnte man denn gegen eine Stiftung vorbringen, die nicht nur an das Schicksal der deutschen Vertriebenen erinnern wollte, sondern sich anteilnehmend auch an die Seite anderer Vertriebener stellte? Was sollte man gegen eine Stiftung sagen, die ganz offensiv die europäische Perspektive einbezog und den historischen Kontext seit dem 19. Jahrhundert für unverzichtbar hielt? So konnten sich SPD und Grüne im Jahr 2002 schwer einem Antrag der CDU/CSU-Bundestagsfraktion völlig entziehen, der sich für ein Zentrum gegen Vertreibungen aussprach.

Am 4. Juli 2002 passierte ein abgewandelter Antrag den Deutschen Bundestag. Berlin als Sitz war gestrichen, aber ein anderer Ort nicht angegeben. Und es gärte. Bei erheblichen Teilen der politischen Klasse konnte man sich des Eindrucks nicht erwehren, sie hätten auf eine sehr saure Zitrone gebissen. Die Stoßrichtung der Stiftungsgegner war inzwischen zu erkennen.

– Man behauptete, eine solche Einrichtung müsse europäisch ausgerichtet sein. Bewusst und vorsätzlich wurde ignoriert, dass das Zentrum gegen Vertreibungen die Initialzündung gerade für einen europäischen Ansatz gegeben hatte. Es wurde auch übersehen, dass die Vertriebenen ja aus ganz Mittelosteuropa stammen und selbst ein originäres Interesse an der europäischen Sichtweise hatten.
– Darüber hinaus wurde der Standort Berlin schlichtweg als indiskutabel erklärt. Markus Meckel warb für Breslau, andere für Görlitz, Brüssel oder Sarajewo.
– Am unerträglichsten aber war den Gegnern, dass der Stiftungsgedanke und die Inhalte ausgerechnet vom BdV stammten. Den Opfern wollte man um keinen Preis zugestehen, ein ausgezeichnetes Konzept entwickelt zu haben. Widersprach doch diese Tatsache den eigenen Vorurteilen, in die man sich so tief über Jahre eingegraben hatte.

Das hat Peter Glotz veranlasst, die ganze, sich streckenweise im Absurden bewegende und verlierende Debatte in einer geharnischten Stellungnahme am 11. November 2003 in der »FAZ« zu erwidern: »Warum glaubt man uns nicht? Wir hätten den aufgescheuchten Schwarm von

103

Historikern, Journalisten und Geschichtspolitikern ja nicht gehindert, schon vor Jahren ein Europäisches Zentrum gegen Vertreibungen in Breslau (Wroclaw), Görlitz (Zgorzelec) oder Aussig (Usti nad Labem) zu gründen. Sie haben es nicht gegründet. Warum bringen sie uns, die dieses wichtige Thema aufgegriffen haben, in Zusammenhang mit Aufrechnungs-, Relativierungs- und Revanchismustendenzen, mit denen wir nichts zu tun haben wollen? … Wir wollen kein politisch korrektes Gesäusel mehr. Wir wollen uns – gegen Ende unseres Lebens – nicht mehr verlassen, einschüchtern und durch taktisch gemeinte ›Erklärungen‹ und ›Verträge‹ täuschen lassen.«

Sehr bald war den Gegnern unserer Stiftung zu ihrem Unmut aber auch Entsetzen deutlich, dass es durchaus namhafte und gewichtige Unterstützer der Pläne gab. Dass György Konrád, Rabbiner Walter Homolka, Michael Wolffsohn oder Julius Schoeps dazugehörten und über einen sehr langen Zeitraum auch Ralph Giordano, entzog ihnen zum Beispiel das beliebte Ausspielen der Karte Antisemitismus oder Relativierung des Holocaust. So entschloss man sich für einen anderen Weg, der allerdings nur in Polen tatsächlich auf fruchtbaren Boden fiel. Man versuchte die Ängste der deutschen Nachbarländer zu mobilisieren. Leider gelang das in Polen sehr gründlich. Und es wird noch geraumer Zeit bedürfen, bis diese Schäden wieder behoben sind.

Schon in der Tschechischen Republik gab es genügend Intellektuelle, die sich dieser Zumutung widersetzten. Der Tscheche Bohumil Dolezal beispielsweise richtete im August 2003 eine Mahnung in Richtung Deutschland und an die Gegner des ZgV, die da lautete: »In der tschechischen Gesellschaft geht ein unspektakulärer, aber beharrlicher Kampf um eine gerechte Auffassung der Geschichte vor sich. Es ist bedauerlich, dass sich in diesem Kampf deutsche Politiker, Intellektuelle und Journalisten faktisch auf die Seite derer stellen, die die Geschichte verfälschen, die Verantwortung leugnen und die Freiheit unterdrücken wollen. Ich will überhaupt nicht bezweifeln, dass die Deutschen diesen Fehler in guter Absicht machen. Sie dürfen sich jedoch nicht wundern, wenn ihnen ein Tscheche zuruft: Wenn ihr doch wenigstens geschwiegen hättet!«

Der politische Frontverlauf – anders kann man die Debattenlage kaum beschreiben – in Deutschland war inzwischen deutlich erkennbar. CDU und CSU engagierten sich für das ZgV mit Sitz in Berlin. Die SPD konnte sich dem Stiftungsanliegen nicht völlig verweigern. Zu viele in den eigenen Reihen waren ganz einfach dafür.

Berlin als Sitz war zunächst auf keinen Fall gewollt und die Vertriebenenstiftung des BdV schon gar nicht. Die Grünen verhielten sich ähnlich, wobei dort eine deutlich größere Ablehnung spürbar war. Die FDP schwamm zwischen den Polen – sogar im doppelten Sinn –, und die Linkspartei war strikt gegen alles. Unabhängig von der jeweiligen Parteienmeinung an der Spitze gab es aus den demokratischen Parteien zahlreiche Einzelpersonen oder regionale Gliederungen, die sich voll hinter unsere Stiftung stellten: Otto Schily, Heinz Ruhnau oder Franz Maget von der SPD, Otto Graf Lambsdorff und Hans Joachim Otto von der FDP oder Milan Horaček seitens der Grünen. Patenschaften für das ZgV mit fünf Cent pro Einwohner wurden auch von mehreren SPD-regierten Gemeinden übernommen, wie zum Beispiel Darmstadt, und mit schwarz-grünen Mehrheiten beschlossen Frankfurt am Main und Stuttgart ihre Patenschaft. CDU und CSU verankerten ihre Unterstützung für das ZgV im Jahr 2005 in ihrem gemeinsamen Bundestagswahlprogramm in einer eindeutigen und unmissverständlichen Aussage: »Wir wollen im Geiste der Versöhnung mit einem Zentrum gegen Vertreibungen in Berlin ein Zeichen setzen, um an das Unrecht von Vertreibung zu erinnern, und gleichzeitig Vertreibung für immer ächten.«

Angela Merkel bekräftigte als Kanzlerkandidatin anlässlich des Tages der Heimat am 6. August 2005 in ihrer Rede: »Wir müssen die Geschichte von Flucht und Vertreibung als Teil unserer gesamtdeutschen Geschichte ansehen, und wir müssen sie weitervermitteln. Dies gehört für mich zum historischen Bestand unserer Nation und zu einer zukunftsfähigen Kultur des Erinnerns. Dies hat nichts mit einer Umschreibung der Geschichte zu tun … Seit Konrad Adenauer hat die Aussöhnung mit Polen den gleichen politischen und moralischen Stellenwert wie die Aussöhnung mit Frankreich. Dies hat auch künftig unter einer von mir geführten Bundesregierung Bestand. Hier können unsere

Nachbarn die Union auch künftig an ihren Taten messen. Dies gibt uns aber auch das Recht, jenen zu widersprechen, die in der Erinnerung an das Leid der Heimatvertriebenen ein Indiz für Aufrechnung oder Umschreibung der Geschichte sehen wollen. Deshalb unterstütze ich ein Zentrum gegen Vertreibungen in Berlin, in dem die Erinnerung an jene Tragödie und die ausgestreckte Hand der Versöhnung gemeinsam sichtbar werden.«

CDU und CSU gewannen die Bundestagswahl 2005. Die Konstellationen standen allerdings gegen eine Koalition mit den Freien Demokraten. Es kam zu einer großen Koalition aus CDU/CSU und SPD. Damit waren Schwierigkeiten für das Vorhaben für jeden Kenner der Debatte programmiert. Mancher hielt das Thema gar für erledigt.

Wider alle Befürchtungen der einen oder alle Hoffnungen der anderen Seite gelang es der Unionsverhandlungsdelegation, den Sozialdemokraten die Zusage für eine Gedenkeinrichtung für Flucht und Vertreibung in Berlin abzuringen. Das Kind hatte zunächst noch keinen richtigen Namen, sondern war umschrieben mit »ein sichtbares Zeichen für Flucht und Vertreibung«.

Der Verdienst für diesen Verhandlungserfolg gebührt vor allen anderen Bernd Neumann. Er war es, der Wolfgang Thierse in der zuständigen Arbeitsgruppe dieses Projekt abgerungen hatte. Dass er auch derjenige sein würde, der es als neuer Staatsminister für Kultur und Medien würde umsetzen müssen, war ihm zu diesem Zeitpunkt noch unbekannt.

Die Koalitionsvereinbarung bedeutete auch, dass nicht unsere Stiftung ZgV das Gedenkprojekt mit Bundesförderung umsetzen würde, sondern der Staat sich selbst dieser Aufgabe annehmen wollte, und zwar auf Betreiben der SPD. Um keinen Preis wollten die Sozialdemokraten das von ihnen auf Bundesebene so sehr bekämpfte Vorhaben in den Händen der Vertreibungsopfer sehen. Im Bereich der Vertriebenen führte das bei vielen zur Enttäuschung.

Ich selbst, aber weitgehend auch das BdV-Präsidium sahen diese Entwicklung durchaus positiv. Mit Goethe sah ich darin »ein Teil von jener Kraft, die stets das Böse will und stets das Gute schafft«. Wenige Jahre zuvor hatte ich es noch für völlig unerreichbar gehalten, dass in unserem manchmal sehr verqueren Deutschland eine staatliche zentrale Gedenkeinrichtung für das Schicksal der Vertriebenen entstehen könnte. Diese Beurteilung war ja gerade der Anlass, unsere BdV-Stiftung auf den Weg zu bringen. Durch die Verweigerung der SPD, eine solche Gedenkeinrichtung in die Hände des ZgV zu legen, haben wir nun beides: eine staatliche Gedenkstätte in Berlin und unsere Stiftung ZgV.

Für mich ist völlig selbstverständlich, dass die bislang hervorragende Arbeit unserer eigenen Stiftung intensiv weitergeführt wird. Wir hatten zu diesem Zeitpunkt bereits zum zweiten Mal den Franz-Werfel-Menschenrechtspreis in der Frankfurter Paulskirche verliehen. Die Preisträger der ersten Verleihung am 29. Juni 2003 waren die tschechischen Initiatoren des »Kreuzes der Versöhnung« im tschechischen Wekelsdorf und Dr. Mihran Dabag, Leiter des Instituts für Diaspora- und Genozidforschung an der Ruhr-Universität Bochum. Damit würdigte die Jury zum einen eine mutige Tat in einem bis heute besonders schwierigen Umfeld und zum anderen die wissenschaftliche Arbeit an einem fast vergessenen Genozid, dem Schicksal des armenischen Volks. Weitere Preisträger waren in den Folgejahren György Konrád, Bischof Dr. Franjo Komarica, Herta Müller und im Jahre 2010 wiederum ein Tscheche.

Mit der Verleihung des Franz-Werfel-Menschenrechtspreises im November 2010 an den Filmemacher David Vondracek wurde exemplarisch beleuchtet, dass sich in diesem Nachbarland eine stattliche Reihe von Intellektuellen und Künstlern der Schicksale Sudetendeutscher annimmt. Vondracek hat in seinem Film »Töten auf tschechisch« schonungslos das Thema der Ermordung Sudetendeutscher nach Kriegsende aufgeblättert.

Aber nicht nur sein Film ist bemerkenswert, sondern auch die Tatsache, dass er zur besten Sendezeit im tschechischen Fernsehen ausgestrahlt wurde. Der Laudator Petr Uhl, Mitbegründer der Charta 77 in der kommunistischen Tschechoslowakei und mutiger linksintellektueller Mahner für Wahrheit und Menschenrechte bis zum heutigen Tage, fragte in seiner eindringlichen Preisrede in der Frankfurter Paulskirche nicht ohne Grund: »Wie war es möglich, dass man im Ort und in der

Umgebung seit 60 Jahren von diesem Massenmord wusste und niemand darüber schreiben wollte, geschweige denn zu ermitteln und zu bestrafen suchte?« Und er fragte weiter in Richtung Deutschland – völlig zu Recht: »Warum gibt es so wenige Deutsche die bestrebt sind, zusammen mit den Tschechen, diese Verbrechen zu beschreiben und aufzuklären?« Vondracek, Uhl und viele andere Tschechen sind die sichtbaren, lebendigen Zeichen, dass sich in diesem Nachbarland einiges bewegt. Politisch deutlich wurde es durch den ersten Besuch eines Bayerischen Ministerpräsidenten in Prag. Horst Seehofer in Begleitung des Sprechers der Sudetendeutschen Landsmannschaft wurde, wenn auch etwas beklommen, seitens der tschechischen Regierung, empfangen.

Wie richtig die Entscheidung war und ist, die Arbeit der Stiftung intensiv weiterzuführen, zeigten schnell die ungemein schwierigen Verhandlungen innerhalb der Bundesregierung und der Regierungskoalitionen auf Fraktionsebene bei der Realisierung des Koalitionsvertrags von 2005. Peter Glotz und ich hatten zu diesem Zeitpunkt bereits längst die Weichen für ein erstes Großprojekt unserer Stiftung gestellt. Für die geplante Ausstellung »Erzwungene Wege« liefen die Vorbereitungen auf Hochtouren. Thema dafür waren Flucht und Vertreibungen im Europa des 20. Jahrhunderts. Wir hatten uns vorgenommen, den Blick der Menschen für die vielfältigen Vertreibungen in Europa und seinen Grenzgebieten zu öffnen. Es sollte keine Ausstellung werden, die Totalitarismus, Nationalsozialismus oder Kommunismus zum Kernthema hat, da Vertreibungen nicht nur in solchen Systemen oder als Folge solcher Systeme erfolgten und erfolgen, sondern durchaus auch in vermeintlich zivilisierten Herrschaftsformen oder gar durch den Völkerbund.

Gemeinsam haben Peter Glotz und ich das Kuratorenteam ausgewählt und einen wirklich glücklichen Griff mit Wilfried Rogasch, Katharina Klotz und Doris Müller-Toovey gemacht. Sie erreichten die Bereitstellung einzigartiger Leihgaben von Australien über Estland, Finnland, Frankreich, Großbritannien, Griechenland, Italien, Lettland, die Schweiz, die Ukraine, die USA und Zypern bis hin zu Polen. Wobei die verschiedenen polnischen Leihgeber sofort unter massiven Druck in

108

Polen gerieten. Insbesondere die staatliche polnische Einrichtung, die uns die Schiffsglocke der gegen Ende des Zweiten Weltkriegs mit mehr als 10 000 Menschen an Bord durch russische Torpedos versenkten Flüchtlingsschiffs »Wilhelm Gustloff« zur Verfügung gestellt hatte, geriet so unter Druck, dass wir mit Rücksicht auf die bedrängten Leihgeber dieses Exponat vor Ende der Ausstellung zurückgeschickt haben, was wir nicht hätten tun müssen. Mehr als 60 000 Menschen haben 2006 in nicht einmal acht Wochen unsere Ausstellung besucht. Die Medien haben quer durch die Republik kontrovers darüber berichtet. Dabei wurden die polnischen Reaktionen überwiegend kritisch betrachtet.

Die Ausstellungseröffnung am 10. August 2006 im Berliner Kronprinzenpalais barst vor Medienandrang. Vor dem Kronprinzenpalais produzierten sich drei völlig unterschiedliche Demonstrantengruppen: die linksextreme Antifa, polnische Nationalisten und eine deutsche Rechtsaußengruppe. Die drei Gruppen waren sich spinnefeind. Vermutliche zur gegenseitigen Verblüffung demonstrierten alle gegen unsere Ausstellung »Erzwungene Wege«. Nichts konnte besser deutlich machen, dass wir auf dem richtigen Wege sind.

Bundestagspräsident Norbert Lammert, György Konrád und Joachim Gauck waren die Eröffnungsredner. Norbert Lammert stellte sich nachdrücklich an die Seite der Opfer, einerseits durch sein Erscheinen als Präsident des Deutschen Bundestags, andererseits aber auch mit dem Satz: »Menschen, die persönlich schuldlos Opfer politischer Entwicklungen, staatlich veranlasster Verirrungen oder Verbrechen geworden sind, haben einen Anspruch darauf, in ihrem Schmerz, mit ihrem Schicksal nicht allein gelassen zu werden.«

Joachim Gauck unterstrich diese Haltung in seiner Rede mehrfach. Mich beeindruckte darin insbesondere die Aussage: »Weil im kollektiven Gedächtnis die Wirklichkeit aufgehoben sein sollte, wird man also keine Bogen machen dürfen um die Deutschen, die mit dem Leid der Vertreibung in so besonderer Weise belastet wurden. Dass wir in solchen Bemühungen um die Wirklichkeit plötzlich das analoge Leid ferner Völker aus größerer Nähe sehen, auch emotionale Nähe sehen, ist in dieser Ausstellung offensichtlich.«

109

Schrille Begleiterscheinung unserer außerordentlich erfolgreichen Ausstellung war die national-polnische Hetzjagd auf Personen und Institutionen in Polen, die uns Exponate zur Verfügung gestellt hatten. Soweit die Leihgeber in öffentlichen Einrichtungen tätig waren, mussten sie um ihre Stellung fürchten. Private Organisationen und Personen wurden öffentlich angeprangert und unter Druck gesetzt, ihre Leihgaben zurückzuziehen.

Der traurigste Fall war der Umgang mit dem Kreis der ehemals von Stalin nach Sibirien deportierten Polen. Der Ortsverband der »Sibirier« in Trgebiatow/Treptow an der Rega hatte für unsere Ausstellung seine kunst- und liebevoll bestickte Fahne zur Verfügung gestellt, mit der Schilderung des eigenen, in Polen lange verschwiegenen Schicksals. Die 65 Mitglieder waren glücklich, in Deutschland davon erzählen zu können. »Die Deutschen haben wie wir gelitten, und nur deshalb haben sie unsere Fahne bekommen … Erika Steinbachs Verband kämpft wie wir für die Rechte von Vertriebenen für uns ist er damit eine befreundete Organisation«, begründete der Vorsitzende Karol Malinowski seine Leihgabe für die Ausstellung »Erzwungene Wege« gegenüber der FAZ. Am Ende blieb unter dem Druck der national-polnischen Regierung diesen armen Vertriebenenopfern nichts anderes übrig, als ihre Leihgabe kurz nach der Ausstellungseröffnung zurückzufordern. So wurden sie von stalinistischen Opfern zu Diffamierten im demokratischen Polen. Von europäischem Geiste war wenig in dieser Zeit zu spüren. Um den »Sibiriern« das Leben nicht noch schwerer zu machen entschlossen wir uns selbstverständlich, ihre Leihgaben entgegen dem Vertrag vorzeitig zurückzugeben.

Peter Glotz hat diese Ausstellung, zu der er den Grundstein mit gelegt hat, nicht mehr erlebt. Er ist am 25. August 2005, fast ein Jahr zuvor, verstorben. Eine schwere Krankheit hat ihn dahingerafft. Still und ohne Klage hat er sie weitgehend mit sich ausgemacht.

Er war nicht nur ein kluger und intelligenter Mann, sondern auch kämpferisch und bewundernswert tapfer, ohne Selbstmitleid. Sehr lange habe ich von der Schwere seiner Erkrankung nichts gewusst. Weder er noch seine Frau noch seine Sekretärin in Sankt Gallen haben darüber gesprochen. Erst als ich ihn im Sommer 2005 erreichen wollte – es ging um eine glänzende Pressemitteilung, die er zum Thema ZgV und seiner Genossen von der SPD abgegeben hatte –, erschloss sich mir das sich anbahnende Ende. Es gelang mir nicht, ihn über eine seiner üblichen Telefonnummern zu erreichen. Schließlich rief ich seine Frau Felicitas an. Sie zögerte etwas, ehe sie mir eine neue Nummer nannte. Peter Glotz war sofort am Apparat, bat aber, ihn in 20 Minuten nochmals anzurufen. Ich glaubte, er sei in einer sehr vertraulichen Konferenz. Ein krasser Irrtum. Eine halbe Stunde später meldete ich mich frohgemut erneut. Der erste Satz von Glotz war: »Frau Steinbach, Sie müssen sich einen neuen Vorsitzenden suchen.« Erschrocken schluckte ich und fragte, warum er denn sein Amt als Vorsitzender des ZgV niederlegen wolle, ob er denn mit der Stiftung breche. Aufgrund der turbulenten und auch feindseligen Debatten hätte ein schwacher Charakter durchaus sein Heil in der Flucht suchen können. Seine schlichte Antwort war: »Was wollen Sie denn mit einem Toten?« Wörtlich, ganz einfach, ganz lapidar: »Was wollen Sie denn mit einem Toten?« Ich war stumm. Peter Glotz klärte mich auf, wie es um ihn stand, ohne Utopie, ohne Selbsttäuschung. Er befand sich in der Universitätsklinik Zürich im Endstadium einer Krebserkrankung. Wieder musste ich schlucken, und ich reagierte mit der hilflosen Frage, wie er es denn in seinem Zustand noch schaffe, eine Presseerklärung von sich zu geben: »Ich halte meine Klappe erst, wenn der Sargdeckel zu ist.« Kein Selbstmitleid, kein Klagen, immer noch der kämpferische Peter Glotz. Dieses Gespräch hat sich mir Wort für Wort eingebrannt.

Wie gelähmt und unendlich traurig saß ich danach an meinem Schreibtisch in Berlin. Seit 2000 arbeiteten Peter Glotz und ich in einem vorher kaum zu erwartenden Gleichklang miteinander für die Stiftung ZgV. Obwohl wir unterschiedlichen Parteien angehörten, gab es in den Fragen unserer Stiftungsverantwortung keinerlei Differenzen, keine Auseinandersetzungen. In einer singulären effizienten Arbeit berieten wir Probleme und gemeinsame Veröffentlichungen. Und das ohne weitschweifende, zeitraubende Verschnörkelungen. Überwiegend berieten wir uns telefonisch. Selten dauerte ein Gespräch länger als fünf Minu-

ten. Es war ein anfangs von uns beiden wohl kaum erwarteter Gleichklang im Denken und Handeln für die Stiftung. Er selbst hat es in seinem letzten Buch »Von Heimat zu Heimat« so beschrieben: »Obwohl
Erika Steinbach und ich in vielen Fragen unterschiedlich denken. Die
Stiftung ist, was man politisch eine ›große Koalition‹ im Kleinen nennen
könnte.« Wobei unsere Koalition kreativer und harmonischer war als
die Regierungskoalition.

Eine Woche nach diesem dramatischen und traurigen Gespräch flog
ich nach Zürich, um Peter Glotz in der Klinik zu besuchen, nicht ohne
vorher mit seiner Frau darüber gesprochen zu haben, denn Besuch
sollte weitgehend ferngehalten werden. Kaum hatte ich nach der
Ankunft auf dem Flughafen mein Handy wieder eingeschaltet, erreichte
mich die Nachricht durch mein Büro, dass es dem Kranken so schlecht
ginge, dass ein Besuch unmöglich sei. Ich setzte mich mit seiner Frau in
Verbindung. Als sie hörte, dass ich bereits in Zürich sei, gab sie ihr Einverständnis für einen Besuch mit der Bitte, ihren Mann auf keinen Fall
zu wecken, wenn er wegen der sehr starken Schmerzmittel schlafe, denn
das sei das Einzige, was ihm überhaupt noch Erleichterung gebe. Ich
betrat das Glotz'sche Krankenzimmer besonders vorsichtig, um ihn
nicht zu stören und nicht zu wecken. Aber er öffnete die Augen und
freute sich ganz einfach. Auch in diesem letzten Gespräch von uns
beschäftigte ihn, der doch erkennbar auf dem Totenbett lag und das
auch wusste, in einer mir gut vertrauten Intensität die Haltung der politischen Linken zu unserer gemeinsamen Stiftung. Und davon nahm er
die SPD nicht aus.

Wenige Tage später schloss Peter Glotz für immer die Augen. Es war
ein sehr herzlicher, aber auch ungemein schmerzlicher Abschied für
immer. Was mir bis heute nachgeht, ist, dass ich an seiner Beisetzung in
der Schweiz nicht teilnehmen konnte. Alles war dafür bereits eingeleitet
und gebucht, als mich eine Grippe mit 40 Grad Fieber so außer Gefecht
setzte, dass an Reisen nicht zu denken war.

Der BdV hat sich für das Engagement und die Leistungen von Peter
Glotz durch die postume Verleihung der höchsten Auszeichnung des
Verbands bedankt. Seine Witwe Felicitas und sein kleiner Sohn Leon

nahmen sie 2006 im Rahmen des Tages der Heimat gemeinsam entgegen. Die anrührende Laudatio hielt sein enger Freund Otto Schily. Er erinnerte darin an den letzten Satz des Glotz'schen Buches »Die Vertreibung«: »Die wichtigste Lehre des böhmischen Lehrstückes ist, dass wir nicht nur Analytiker und Meisterdiplomaten brauchen, sondern Menschen die den Mut haben, gegen den Strom zu schwimmen.« Von diesem Satz spannte Schily treffend den Bogen zum Wesen von Peter Glotz:

»Zu diesen Menschen, die den Mut haben, gegen den Strom zu schwimmen, zählte Peter Glotz zweifellos selbst. Ungeachtet aller Anfeindungen und absichtsvollen Missdeutungen hat er unbeirrbar und mit aller Klarheit immer wieder Vertreibungen als bitteres Unrecht angeprangert und die Stiftung ›Zentrum gegen Vertreibungen‹ mit Entschiedenheit gegen ihre Kritiker verteidigt.«

Einen adäquaten Nachfolger hat unsere Stiftung bis heute nicht. Peter Glotz war etwas Besonderes.

Unsere Stiftung ZgV hat seither intensiv weitergearbeitet, begleitet von penetranten »absichtsvollen Missdeutungen«, wie Otto Schily so treffend formulierte. Nur dadurch können sich die Kritiker unserer Stiftung über die Runden retten. Tragfähige Argumente fehlen ihnen im In- und Ausland. Im Sinne von Peter Glotz, der einmal kämpferisch schrieb: »Es soll durchaus ein Agitationszentrum werden gegen die längst alltäglich gewordene, alerte Heuchelei, die Vertreibungen von gestern mit diplomatischer Miene verurteilt, nicht ohne darauf hinzuweisen, dass damals eben andere Verhältnisse herrschten. Damals sei rechtens gewesen, was heute unrecht wäre. Aber auch gegen das heutige Unrecht wendet man sich nur lau, mit den üblichen Worten.« wird das ZgV intensiv weiter arbeiten.

Die Ausstellung »Erzwungene Wege«, die Glotz und ich noch gemeinsam konzipiert haben, ist heute als Wanderausstellung quer durch Deutschland unterwegs. Erste Wanderstation war die Frankfurter Paulskirche. Tausende von Menschen haben sie inzwischen an vielen Orten in Deutschland gesehen, insbesondere auch viele Schüler.

Unsere zweite Ausstellung »Die Gerufenen« widmete sich der Siedlungsgeschichte der Deutschen außerhalb des Reichs. In wunderbarer

Weise waren darin Siedlung und Kultur der Deutschen in Mittelosteuropa wiederum im Kronprinzenpalais, Berlin, zu sehen. Auch darin gab es einzigartige Exponate. Kontroversen dazu gab es kaum. Vor allem die Auseinandersetzungen um die entstehende Bundesstiftung lenkten davon ab.

Mit den beiden ersten Ausstellungen »Erzwungene Wege« und »Die Gerufenen« haben wir zwei bis dahin unbearbeitete Themenkreise aufgegriffen. Beide Ausstellungen werden für eine Reihe von Jahren als Wanderausstellungen unterwegs sein. Eine dritte Ausstellung wird dem Thema der schwierigen Eingliederung der Vertriebenen in Deutschland gewidmet. Über diese Ausstellungen hinaus wollen und werden wir treibende und mobilisierende Kraft sein und bleiben. Insbesondere auch, was den inhaltlichen Werdegang der Bundesstiftung »Flucht, Vertreibung, Versöhnung« anbelangt.

Eines ist sicher: Ohne den BdV mit seiner Stiftung »Zentrum gegen Vertreibungen« würde es die Bundesstiftung nicht geben. Unsere Stiftung mit ihren zahlreichen Unterstützern, Paten und Sympathisanten hat erreicht, was längst überfällig war: eine Erinnerungsstätte für die Millionen deutschen Heimatvertriebenen in der deutschen Hauptstadt. Alle, die sich dafür engagiert haben, alle, die dafür zum Teil erhebliche Beträge gespendet haben, sind daran beteiligt. Die Bundesstiftung »Flucht, Vertreibung, Versöhnung« ist unser gemeinsames Kind. Wir werden es fürsorglich, liebevoll, aber auch streng und hartnäckig begleiten. Und wir werden sie mit Herzblut gegen alle verteidigen, die sie verwässern, banalisieren oder umdeuten wollen.

IX.
Der schwierige Weg zur staatlichen Stiftung »Flucht, Vertreibung, Versöhnung«

In der tschechischen Gesellschaft geht ein unspektaku-
lärer, aber beharrlicher Kampf um eine gerechte Auf-
fassung der Geschichte vor sich. Es ist bedauerlich,
dass sich in diesem Kampf deutsche Politiker, Intellek-
tuelle und Journalisten faktisch auf die Seite derer
stellen, die die Geschichte verfälschen, die Verantwor-
tung leugnen und die Freiheit unterdrücken wollen.
BOHUMIL DOLEZAL

Wie sich sehr schnell herausstellen sollte, war die Realisierung eines
»sichtbaren Zeichens für Flucht und Vertreibung« seitens der Bundesregierung eine der schwierigsten Aufgaben für Bernd Neumann als
dem zuständigen Staatsminister für Kultur.

Es dauerte drei Jahre, bis der Gesetzentwurf auf dem Tisch lag und
den Deutschen Bundestag schließlich passierte. Die FDP als damalige
Oppositionsfraktion hatte Zustimmung signalisiert und im Kulturaus-
schuss des Deutschen Bundestags durch Hans Joachim Otto auch so
votiert. Als allerdings zu später Stunde am 4. Dezember 2008 der
Gesetzentwurf im Plenum des Bundestags aufgerufen wurde, verließ die
einzige anwesende Vertreterin der FDP, Sabine Leutheusser-Schnarrenberger, die geschäftsführend die Abstimmung für ihre Fraktion vorzu-
nehmen hatte, direkt vor der Abstimmung den Plenarsaal, um anschließend wieder aufzutauchen. Ein Schelm, der Böses dabei denkt!

Das Gesetz gibt dem Kind einen richtigen Namen: »Stiftung Flucht,
Vertreibung, Versöhnung«. Ein guter Name. Als Sitz des Dokumenta-
tionszentrums wird das Deutschlandhaus in Berlin vorgesehen, das
bereits seit Jahrzehnten auch Sitz des BdV-Landesverbands Berlin und
diverser Landsmannschaften ist. Mit der Verabschiedung des Gesetzes

115

glaubten die meisten Befürworter, dass die jahrelangen Auseinandersetzungen nun zu einem guten Ende gekommen seien. Viele übersahen allerdings die von der SPD eingebaute Sollbruchstelle. Eingeweihte aber wussten darum.

Laut Gesetz gehören dem Stiftungsrat aus dem Bereich des vorpolitischen Raums je ein Mitglied und stellvertretendes Mitglied der katholischen Kirche, der evangelischen Kirche und des Zentralrats der Juden an sowie drei Mitglieder und ihre Stellvertreter des BdV.

So weit, so gut. Aber anders als für die Stiftung »Erinnerung, Verantwortung und Zukunft« oder die Stiftung »Denkmal für die ermordeten Juden Europas« sieht das Gesetz für die Stiftung »Flucht, Vertreibung, Versöhnung« vor, dass die von den Organisationen benannten Mitglieder durch das Bundeskabinett berufen werden müssen. Offenkundig wurde dieser eingebaute Pferdefuß den meisten aber erst, als das BdV-Präsidium seine Vorschlagsliste öffentlich vorlegte. Wie nicht anders zu erwarten, enthielt dieser Vorschlag selbstverständlich auch den Namen der BdV-Präsidentin, also meinen Namen.

Markus Meckel und Wolfgang Thierse, aber auch Angelika Schwall-Düren zogen unverzüglich dagegen zu Felde. »Die mögliche Berufung der Vertriebenenpräsidentin Erika Steinbach in den Stiftungsrat des geplanten Zentrums zur Dokumentation von Flucht und Vertreibung stößt bei der SPD auf heftige Ablehnung.« Steinbach sei als Mitglied des Rats nicht »außenpolitisch verantwortbar«, sagte Markus Meckel und nannte meine Nominierung im Gespräch mit der »Berliner Zeitung« inakzeptabel. »Es darf nicht passieren, dass der Zweite Weltkrieg neu interpretiert wird. Wir brauchen einen ernsthaften Dialog mit europäischen Wissenschaftlern. Nur dann besteht die Chance, dass ein differenziertes und multiperspektivisches Ausstellungskonzept erarbeitet wird«, verlautbarte Angelika Schwall-Düren, damals stellvertretende Fraktionsvorsitzende der SPD-Bundestagsfraktion.

Verbissen kämpfte vor und hinter den Kulissen von polnischer Seite wiederum Wladislaw Bartoszewski, inzwischen Deutschlandbeauftragter der Regierung von Donald Tusk. Seit Jahren schon agierte er auf allen Kanälen penetrant gegen eine Gedenkeinrichtung für die deutschen Vertriebenen. Das Faktum, dass er trotz seiner unentwegten Bemühungen nicht verhindern konnte, dass der Deutsche Bundestag und die Regierung Angela Merkel eine solche Einrichtung beschlossen hatten, machte ihn wohl noch verbitterter. Ziel seines besessenen Zornes war von Anbeginn meine Person. Kaum einer seiner deutschen Gesprächspartner wurde von ihm mit diesem Thema verschont, und manche Freundschaft wurde davon eingetrübt. Vermittlungsversuche, etwa von Helmut Kohl, wies er so brüsk zurück, dass sie in Zukunft unterblieben.

Auch vor Kränkungen scheute er nicht zurück. Jahre zuvor hatte er den mir freundschaftlich verbundenen Ralph Giordano, als dieser sich für unsere Stiftung und auch für mich bei Bartoszewski einsetzte, einen dummen Juden genannt. In der nun ausgebrochenen hitzigen Debatte um die Besetzung des Stiftungsrates genierte sich der Deutschlandbeauftragte Polens nicht, sich mit diesem Satz öffentlich zu brüsten. Auf der anderen Seite wiederum versuchte Bartoszewski, die ihm wohlbekannte und genutzte deutsche Solidarität mit den Opfern des Holocaust zu mobilisieren und gegen mich in Stellung zu bringen, indem er mich mit dem Holocaustleugner Bischof Williamson gleichsetzte oder mich in einen Topf mit Reinhard Heydrich warf, der in Polen als »blonde Bestie« bezeichnet wird. Selbst seine besten Freunde in Deutschland schüttelten nur noch den Kopf.

Unabhängig davon hatte die politische Linke einschließlich der damaligen Mitregierungspartei SPD, was den Stiftungsrat betraf, ein Thema gefunden, mit dem man den eigenen linken Flügel mit alten Reflexen taktisch mobilisieren konnte und offensichtlich noch immer kaum.

Der Kampfbegriff des kalten Krieges, der Revanchismus, wurde aus der Mottenkiste geholt.

Es war erkennbar, dass der BdV-Vorschlag das Kabinett nicht passieren würde, da im Koalitionsvertrag für Kabinettsentscheidungen grundsätzlich Einvernehmen in allen Fragen vereinbart worden war und ist. Die Union hatte zwar deutlich gemacht, dass sie selbstverständlich dem BdV-Vorschlag zustimmen würde. Aber das Einvernehmen mit dem Koalitionspartner fehlte.

Eine neue Debatte brach los. Ein halbes Jahr vor der Bundestagswahl 2009. Hunderte von Zuschriften auch von SPD-Mitgliedern bekundeten Solidarität mit den Vertriebenen und mit mir. Wir beschlossen im BdV-Präsidium, nur zwei Mitglieder zu benennen und einen Platz demonstrativ unbesetzt zu lassen. So sollte erreicht werden, dass die Stiftung alsbald ihre Arbeit aufnehmen konnte. Dieser Beschluss erfolgte am 4. März 2009 einstimmig und lautete in den Kernaussagen:

»Das Präsidium des BdV will, dass die Bundesstiftung baldmöglichst – nach fast vier Jahren Vorbereitungszeit innerhalb der Bundesregierung – ihre Arbeit aufnehmen kann.

Das Präsidium des BdV will, dass das Schicksal der rund 15 Millionen heimatvertriebenen Deutschen mit nahezu zwei Millionen Toten im Geist der Wahrheit in Berlin dokumentiert und sichtbar wird. Nur durch Wahrheit gelingt Versöhnung.

Das BdV-Präsidium mit seiner Präsidentin Erika Steinbach will nicht der billige Vorwand dafür sein, das Stiftungsgesetz nicht in die Tat umzusetzen und so die Stiftung auf den letzten Metern noch zu verhindern. Nichts würde den Gegnern des Projekts mehr Freude bereiten. Wir wollen die nicht durch uns verursachte Blockade auflösen, ist die deutliche Botschaft des BdV.

Aus diesem Grund, und nur aus diesem Grund, hat das Präsidium des BdV das Angebot seiner Präsidentin angenommen, sie vorläufig nicht für den Stiftungsrat zu benennen. Das Präsidium wird aber ganz bewusst keinen anderen Vertreter an ihrer Stelle benennen. Es will diese Position demonstrativ unbesetzt lassen, um deutlich zu machen, dass es sich sein originäres Besetzungsrecht von niemandem vorschreiben lässt – weder von der SPD noch von sonst jemandem. Der BdV erwartet, dass die Bundesregierung nunmehr zügig das Benennungsverfahren einleitet und das Dokumentationszentrum in Berlin baldmöglichst realisiert.«

Unser Beschluss war geprägt vom Willen im 60. Jahr der Bundesrepublik Deutschland, das Schicksal der Vertriebenen in den Erinnerungsbogen unseres Vaterlandes dauerhaft aufzunehmen und diesen weißen Fleck in der Gedenkstättenkonzeption mit wahrhaftigen Inhalten zu füllen.

In der turnusgemäßen Bundespressekonferenz seitens des Presse- und Informationsamts der Bundesregierung traf diese Thematik auf das begierige Interesse der Journalisten. Insbesondere gingen etliche davon aus, dass es Absprachen seitens der Kanzlerin mit der polnischen Seite gegeben habe.

Frage von Günther Voss von der Deutschen Presseagentur: »In Agenturmeldungen von heute Vormittag ist zu lesen, dass sich nach den Worten von Herrn Bartoszewski mit dem Rückzug von Frau Steinbach die Absprachen bestätigt hätten, die die Bundeskanzlerin mit Herrn Bartoszewski getroffen habe. Hat es diese Absprachen gegeben?«

Antwort des stellvertretenden Pressesprechers der Bundeskanzlerin, Dr. Thomas Steg (SPD): »Ich habe das auch gelesen. Ich kann und ich will über die Motive keine Mutmaßungen anstellen. Es hat von der Bundeskanzlerin, was das Benennungsverfahren für den Stiftungsrat betrifft, keine Zusagen gegeben. Ein Blick in das einschlägige Gesetz macht auch deutlich, dass für das Benennungsverfahren nur die entsendenden Stellen entsprechende Vorschläge machen. Nur die werden im Gesetz berücksichtigt. Deswegen hat die Bundeskanzlerin in Gesprächen mit der polnischen Seite immer wieder offen über das Thema gesprochen und sich auch sehr genau über die polnische Sichtweise informiert. Es sind aber keine Zusagen ergangen. Das Gesetz hat auch an keiner Stelle ein Vetorecht der polnischen Seite vorgesehen. Es ist eine originäre innenpolitische Entscheidung in Deutschland.«

Dieter Wonka von der »Leipziger Volkszeitung« hakte nach mit der Frage: »Wollen Sie im Ernst der Auffassung widersprechen, dass die Bundeskanzlerin mehreren polnischen Vertretern, unter anderem dem Beziehungsbeauftragten und auch Herrn Tusk, in der Vergangenheit zugesagt hat, dass das Berufungsverfahren für den Stiftungsrat erst eröffnet wird, wenn der Bund der Vertriebenen auf Frau Steinbach als zu Berufende verzichtet? Können Sie dem aufgrund von Wissen widersprechen, oder vermuten Sie nur, dass es so nicht sein soll?«

Antwort des Pressesprechers Steg: »Herr Wonka, wenn ich sage, dass die Bundeskanzlerin keinerlei Zusagen gemacht hat, dann habe ich die herzliche Bitte, dass Sie auch nicht unterstellen, dass sie in Gesprächen etwas anderes gemacht haben könnte.«

Weitere Zusatzfrage von Dieter Wonka: »Die Erklärung der polnischen Seite, egal ob sie von Herrn Tusk oder vom Beziehungsbeauftragten stammt, wonach die Bundeskanzlerin zugesichert habe, dass das Berufungsverfahren erst gestartet wird, wenn Frau Steinbach nicht auf dem Vorschlag steht, ist also falsch?«

Antwort von Dr. Steg: »Noch einmal: Ich habe in den vergangenen Tagen und Wochen sehr wohl wiederholt Äußerungen der Bundeskanzlerin lesen können, die ihr von Dritten und Vierten in den Mund gelegt wurden oder aus Gesprächen vermeintlich wiedergegeben wurden. Ich denke, es kann nur eine vernünftige Praxis in der Zusammenarbeit hier geben: Wenn der Regierungssprecher für die Bundeskanzlerin erklärt, es habe keine Zusagen gegeben, dann sollten Sie dem Glauben schenken, und nicht den kolportierten Berichten.«

Es gab nicht wenige Vertriebene, die eine härtere Linie des BdV-Präsidiums, die das Scheitern der gesamten Stiftung hätte bedeuten können, vorgezogen hätten. Diese Stimmung gab es über den Bereich der Betroffenen weit hinaus. Ich bin bis zum heutigen Tage zutiefst davon überzeugt, dass wir damit nur den Geschichtsklitterern einen sehr willkommenen Dienst erwiesen hätten.

Der modifizierte BdV-Vorschlag passierte das Kabinett, die Stiftung konnte danach mit ihrer Arbeit beginnen. Der freie Stuhl war dabei eine gewollte Mahnung gegen Willkür und Bevormundung – ein Damoklesschwert. So manchen hat das sehr erzürnt. CDU und CSU haben sich im kurz darauf formulierten Programm für die anstehende Bundestagswahl 2009 solidarisch an die Seite der Vertriebenen gestellt und deutlich gemacht, dass die Verbände der deutschen Heimatvertriebenen über ihre Vertretung im Rat der Stiftung »Flucht, Vertreibung, Versöhnung« selbst entscheiden können. Die politischen Erwartungen und Hoffnungen waren nicht nur seitens der Union auf eine neue Mehrheit gerichtet, sondern auch seitens des BdV. Die Gründe dafür lagen auf der Hand.

Allerdings – das war deutlich innerhalb und außerhalb unseres Verbands zu spüren – gab es inzwischen eine tiefgreifende Grundskepsis gegenüber politischem Handeln. Das betraf auch die Unionsparteien, und zwar auch in der Stiftungsfrage. Ganz gerecht war der latente und offene Unmut nicht, denn CDU und CSU waren von Anbeginn die einzig beständigen Partner für das Stiftungsanliegen des BdV. Ohne sie wäre es niemals auf die parlamentarische Ebene gelangt, ohne sie wäre die Stiftung »Flucht, Vertreibung, Versöhnung« niemals Realität geworden.

Die Bundestagswahl 2009 brachte der CDU/CSU den gewünschten Koalitionspartner FDP.

In den Reihen unseres Verbands gingen die meisten davon aus, dass nunmehr der BdV sein Besetzungsrecht vollständig würde umsetzen können. Ich selbst hatte ein ungutes Gefühl. Das Verhalten von Sabine Leutheusser-Schnarrenberger war mir im Gedächtnis und auch die steinernen Mienen der FDP-Außenpolitiker. Deshalb gab ich an die wichtigsten Verhandlungsführer unverzüglich die schriftliche Empfehlung, die Frage des Stiftungsrats in der anstehenden Koalitionsvereinbarung festzuklopfen. Man glaubte, darauf verzichten zu können.

Erneut nahm das Unheil seinen Lauf. Kaum war der neue Bundesaußenminister in der Gestalt von Guido Westerwelle vereidigt, eilte er nach Warschau. Dort und in allen nachfolgenden Interviews legte er sich auch zur Überraschung nicht nur seiner Koalitionspartner CDU und CSU, sondern selbst der Medien unverblümt gegen das Selbstbestimmungsrecht des BdV fest. Nicht anders waren seine Worte zu interpretieren.

Nicht nur die BdV-Bundesgeschäftsstelle, sondern auch mein Abgeordnetenbüro ertrank förmlich in Sympathiebekundungen für unser Anliegen. Überwiegend übrigens in Form von E-Mails. Nie mehr FDP – diese Botschaft erreichte beide Büros hundertfach, häufig bestückt mit Kopien von Protestschreiben an den Bundesaußenminister. Aber auch der Kanzlerin wurde Schuld zugewiesen.

CSU und CDU – übrigens genau in dieser Reihenfolge – erklärten ihre Solidarität mit dem BdV und mir. Ministerpräsident Horst Seehofer hatte bereits nach den ersten turbulenten Debatten mit der SPD sehr offensiv Position bezogen und sich demonstrativ hinter die Anliegen des BdV gestellt. Nach den eindeutigen Ankündigungen des Außenministers war klar, Westerwelle konnte und wollte davon nicht mehr zurück.

Im BdV bestand sehr schnell Einvernehmen, dass der bislang freie Platz jetzt im Stiftungsrat besetzt werden solle und natürlicherweise mit der BdV-Präsidentin.

Am 19. Oktober 2009 erklärte die Generalsekretärin des Verbands: »Der BdV wird sein demokratisches Recht, frei zu bestimmen, wer den Verband in der Bundesstiftung ›Flucht, Vertreibung, Versöhnung‹ vertritt, in vollem Umfang wahrnehmen. Die FDP wird dann Farbe bekennen müssen, wie sie künftig mit den demokratischen Rechten von Organisationen umzugehen gedenkt. Es ist der Testfall für das Demokratie- und Freiheitsverständnis dieser Partei. Der BdV geht davon aus, dass insbesondere eine Partei, die die Freiheit zum Namensetikett erkoren hat, alles daransetzen wird, auch in schwierigen Situationen das freie Entscheidungsrecht von demokratischen Organisationen in Deutschland gegen massiven Druck insbesondere aus dem Ausland mehr als jede andere Partei zu verteidigen und zu schützen. Der BdV begrüßt, dass CDU und CSU sich in ihrem Wahlprogramm deutlich hinter die Freiheitsrechte unseres Verbands gestellt haben. Ohne das Einverständnis von Bundeskanzlerin Angela Merkel hätte es diese Passage im Wahlprogramm der Unionsparteien mit Sicherheit nicht gegeben.«

Die Bundesregierung war wie versteinert und völlig ratlos. Gespräche, die ich nicht nur mit eigenen Parteifreunden, sondern sowohl mit dem Außenminister als auch mit der FDP-Fraktionsvorsitzenden führte, ließen keine Lösungserwartung beziehungsweise -bereitschaft erkennen. Guido Westerwelle berief sich mir gegenüber, aber auch öffentlich darauf, dass es Vorabsprachen seitens der Vorgängerregierung mit Polen gegeben habe, die er einzuhalten gedenke. Die Bundeskanzlerin versicherte mir persönlich umgehend, dass es keinerlei derartige Versprechungen oder gar Zusagen gegeben habe.

Angela Merkel ist kein Mensch leichtfertiger Versprechen oder Worte. So habe ich sie durch die Jahre hinweg kennengelernt. Ich bin überzeugt, dass ihre Aussage zutreffend ist. Trotzdem hat dieses Wissen die Situation durchaus nicht erleichtert: Die Kanzlerin hatte recht, ihr Außenminister wollte recht behalten. Da Kabinettsbeschlüsse aber einstimmig zu treffen waren, hatte Westerwelle den Bremsklotz in der Hand. Der Vorwurf, den man in Richtung der Unionsparteien richten muss, ist der, dass sie diesen möglichen Streitpunkt nicht rechtzeitig in den Koalitionsverhandlungen ausgeräumt haben.

Innerhalb und außerhalb des BdV erhoben sich immer mehr Forderungen, der Bundesstiftung seitens des BdV jetzt den Rücken zu kehren und sich völlig daraus zurückzuziehen. Der Zorn war unendlich und mehr als verständlich.

Frei von solchen Gefühlen war ich nicht. Und es gab in stiller Stunde bei mir durchaus Momente, in denen das Bedürfnis nach totaler Konfrontation und einem radikalen Schnitt, auch mit der Politik, die Ratio überschwemmte. Der Zorn wollte in der einen oder anderen Minute durchaus mit dem Verstand davonlaufen, um meine Gefühlslage nach Gotthold Ephraim Lessing zu beschreiben. Nach erster Empörung suchte ich nach einem akzeptablen Lösungsweg. Darin war ich noch aus meiner Informatikerzeit trainiert. Und aus meinem Lebensabschnitt als Musikerin war mir schon von meinem Geigenlehrer eingetrichtert worden: niemals, wirklich niemals auf der Bühne während eines Konzerts aufhören zu spielen.

Die Chance, das Schicksal der Heimatvertriebenen in der deutschen Hauptstadt als staatliche Aufgabe unter Beteiligung der Opfer als Teil deutscher Identität zu implementieren, würde nicht wiederkehren. Das war mir völlig klar. Allerdings konnte, wollte und durfte ich dafür die Würde unseres Verbands nicht opfern. Dann wäre die Wertigkeit der Gedenkeinrichtung bei den Betroffenen gleich null.

Die Gemengelage glich einem gordischen Knoten. Die Regierungskoalition betrachtete die Situation wie das Kaninchen die Schlange. Jeder wusste, dass der Außenminister weder zurück konnte noch zurück wollte. Gleichzeitig war man sich seitens der CDU/CSU bewusst, dass eine bedingungslose Kapitulation des BdV auch das moralische Aus für die Bundesstiftung nach sich gezogen hätte mit weitreichenden Auswirkungen.

Dass die Stiftungsratsfrage so schnell und in einer solchen Schärfe hereinbrechen würde, damit hatte kaum jemand gerechnet. Hatte doch Guido Westerwelle in einem »Focus«-Interview zum ZgV im September 2003 Kritik an der damaligen rot-grünen Außenpolitik geübt. Auf die Frage des Journalisten Henning Krumrey: »Welche Rolle spielen Außenminister Joschka Fischer und Kanzler Gerhard Schröder?«, antwortete Westerwelle als Oppositionspolitiker: »Der Außenminister und der Bundeskanzler sollten bei unseren Nachbarn für Verständnis werben. Ich verstehe nicht, warum der Bundeskanzler und der Außenminister den Sorgen der Nachbarn nicht entgegentreten, sondern die Debatte noch unverantwortlich anheizen. Das Engagement für das Zentrum ist selbstverständlich alles andere als erzkonservativ und revanchistisch.« Guido Westerwelle hatte ja so recht. Und genau daran hätte er sich nur erinnern müssen, als er selbst als Außenminister Verantwortung übernommen hat.

Es ist die Aufgabe deutscher Politik, für elementare Fragen des eigenen Volks, und dazu gehört auch die Massenvertreibung Deutscher, bei den Nachbarn einzustehen und für die Gefühle der Opfer um Verständnis zu werben und nicht hartleibigen Ignoranten nach dem Munde zu reden. Auch nicht im benachbarten Ausland.

Bereits die rot-grüne Bundesregierung hat das sträflich ignoriert. Man setzte sich in Polen zwar offensiv für die Ostsee-Gaspipeline ein, unbeeindruckt von polnischer Empörung. Desgleichen aber für das Schicksal der deutschen Vertriebenen zu tun, unterließ man unter Hinweis auf die polnischen Abwehrreflexe.

Menschenrecht und eigene Bürger waren nachrangig hinter Wirtschafts- und Energieinteressen. So verkommen alle Menschenrechtspostulate, die man tagaus, tagein auf anderen Kontinenten einfordert, zu purer Heuchelei. Der neue Außenminister übte sein ihm übertragenes Amt nun deutlich erkennbar in Kontinuität zu rot-grüner Außenpolitik aus. Vor Tische sprach man anders.

Die monatelangen politischen Auseinandersetzungen über das Recht des BdV, sich im 13-köpfigen Stiftungsrat nach eigenem Ermessen vertreten zu lassen, waren inzwischen an Peinlichkeit schwerlich zu überbieten.

Die Bevormundung gerade der Organisation, in der sich die Heimatvertriebenen nach dem Krieg in friedlicher Absicht zusammengeschlos-
sen hatten, war singulär. Nichts Vergleichbares gegenüber anderen
Opferorganisationen hatte es je zuvor gegeben. Der Druck aus dem Ver-
triebenenbereich, sich von der Bundesstiftung jetzt endgültig abzuwenden und sich ausschließlich auf die eigene BdV-Stiftung zu konzentrie-
ren, nahm nochmals gewaltig zu.

Das Vertrauen in die Fähigkeit der Bundesregierung, noch eine den
Betroffenen angemessene Lösung zu finden, war gleich null. Ich selbst
hatte bereits im Sommer durch eine neutrale Anwaltskanzlei prüfen lassen, wie die Klageaussichten des BdV im Ernstfall sein könnten. Das
Ergebnis war so, dass der BdV diesen Weg mit guten Aussichten hätte
beschreiten können. Für diese Ultima Ratio waren Vorbereitungen
getroffen.

Zuvor aber wollten wir seitens des BdV einen letzten Versuch
machen, den gordischen Knoten zu lösen. Nicht unter dem wohlfeilen
Motto: »Der Klügere gibt nach.« Denn das hieße, der Dummheit das
Feld zu überlassen. Ich wollte, dass am Ende ein Zugewinn für die Bundesstiftung und den BdV herauskommt. Die Weihnachtsfeiertage 2009
und die Zeit zwischen den Jahren ließen mir Raum, in aller Ruhe nach
den turbulenten Monaten nicht nur in Fragen des BdV, sondern auch
als Bundestagsabgeordnete nach dem Wahlkampf durchzuatmen und
nachzudenken. Nach Gesprächen mit allen Präsidialmitgliedern des
BdV bestand am Ende Einigkeit für den weiteren Weg und über unsere
Vorschläge.

Für den Verzicht des BdV, mich zu benennen, war es unabdingbar für
uns, dass das Vetorecht der Bundesregierung im Benennungsverfahren
entfällt. Des Weiteren wollten wir eine deutliche Aufstockung der Zahl
der BdV-Vertreter im Stiftungsrat, um die sehr unterschiedlichen deutschen Siedlungs- und Vertreibungsregionen besser als bisher widerspiegeln zu können. Notwendig war für uns auch die Vergrößerung der Aus-
stellungsfläche im Deutschlandhaus. Zudem hielten wir es für
erforderlich, die umfangreichen Materialien zur Vertreibung, die im
Bundes-Lastenausgleichsarchiv in Bayreuth archiviert sind, zu digitali-

sieren und für die Bundesstiftung »Flucht, Vertreibung, Versöhnung« in Berlin abrufbar zu machen. Weitere Forderung war, die Stiftung aus dem Deutschen Historischen Museum herauszulösen.

Am 5. Januar 2010 wurde im Umlaufverfahren ein einstimmiger Beschluss darüber durch das BdV-Präsidium gefasst. Mit diesen deutlichen Verbesserungen für die Stiftung »Flucht, Vertreibung, Versöhnung« würden bisherige Schwächen, die ihre Ursache insbesondere aufgrund der Haltung der SPD in der vorangegangenen Bundesregierung hatten, behoben. Wir verlangten damit nicht mehr und nicht weniger, als dass seitens der politisch Verantwortlichen die Würde unseres Verbands und die Schicksale der Opfer, die sich darin widerspiegeln, respektiert und geachtet werden. Zudem machten wir deutlich, dass wir uns jedweder Diskriminierung mit allen Möglichkeiten widersetzen würden.

Für uns war klar: Wenn die Regierungsbeteiligten sich nicht bereitfinden würden, auf diesen Vorschlag zur Güte, auf diesen Vorschlag der Vernunft, in erheblichem Maße einzugehen, führt kein Weg an einer Klage vorbei.

Keiner hatte zu diesem Zeitpunkt mit unserem Vorschlag gleich zu Beginn des Jahres 2010 gerechnet. Man war überrascht, obwohl ich ja sehr deutlich gemacht hatte, dass der BdV handeln würde. Die Union erklärte sehr schnell, dass sie unseren Gedanken für unterstützenswert halte. Die FDP war zurückhaltend. SPD, Grüne und Linkspartei sprachen nahezu unisono von Erpressung. Nicht wenige Medien stimmten mit ein. Allerdings übersahen sie geflissentlich, dass wir über keinerlei Erpressungspotential verfügten. Das Einzige, worauf wir uns stützen konnten, waren Verstand und Vernunft.

Auch die wohlwollendsten Journalisten glaubten allerdings überwiegend nicht, dass unsere Vorschläge Realität würden. Ich selbst war zuversichtlich. Die Empörungswelle von Menschen unterschiedlicher politischer Ausrichtung gegen das Verhalten von Außenminister Westerwelle und die Zweifel an der Union ergossen sich ja nicht nur in meine Büros, sondern auch landauf, landab auf die politischen Entscheidungsträger. Auch die Leserbriefspalten der Zeitungen und Magazine füllten sich. Dazu brauchten wir seitens des BdV keinerlei Hilfestellung geben.

Es war eine spontane Solidarisierung, wie ich sie noch niemals zuvor zu Themen des BdV erlebt hatte.

Innerhalb meiner Fraktion von CDU/CSU gab es zudem bereits zu Zeiten der großen Koalition durch das Verhalten der SPD in der Stiftungsfrage großen Rückhalt. Nochmals massiv verstärkte sich die Solidarität durch zahlreiche indiskutable Äußerungen des polnischen Deutschlandbeauftragten Wladislaw Bartoszewski, die selbst viele seiner besten Freunde in Deutschland abstießen. Die Ausgangslage für unsere Vorschläge zur Güte war also denkbar günstig.

Unsere Vorschläge fielen auf fruchtbaren Boden. Am 11. Februar 2010 vereinbarten die Fraktionsvorsitzenden von CDU/CSU und FDP, Volker Kauder, Hans-Peter Friedrich und Birgit Homburger, sowie Staatsminister Bernd Neumann mit uns eine Lösung auf der Basis unseres Vorschlags, den übrigens Guido Westerwelle in unserem Gespräch am Rande des Plenums vor Weihnachten noch strikt abgelehnt hatte.

Es war gelungen, einen gemeinsamen Weg zu finden, der für alle Beteiligten akzeptabel war und jedem die Würde ließ. Dabei gab es einen wirklichen Gewinner: die Stiftung »Flucht, Vertreibung, Versöhnung«. Und das ist gut.

Verhandlungsergebnisse, die gesichtswahrend für alle sind, wirken friedensstiftend. Und mir lag vor allem anderen an der Qualität dieser Stiftung. Unsere Conditio sine qua non, der Wegfall des Vetorechts der Bundesregierung, wurde erfüllt. Wir vereinbarten, dass zukünftig der Deutsche Bundestag über eine Gesamtliste mit allen vorgeschlagenen Stiftungsmitgliedern über die Besetzung des Stiftungsrats entscheiden wird. Zudem stehen dem BdV zukünftig sechs anstatt zuvor drei Sitze im Stiftungsrat zu. Damit erhöht sich der prozentuale Anteil des BdV von bislang 23 auf jetzt 29 Prozent bei einer Erweiterung des Stiftungsrats auf nunmehr 21 Mitglieder. Auch die Vertreter der Religionsgemeinschaften und der Deutsche Bundestag erhalten zusätzliche Sitze. Die vereinbarten Ergebnisse konnte unsere Verhandlungsdelegation, bestehend aus Dr. Bernd Fabritius, Stephan Mayer und mir, besten Gewissens dem BdV-Präsidium, das eigens zu diesem Zweck für diesen Tag einberufen war, zur Annahme empfehlen.

Einstimmig votierte das Präsidium für das ausgehandelte Ergebnis. Wir waren aber auch gewappnet für den Fall, dass es keine Einigung gegeben hätte. Dann wäre postwendend am selben Tag meine Benennung für den Stiftungsrat an die Bundesregierung gegangen. Die direkte Folge einer Nichtakzeptanz durch die Bundesregierung wäre die Klage seitens des BdV gewesen. Diese Alternativen waren jetzt nicht mehr erforderlich.

Frank Walter Steinmeier, SPD-Fraktionschef, schäumte: »Erpressung«. In dieses Horn blies natürlich auch der Vizepräsident des Deutschen Bundestags, Wolfgang Thierse, der erklärte, das Ergebnis sei »beschämend für die Bundesregierung, die sich durch einen eingetragenen Verband erfolgreich erpressen lässt«. Und die Bundestagsrede der damaligen stellvertretenden SPD-Fraktionsvorsitzenden Angelika Schwall-Düren zu diesem Thema, die bereits Mitglied im ersten Stiftungsrat der Bundesstiftung auf Vorschlag der SPD war, war eine Zumutung für die Opfer von Flucht und Vertreibung. Vollständige Herzlosigkeit mühsam verbrämt, war der Grundtenor ihrer Rede. Gerichtet gegen die Opfervertreter.

Am 8. Juli 2010 wurde entsprechend der Gesetzesänderung der neue Stiftungsrat für die Bundesstiftung »Flucht, Vertreibung, Versöhnung« vom Deutschen Bundestag gewählt. Wer auch immer geglaubt hatte, dass nunmehr Ruhe einkehrt, wurde noch während der Wahl eines Schlechteren belehrt.

Ganz offensichtlich hatten die Gegner der Stiftung und insbesondere des BdV akribisch alle vom BdV benannten Mitglieder für den Stiftungsrat und auch deren Stellvertreter durchleuchtet, um ihren Kritikhebel neu anzusetzen. Das machte auch deutlich, dass es letztlich niemals um mich, sondern immer um die bekämpfte Sache gegangen war.

In Protokollerklärungen zur Wahl der Stiftungsratsmitglieder griffen die Abgeordneten Angelika Schwall-Düren (SPD) und Volker Beck (Bündnis 90/Die Grünen) sowie nachfolgend in Interviews der Wissenschaftler Raphael Gross (Frankfurter Rundschau 22.07.2010) und Peter Steinbach (dradio.de 27.07.2010) jetzt den BdV wegen zweier seiner zwölf benannten Stiftungsratsmitglieder an.

128

Äußerungen der von uns als Stellvertreter benannten Mitglieder Arnold Tölg und Hartmut Saenger wurden zum Anlass genommen, diesen beiden und damit dem BdV insgesamt ein revisionistisches Geschichtsbild zu unterstellen und ihnen den Willen zur Versöhnung glatt abzusprechen.

Diese Versuche waren so durchschaubar wie untauglich, wenn man die verwendeten Argumente und Zitatenschneiderei betrachtet.

Was das zehn (!) Jahre alte Interview des angegriffenen Arnold Tölg, das als Beleg herangezogen wurde, betrifft, so sind seine Feststellungen zu Fragen der Ungleichbehandlung von Zwangsarbeitern unbestreitbar. Es ist ganz einfach Fakt, dass die Verschleppung zur Zwangsarbeit gemäß des Statuts für den Nürnberger Prozess als Verbrechen gegen die Menschlichkeit eingestuft war und deswegen »deutsche Kriegsverbrecher zu recht« wie Arnold Tölg feststellte, verurteilt wurden, während gleichzeitig Deutsche zur Zwangsarbeit verschleppt und missbraucht wurden und dieser Vorgang straffrei blieb. Es war zweierlei Maß. Die Zahl der Deutschen, die Zwangsarbeit leisten mussten, bezifferte Tölg auf eine Million, von denen Hunderttausende umgekommen seien. Wenn man daran Kritik üben wollte, dann nur deshalb, weil die Zahlen eher zu niedrig als zu hoch angesetzt sind. Der Sachverhalt als solcher wird von keinem seriösen Historiker bestritten.

Der ebenfalls als untragbar bezeichnete Hartmut Saenger thematisch 2009 in der Pommerschen Zeitung die polnische Politik der Zwischenkriegszeit. Seine sehr knappe Darstellung war korrekt. Um das festzustellen, musste man weder in polnischen noch deutschen Archiven graben. Der dargestellte Sachverhalt gehört zum Grundwissen eines jeden Zeithistorikers. Da, wo Saenger von einem besonders kriegerischen Verhalten Polens gesprochen hat, bezog sich das auf die unmittelbare Zeit nach 1918, in der Polen gleich mit vier seiner Nachbarländer gewaltsame Auseinandersetzungen hatte und nicht auf das »Vorfeld des Zweiten Weltkrieges«, wie Prof. Gross in seinem Interview behauptet hat. Auch die Gross'sche Anklage, Saenger habe geschrieben, »der Zweite Weltkrieg sei nicht von Deutschland ausgegangen«, war schlichtweg falsch und durch keine Stelle des Artikels zu belegen.

129

Unabhängig davon: In Polen gibt es heute engagierte, kontroverse Debatten über Polens Rolle in der Zwischenkriegszeit. Bereits vor Jahren wurde diese Zeitspanne dort nachdenklich und sehr kritisch betrachtet. Es waren einzelne Mutige, die das wagten.

Der polnische Publizist Jan Józef Lipski, eine der führenden Persönlichkeiten der demokratischen Opposition in Polen vor 1989 und enger Freund von Günter Grass, hat in seinem Essay-Band »Wir müssen uns alles sagen« die polnische Haltung zu und in dieser Zwischenkriegszeit zutiefst kritisch beleuchtet:

»Fremdenfeindlichkeit und nationaler Größenwahn nähren und stützen sich gegenseitig. Wir wissen, was Polen seitens der Russen und Deutschen erlitten hat, das kann aber die Überschreitung der Grenzen von Dummheit und Hass gegenüber diesen Völkern nicht rechtfertigen« und er führte bezogen auf die innerpolnische Sichtweise aus: »Umso mehr beunruhigt es, als Zeichen der Vergiftung der nationalen Ethik durch den Nationalismus, dass von Zeit zu Zeit Artikel [in Polen] erscheinen, deren Verfasser sich damit brüsten, dass noch vor dem Zweiten Weltkrieg – also vor dem Überfall auf Polen durch die Deutschen, bevor das Problem auftauchte, Platz zu finden für die Millionen Polen aus den Ostgebieten – politische Gruppen, mit denen diese Verfasser in Verbindung standen, ein Polen bis an die Oder und Neiße verlangten, mit Stettin und Breslau.« Und er stellte mit Sorge fest: »Das sind keine Artikel, die eine lediglich interessante Tatsache feststellten – das ist die Übernahme damaliger Programme, die zu jener Zeit Eroberungspläne waren, die im Gegensatz standen zu den Grundsätzen der Beziehung zwischen Völkern.«

In Deutschland wird die Behandlung dieser insgesamt schwierigen Zwischenkriegszeit gerne mit einem Bannstrahl belegt und unter das Stigma »Leugnen deutscher Kriegsschuld« gestellt. Jeder Mensch mit Verstand weiß, dass Deutschland den Krieg begonnen hat. Es nützt aber ausschließlich Extremisten sowohl in Deutschland als auch in Polen, wenn die Betrachtung der Vorkriegszeit mit einem Tabu belegt wird.

Der platte Versuch, in einer konzertierten Aktion mit nahezu identischen Argumenten aller Beteiligten den BdV in eine Reihe mit Geschichtsfälschern zu stellen, muss sich bei Kenntnis der Fakten gegen die Protagonisten selbst kehren.

Fakten aber nützen nicht immer, wenn der Zeitgeist dagegen steht. Ein Sturm der Entrüstung brach nicht nur über Saenger und Tölg herein, sondern weitete sich postwendend auf mich aus, als ich in der Vorstandsklausur der CDU/CSU-Bundestagsfraktion ausdrücklich beide in Schutz nahm. Leugnen der deutschen Kriegsschuld lautete die an die Presse lancierte Anklage. Bewusst ignorierend, dass ich genau das nicht geäußert hatte. Im Gegenteil: Ich hatte darauf verwiesen, dass beide das genauso wenig wie ich behauptet hatten oder behaupten.

Bereits der undemokratische und hysterische Umgang mit Thilo Sarrazins Buch mit einer tsunamigleichen, durch alle Parteien gespeisten Empörungswelle hatte mich zutiefst erschreckt. Es wollte und will mir nicht mit Meinungsfreiheit und Demokratie zusammenpassen, dass offenkundige Probleme oder historische Sachverhalte hier im Lande bei gewissen Themen nur noch mit hohem persönlichen Risiko für die eigene Reputation benannt werden dürfen, sofern sie nicht dem politischen Trugbild davon entsprechen.

Wer sich wie Sarrazin mit Integrationsproblemen ungeschönt auseinandersetzt, wird zum Rassisten abgestempelt; wer sich zudem noch auf das Gebiet der Genetik wagt, wird in die Schublade nationalsozialistischer Rassenpolitik gesteckt; wer sich, wie seitens eines unserer Stiftungsratsmitglieder geschehen, mit der Zwischenkriegszeit beschäftigt, ohne zugleich in jeder zweiten Zeile anzufügen, dass es für ihn keinen Zweifel an der deutschen Kriegsverantwortung gebe, wird sofort zum Revanchisten, der den Nationalsozialismus verharmlost.

So leben wir seit Jahren mit zunehmender Intensität fröhlich und bewegt unter Hitlers Knute und begeben uns ganz freiwillig unter seine geistige Herrschaft. Diese Herrschaft akzeptiere ich nicht.

Jetzt ist zu hoffen, und ich bin zuversichtlich, dass die lange überfällige Erinnerungsstätte für das Schicksal der Vertriebenen kompetent und zielgerichtet im Herzen Berlins wächst und gedeiht, trotz des anhaltenden Widerstands der linken Ewiggestrigen. Und zwar so zügig wie irgend möglich. Die letzten Zeitzeugen der Kriegs- und Nachkriegsvertriebenen, der deutschen Deportierten und Vergewaltigten sollen noch erleben können, dass ihr Schicksal, das sie ja stellvertretend für die weiter westlich lebenden Deutschen erlitten haben, nicht vergessen ist und einen würdigen dauerhaften Platz in Deutschland gefunden hat, dass ihre Herkunft im Bewusstsein der nachfolgenden Generationen nicht erlischt. Der ganze schwierige Weg dahin, gepflastert auf der einen Seite mit viel Unterstützung zahlloser Vertriebener und Hiesiger, auf der anderen Seite aber mit Aggressivität und Bösartigkeit bekämpft, die singulär ist, macht eines sehr deutlich: Unsere eigene Stiftung ZgV muss weiter dringend treibende Kraft bleiben. Sie ist unverzichtbar.

Die heutigen Vertriebenendebatten sind Teil eines Klärungsprozesses, der immer noch nicht abgeschlossen ist. Die heftigen Abwehrreflexe sind das Indiz dafür. Von einer gemeinsamen europäischen Erinnerungskultur sind wir noch sehr weit entfernt, das haben die Debatten auch gezeigt, und manche der Debattenbeiträge der letzten Jahre lassen mich an der Möglichkeit zweifeln. Es könnte leicht sein, dass die Wahrheit als Opfer liegen bleibt und unvereinbare nationale Mythen auf einen kleinsten gemeinsamen Nenner zusammengekocht werden. Wir Deutsche sind aus leidvoller Erfahrung sehr offen im Umgang mit den auch dunklen Aspekten unserer Geschichte. »Gemeinsame Erinnerungen« kann man auf Tagungen oder in irgendwelchen Akademien sicher postulieren und kreieren und in schicken Tagungsbänden publizieren, aber man kann und darf sie den Menschen der unterschiedlichen Völker nicht aufzwingen. Jedes Volk hat ein Recht auf seine eigene Erinnerung. Dabei gilt: Es bedarf der Wahrheit, vor allem auch im Umgang mit der Geschichte in ihren vielfältigen und oft gegenläufigen Tendenzen.

Historischer Wahrheit bedarf es insbesondere in kontroversen zeitgeschichtlichen Fragen, die zu oft im inneren politischen Tageskampf, aber auch in Beziehungen der Völker und Staaten zueinander instrumentalisiert und missbraucht werden. »Nur die Wahrheit macht uns frei« (Joh 8,32). Man muss kein gläubiger Christ, ja, man muss gar kein gläubiger Mensch sein, um die universelle und zeitlose Gültigkeit dieses oft angeführten schlichten Satzes zu begreifen, auch ohne seinen 2000 Jahre alten, biblischen Ursprung zu kennen.

Nachwort

Die Katastrophe der Vertreibung von fast 15 Millionen Deutschen mit allen nur denkbaren Grausamkeiten und Begleiterscheinungen in der Mitte des 20. Jahrhunderts ist schmerzlicher und unauslöschbarer Teil unserer ganzen Nation. Die Opfer und ihre Nachfahren haben ein Anrecht darauf, dass ihr Schicksal, dem sie stellvertretend für alle Deutschen hilflos ausgeliefert waren, im nationalen Gedächtnis bewahrt wird. Die menschliche und kulturelle Dramatik dieser Massenvertreibung lässt sich weder relativieren noch rechtfertigen. Auch nicht unter Hinweis auf »Ursache und Wirkung«, wie es in der deutschen Politik und in manchen unserer Nachbarländer gang und gäbe ist. Eine Entschuldung derart bewegt sich abseits jeglicher Menschenrechtsnormen. Sie ist latent gespeist aus archaischem Blutrachedenken. Jeder im Land weiß, wer den Zweiten Weltkrieg begonnen hat. Jeder im Land kennt die Barbareien des nationalsozialistischen Deutschland und das grenzenlose Leid, das dadurch über Europa gekommen ist. Mein tiefes Mitgefühl gilt diesen Opfern. Niemand aber wird mich, die ich im Deutschen Bundestag für die Universalität von Menschenrechten fechte, mit dem Argument von »Ursache und Wirkung« davon überzeugen, dass eine Barbarei die andere jemals entschuldigen oder gar rechtfertigen kann und darf. Wer immer dem folgen wollte, wäre als Menschenrechtspolitiker fehl am Platze. Menschenrechte nach zweierlei Maß zu bemessen, ist paradox in sich. Die Würde eines jeden Menschen ist zu bewahren und darf nicht angetastet werden. Auch für deutsche Vertreibungsopfer gelten natürlich Menschenrechte unabdingbar, uneinschränkbar, unrelativierbar.

Nec temere – nec timide.

Mit dem Anspruch dieses Leitsatzes meiner Geburtsregion Westpreußen werde ich ihre Universalität verteidigen: weder unbesonnen – noch furchtsam.

Dokumentation

Eigene Veröffentlichungen, Korrespondenzen und Erklärungen im Deutschen Bundestag

»Tag der Befreiung, das ist eine zu leichte Floskel«

Vollständiges, nicht partielles Erinnern

Die monochrome Sicht, den 8. Mai 1945 als »Tag der Befreiung« zu postulieren, muß nachdenklich stimmen. Der fanatische Eifer aber, mit dem andere Auffassungen diffamiert werden, muß sogar hellhörig machen. Nur zielgerichtete geschichtliche Betrachtung kann diesen Tag eindimensional zum »Tag der Befreiung« erklären. Wahrlich, er ist kein Tag zum Feiern, sondern ein Tag des Erinnerns; des vollständigen Erinnerns, nicht des partiellen Erinnerns.

Das Grauen, für das Auschwitz zum Synonym wurde, fand ein Ende. Hier trifft »Befreiung« zu! Die nationalsozialistische Diktatur Adolf Hitlers fand mit diesem Tag ein Ende. Hier trifft »Befreiung« zu! Ein furchtbarer und verheerender Krieg fand in Europa ein Ende. Grund zur Erleichterung für alle Völker. Und auch hier trifft »Befreiung« zu!

Damit aber waren Unmenschlichkeit und Grausamkeit an Schuldlosen nicht aus Deutschland verbannt: Die Tragik dieser Tage war, daß elementare Menschenrechte auch weiterhin keine Gültigkeit erlangten. Von der Ursache her war dies eine Folge der Nazidiktatur, vom Ergebnis her war es gleichermaßen unmenschlich und unentschuldbar. Ein Historikerstreit darüber ist müßig. Es reicht, die Überlebenden zu Wort kommen zu lassen und ihr Schicksal nicht auszublenden.

Leid von Millionen
Für Millionen Deutsche setzte sich ein anderes Kapitel menschlicher Leidensgeschichte fort: Flucht, Vertreibung oder Deportation aus der

Heimat. Fast drei Millionen Deutsche, überwiegend Frauen und Kinder, sind dabei ums Leben gekommen: vergewaltigt, gequält, an Scheunentore genagelt, verhungert, erfroren, ertrunken, ermordet.

Der amerikanische Völkerrechtler und Historiker Alfred de Zayas, der sich des deutschen Flüchtlings- und Vertriebenengeschickes forschend annahm, stellte am Ende erschütternd dazu fest: »Das menschliche Elend, das diese Umsiedlung vor allem in den Jahren 1945–1948 hervorrief, gehört zu den schlimmsten Kapiteln des zwanzigsten Jahrhunderts.«

Die Sonderkorrespondentin der »New York Times«, Anne O'Hare McCormick, berichtete im Februar 1946 aus Deutschland: »… Aber wie jedermann weiß, der den schrecklichen Anblick der Empfangsstellen in Berlin und München erlebt hat, vollzieht sich der Exodus unter alptraumhaften Umständen … Wir sind mitverantwortlich für Greuel, die nur mit den Grausamkeiten der Nazis zu vergleichen sind …«

Denen, die vergessen machen wollen, welches Leid Millionen Menschen noch lange nach Kriegsende zugefügt wurde, sei die denkwürdige Rede Albert Schweitzers, die er am 4. November 1954 anläßlich der Verleihung des Friedensnobelpreises gehalten hat, in Erinnerung gerufen. Er verurteilte das ungeheuerliche Verbrechen dieser Massenvertreibung mit einem Appell an das Gewissen: »In schlimmster Weise vergeht man sich gegen das Recht, wenn man Völkerschaften das Recht auf das Land, das sie bewohnen, in der Art nimmt, daß man sie zwingt, sich anderswo anzusiedeln.« 8. Mai 1945 – Tag der Befreiung?

In Mittel- und Ostdeutschland wurde der braune Hitler-Sozialismus durch den Kommunismus stalinistischer Prägung nahtlos abgelöst. Unterdrückung wurde abermals durch Unterdrückung ersetzt. Auch unter diesem Gesichtspunkt darf die Frage lauten: 8. Mai 1945 – ein Tag der Befreiung?

Nicht wenige Konzentrationslager wurden von den neuen Herren sofort weiterverwendet. Elend, Folter, Qual und Tod waren darin auch nach dem Kriegsende unmenschliches Tagesgeschäft. 8. Mai 1945 – Tag der Befreiung?

Deutsche Sprache und die deutsche Kultur wurden in ehemals deutschen Ostgebieten gnadenlos ausgerottet. »Im Grunde genommen bleibt

139

dieser 8. Mai 1945 die tragischste und fragwürdigste Paradoxie für jeden von uns. Warum denn? Weil wir erlöst und vernichtet in einem gewesen sind.« So charakterisierte Theodor Heuss, der erste Bundespräsident unserer Republik, diesen Jahrestag. 8. Mai 1945 – Tag der Befreiung?

Bis in die fünfziger Jahre hinein wurden deutsche Soldaten in russischen Lagern gefangengehalten, bis in die fünfziger Jahre waren deutsche Deportierte in Zwangsarbeit geknechtet. 8. Mai 1945 – Tag der Befreiung?

Die Sorge, das Gedenken an diesen Teil der Nachkriegszeit, an diesen Teil deutscher und auch europäischer Geschichte erzeuge wiederum neuen Nationalismus, ist nicht begründet, diese Sorge geht in die Irre.

Nur wer das vollständige Bild der Geschichte zeichnet, verhindert auf diese Weise auch neuen Nationalismus. Patriotismus, die Liebe zum eigenen Vaterland ist dabei unverzichtbar. Von einem bitter notwendigen, geklärten und unverkrampften Verhältnis zur eigenen nationalen Identität ist Deutschland allerdings noch weit entfernt. Eine Verfassung, die moralische, rechtliche, soziale und politische Regularien krisensicher verankert, sowie Bürgerengagement für den Staat und im Staate sind die Fundamente einer tragfähigen Demokratie.

Aber allein verfassungsrechtliche Eckwerte vermögen nicht, einen freiheitlichen Staat auf Dauer vor Umsturz von innen oder außen zu bewahren. Instabiles nationales Selbstwertgefühl kann die scheinbar gefestigte Demokratie ins Wanken bringen.

Der 8. Mai 1995, 50 Jahre nach Kriegsende, muß deshalb eines deutlich machen: Menschliches Leid kann nicht mit menschlichem Leid aufgerechnet werden. Jedes einzelne ausgelöschte und zerquälte Leben zählt für sich und hat Anspruch auf Gedenken und Erinnern. Die leichte Floskel »Tag der Befreiung« trägt dem nicht Rechnung, sie verletzt und birgt Zündstoff.

50 Jahre nach der Hitler-Diktatur muß es endlich gelingen, über den Gräbern von Millionen Toten – die meisten davon schuldlos – gemeinsam in eine humane Zukunft zu gelangen.

»Frankfurter Allgemeine Sonntagszeitung« vom 16. April 1995

Rede vor Studenten der Karlsuniversität
am 17. März 1999 in Prag

Tschechen und Deutsche – Der Weg in die Zukunft

Da also hat der arme Tyl
sein Lied »Kde domov muj« geschrieben.
In Wahrheit: Wen die Musen lieben,
dem gibt das Leben nicht zuviel.

Ein Stübchen – nicht zu klein dem Flug
des Geistes; nicht zu groß zur Ruhe, –
ein Stuhl, als Schreibtisch eine Truhe,
ein Bett, ein Holzkreuz und ein Krug.

Doch wär er nicht für tausend Louis
von Böhmen fort. Mit jeder Fiber
hing er dran. – »Ich bleibe lieber«, hätt er
gesagt. »Kde domov muj.«

Rainer Maria Rilkes poetische Gedanken bei der Betrachtung des Zimmerchens des tschechischen Dichters Josef Kajetan Tyl sind ein kleines literarisches Dokument glühender tschechischer Heimatliebe aus der Feder eines Lyrikers deutscher Zunge. Geschrieben im Jahre 1895.

Rilke, selbst in Prag geboren, kannte die Seelen seiner tschechischen Nachbarn gut. Verwurzelung und Bindung sind offenkundig nicht nur Deutschen, sondern auch Tschechen emotionales Bedürfnis. Hierin sind sich beide Völker nah verwandt.

Prag, die goldene Stadt, ist lebendiges Zeugnis, wie eng verflochten tschechische und deutsche Kultur, tschechische und deutsche Geschichte über Jahrhunderte hinweg waren. Und sie sind es bis heute – nicht nur in steinernen Denkmälern. Über den Eisernen Vorhang hinweg haben insbesondere Musik und Film immer wieder geistige und menschliche Brücken geschlagen. Heute knüpfen neben Kultur insbesondere Handel und Wandel, aber auch der Tourismus alltäglich Verbindung zwischen unseren Völkern. Mein erster Besuch in Prag im Jahre 1992 hatte nichts mit Politik zu tun, obwohl ich schon damals Bundestagsabgeordnete war. Die Musik führte mich hierher. Mein Mann dirigierte im wunderbaren Dvořaksaal des gerade renovierten Rudolphinums das Sinfonieorchester von Radio Prag.

Unter kundiger Führung eines tschechischen Freundes kamen wir dieser kulturträchtigen Stadt nahe. Da ich keine Sudetendeutsche, sondern Westpreußin bin, hatte ich diese Führung auch nötig. Unvergesslich ist mir dabei der Besuch des St. Veitdomes. Kaum hatten wir den Kirchenraum betreten, brach draußen die Sonne durch den zuvor bedeckten Himmel und ließ eines der Kirchenfenster in fast überirdischem Licht so gleißend erstrahlen, dass es mir fast den Atem raubte.

Wie ein Magnet hat Prag über Jahrhunderte hinweg immer wieder Menschen angezogen. Mozart liebte diese Stadt mehr als Wien oder Salzburg, und er wurde widergeliebt.

Über Prag hinaus haben sich über eine lange geschichtliche Wegstrecke in Böhmen und Mähren unsere beiden Völker mit- und aneinander inspiriert.

Spannung in Maßen hat es natürlich immer wieder gegeben. Aber sie waren in den vergangenen Jahrhunderten nie dramatischer oder tiefgreifender als in anderen europäischen Regionen auch.

Die über 1000 Jahre des deutsch-tschechischen Mit- und Nebeneinanders gestalteten sich davon 800 Jahre unter dem Dach des Heiligen Römischen Reiches.

Die gesellschaftlichen, religiösen und politischen Konflikte in den böhmischen Ländern des Mittelalters und der frühen Neuzeit waren keine nationalen Auseinandersetzungen im modernen Sinne. Darüber gibt es unter Historikern beider Seiten praktisch keine Differenzen. Der Hussitismus war nicht in erster Linie ein tschechisches Nationalprodukt, sondern eine radikale sozial-religiöse Bewegung gegen eine Landesherrschaft, die nicht deutsch war. Am Ende der Hussitenkriege stand nicht der Sieg einer »Nation« über die andere, sondern ein innertschechischer Bürgerkrieg.

In der ersten großen Schlacht des Dreißigjährigen Krieges am Weißen Berg vor Prag standen sich 1620 nicht Deutsche und Tschechen gegenüber, sondern böhmisch-protestantische Patrioten beiderlei Nationalität auf der einen, kaiserlich-katholische Kräfte auf der anderen Seite. Die zwölf Anführer der besiegten protestantischen Partei, deren abgeschlagene Köpfe zehn Jahre lang auf dem Prager Altstädter Brückenturm staken, trugen deutsche wie tschechische Namen. War Wallenstein, der baldige »starke Mann« im Kaiserlichen Lager, ein Tscheche oder ein Deutscher? Vielleicht hätte er die Frage gar nicht verstanden: Er war ein kaisertreuer Böhme, der ebenso wenig für spätere nationale Inanspruchnahme durch die eine oder andere Seite taugt wie Karl IV., der Begründer der Karls-Universität, der ersten deutschen Universität überhaupt, oder wie weite Teile des böhmischen Adels.

Ich will nicht die Entwicklung des deutsch-tschechischen Verhältnisses in den böhmischen Ländern über die vielen Jahrhunderte nachzeichnen. Es gibt ganze Bibliotheken darüber. Eines ist aber wichtig. Es war über weite Strecken, insbesondere zwischen der Mitte des 17. und der des 19. Jahrhunderts, vom friedlichen Neben-, oft auch Miteinander, vom gegenseitigen Geben und Nehmen geprägt.

Die nationalen Konflikte, deren Folgen im 20. Jahrhundert eskalierten, haben ihren Ursprung erst im 19. Jahrhundert. Aber es gab auch weiterhin Signale des Miteinanders, so den Mährischen Ausgleich von 1905, dessen – leider gescheiterte – Übertragung auf Böhmen der Geschichte vielleicht einen anderen Verlauf gegeben hätte. Die Stadt Prag war auch in dieser Zeit eine gelungene Symbiose tschechischen, deutschen und jüdischen Geistes- und Kulturlebens. Reibungen, die aus dem Zusammenleben erwuchsen, entwickelten noch schöpferische Energien. Der Zerfall der k.u.k. Monarchie am Ende des Ersten Weltkrieges 1918, die Entstehung der ersten Tschechoslowakei im gleichen Monat und die Ausdehnung dieses Staates auf die historischen Grenzen der böhmischen Länder schufen eine neue Situation, die enormen emotionalen Sprengstoff in sich barg.

Die Ereignisse der 30er- und der 40er-Jahre, vom Münchner Abkommen 1938 über die Protektoratszeit mit ihren Schrecken für die Tschechen und den »Abschub«, die Vertreibung der Deutschen bis zum Kommunistenputsch 1948 sind der dramatische Teil des deutsch-tschechischen Miteinanders. Sie wurden zum Gegeneinander schlimmer Art.

Sollte man unter diesen leidvollen Teil der gemeinsamen Vergangenheit einen Schlussstrich ziehen? Es hört sich sehr verlockend an. Es scheint ein Königsweg in die Zukunft. Ist er das wirklich? Ein Schlussstrich unter die Vergangenheit schneidet nicht nur die Zeit von 1918 bis 1989 ab, sondern er tilgt auch die positiven Jahrhunderte des Miteinanders. So ist es nicht gemeint? Also, nur die Jahrzehnte ausblenden, die schwer zu bewältigen sind, damit der Weg in die Zukunft leichter wird? Beim Gang zurück in die gute gemeinsame Geschichte geraten wir, geraten unsere Kinder und Kindeskinder dann immer und immer wieder an den Rand eines tiefen geschichtlichen Grabens, der Neugierige und auch böse Geister fesseln wird.

Ich bin fest davon überzeugt, dass dieser vermeintlich leichte Akt des Schlussstriches am Ende der schwerere Weg für unsere Völker sein wird. Wir sollten ihn uns nicht antun!

Nach über fünf Jahrzehnten geht es bei der Aufarbeitung der Vergangenheit nicht um »Schuld und Sühne« oder Buße. Das wäre auch fruchtlos, ja kontraproduktiv. Daraus könnte leicht die Reaktion des Wagner'schen »Tannhäuser« am Ende seiner »Romerzählung« erwachsen: »Da ekelte mich der holde Sang, zu dir, Frau Venus, kehr ich wieder.« Nur, es geht bei unseren Fragen nicht um ein männerbetörendes Weib, sondern um alle Teufel und bösen Geister dieser Welt.

Wir müssen uns unserer Vergangenheit dieses Jahrhunderts gemeinsam stellen, um eine auf Dauer friedvolle und fruchtbare Zukunft zu gewinnen. Dabei ist keine Kollektivschuld aufzuarbeiten, die gibt es nicht. Weder sind die Tschechen ein Volk von Vertreibern noch wir Deutschen ein Volk von nationalsozialistischen Verbrechern.

144

Deshalb akzeptiere ich, wenn mir Ihr Botschafter Černý in Bonn vorgehalten hat, dass es die Tschechen verletze, wenn ich in aktuellen politischen Diskussionen und meinen Reden von den Vertreiberstaaten spreche. Er hat recht.

Die heutige Tschechische Republik ist eine Demokratie und hat keine Deutschen vertrieben. Als junges Staatswesen hat sie es sowohl wirtschaftlich als auch politisch nicht immer leicht. Das ist mir bewusst. Zu ihrer tschechischen Bürde gehört aber auch das Erbe aus einer anderen Epoche: das Schicksal der Sudetendeutschen und ihrer unmenschlichen Vertreibung. So wie zu unserer deutschen Last die Verantwortung gegenüber den Opfern des nationalsozialistischen Deutschlands gehört, mit dem wir als Demokratie nichts gemein haben. Ein schreckliches Erbe!

Wer diese Erbschaften ausschlagen will, hat nur die Möglichkeit, es ganz zu tun und sich von seinem Land abzuwenden – innerlich oder tatsächlich – und seine nationale Identität aufzukündigen. Wer sein Vaterland liebt, wird diesen Weg nicht gehen, sondern ja zum Gesamterbe sagen. Mit allen Passiva, aber mit noch mehr Aktiva. Alles andere wäre auch töricht.

Ich möchte nicht auf Bach, auf Beethoven oder Mendelssohn verzichten, ich möchte nicht Goethe, Schiller, Heine oder Adalbert Stifter als Teil meiner nationalen Identität missen, so wie Sie als Tschechen sicher Dvořák, Smetana und Janáček genauso brauchen wie Ihre Dichter und die hervorragenden Filme Ihrer ausgezeichneten Regisseure und Schauspieler.

Und wir gemeinsam können nicht auf Franz Kafka, Rainer Maria Rilke, Peter Parler und die Familie Dientzenhofer verzichten, nur einer Zeitspanne wegen, die wir am liebsten aus unserem Bewusstsein streichen würden.

Was also bleibt zu tun? Das ganze Erbe annehmen. Eintauchen auch in die Finsternis der menschenverachtenden Teile der je eigenen Geschichte dieses blutigen Jahrhunderts. So, nur so gelangen wir durch Nacht zum Licht.

Stefan Zweig schrieb in der Emigration in seinen Erinnerungen: »Ich entdeckte mit 58 Jahren, dass man mit seiner Heimat mehr verliert als einen Fleck umgrenzter Erde.«

In der Charta der deutschen Heimatvertriebenen vom 5. August 1950 heißt es: »Wir haben unsere Heimat verloren. Heimatlose sind Fremdlinge auf dieser Erde. Gott hat die Menschen in ihre Heimat hineingestellt. Den Menschen mit Zwang von seiner Heimat zu trennen, bedeutet, ihn im Geiste zu töten.«

Unabhängig von materiellen Verlusten wiegt diese psychologische Komponente ganz besonders schwer, ja traumatisch. Wir merken es selbst bei Menschen, die die Vertreibung als Kinder erlebt haben, wie sie sich heute in vorgerücktem Alter auf ihre Ursprünge besinnen und schmerzlich den Verlust empfinden. Nach teilweise hektisch-erfolgreichem Berufsleben gibt es seelische Phantomschmerzen, die ihre Ursache in der Vergangenheit, in der Vertreibung haben. Man sucht seine Wurzel und findet sie dort nicht mehr, wo vor Jahrzehnten ein oft totaler Bevölkerungsaustausch das Gesicht der Heimat für immer verändert hat. Die vertrauten Bilder und Eindrücke, die Märchen und Erzählungen aus der Kindheit, sie haben keinen Ort mehr auf dieser Welt. Die deutschen Vertriebenen, ihre Kinder und Enkel schleppen sich mit dieser mentalen Hypothek – oft unbewusst – ab. Sie haben Sehnsucht danach, dass man sie nicht allein lässt mit ihren Traumata. Dass man mitfühlt!

Europa ist mit dem Bruch des Eisernen Vorhangs in pulsierende Bewegung geraten. Junge Demokratien sind gewachsen. Die Heimatgebiete sind uns Vertriebenen wieder näher gerückt. Die Orte der Erinnerung, die Orte der Kindheit und der Jugend, der ersten Liebe, aber auch der Ängste und der Todesnöte sind heute leicht erreichbar.

Wir sind auf dem Weg zur gesamteuropäischen Integration. Und die deutschen Vertriebenen wollen diesen Weg. Schon in unserer Charta von 1950, die ich bereits eben zitierte, haben sich die Heimatvertriebenen zu einem Europa bekannt, in dem alle Völker friedvoll miteinander leben, und dabei haben sie ausdrücklich »auf Rache und Vergeltung« verzichtet. Das war zum damaligen Zeitpunkt, als nach dem Leidensweg noch alle Wunden der Vertreibung schmerzvoll offen lagen, eine fast übermenschliche Leistung.

146

In den Jahrzehnten der Teilung Europas und der Konfrontation der Blöcke haben die Vertriebenen, oft mehr als andere, nie vergessen, dass Prag, Pressburg, Budapest und Warschau zu Europa gehören. Und sie haben auch mehr als andere Deutsche Anteil genommen am Schicksal der Völker in diesen mitteleuropäischen Ländern.

Warum? Weil das Herz mitspricht.

Die Völker Mittel-, Südost- und Osteuropas haben nach Ende des letzten Weltkrieges Jahrzehnte neuer Unterdrückung und Unfreiheiten durchlebt. Durch eine katastrophale, menschenverachtende und auch selbstzerstörerische Politik hat Deutschland dem Kommunismus den Weg ins Herz Europas und an die Macht über die Völker dieses Raumes geebnet. Daraus ergibt sich für uns Deutsche heute eine besondere Verantwortung bei der Erweiterung der Europäischen Union für unsere Nachbarn jenseits des früheren Eisernen Vorhanges.

Auf dem Weg dorthin erhoffen, erwarten, ja ersehnen sich die aus der Heimat Vertriebenen menschlich zugewandte und gerechte Gesten der Erkenntnis. Und es gibt sie. Es gibt vermehrt Signale des Erkennens. Das sehen wir mit wachen Augen.

Es gibt die Bereitschaft bei einigen unserer östlichen Nachbarstaaten zum Ausgleich des Vertreibungsunrechts. Ungarn hat bereits 1992 ein Entschädigungs- und Reprivatisierungsgesetz geschaffen. Estland, Litauen und jüngst auch Rumänien haben die aus ihren Ländern stammenden Deutschen ausdrücklich zur Rückkehr in die Heimat eingeladen. Nur sehr wenige machen davon Gebrauch. Ängste und Unsicherheiten spielen dabei eine Rolle. Aber der gute Wille seitens dieser Staaten wird dankbar anerkannt und bewirkt intensives Engagement für die alte Heimat.

Die Eliminierung von menschenrechtsfeindlichen Gesetzen und die Aufarbeitung der Vertreibung im Sinne des Völkerrechts kann doch in einer Demokratie heute kein unüberwindbares Hindernis mehr sein. Insbesondere nach einer so großen zeitlichen Distanz zu dem Geschehen. Warum tut man sich hier im Lande so unendlich schwer damit?

Die Heimatvertriebenen lieben ihre Heimatgebiete, aber sie respektieren auch die Würde der Menschen, die jetzt dort leben. Und sie wollen

147

nicht, wir wollen nicht, dass andere Menschen je vertrieben werden. Es gibt inzwischen viele Kontakte, sogar Freundschaften zwischen Vertriebenen und den Menschen unserer Nachbarländer, aus denen vertrieben wurde. Wir sind bereit, den Dialog darüber hinaus zu führen. Auf kommunaler Ebene findet er auch vielfältig statt und trägt Früchte.

Woran es bis heute fehlt, ist die Aufnahme dieser Impulse auf staatlicher Ebene. Die freiwillige und nicht die erzwungene Auseinandersetzung mit der Vertreibung und die Heilung dieser großen europäischen Wunde wird freimachen für eine demokratische Zukunft und sie wird ganz Europa bereichern. Niemand auf dem Balkan kann sich dann noch darauf berufen, bei seinen schrecklichen »ethnischen Säuberungen« die Vertreibung der Sudetendeutschen als akzeptiertes Modell kopiert zu haben.

Bewegen Sie Menschenrechte, Völkerrecht und Minderheitenrechte für Ihre vertriebenen böhmischen, mährischen und schlesischen Landsleute in Kopf und Herzen und setzen Sie sie um. Lassen Sie uns gemeinsam die Wunden reinigen, die dieses Jahrhundert Millionen unschuldigen Menschen zugefügt hat. In Aussig. In Lidice. Dann werden wir gemeinsam in ein neues Jahrtausend des Friedens gehen.

*Vortrag in der Katholisch-Theologischen Akademie
der Wyszinski-Universität in Warschau
am 20. Oktober 1999*

Polen und Deutsche – Der Weg ins nächste Jahrtausend

Noch ist Polen nicht verloren!

Für diese Unbeirrbarkeit habe ich das polnische Volk immer sehr bewundert. Drei polnische Teilungen mit dem zeitweiligen völligen Verschwinden eines polnischen Staates von der Karte Europas und dennoch die Selbstmotivation, ja die Überzeugung: Noch ist Polen nicht verloren! Das Grauen der Hitlerdiktatur, dessen schlimmste Auswüchse unter den Staaten Polen zu erleiden hatte. Und dennoch: Noch ist Polen nicht verloren!

Die polnische katholische Kirche war in allen schweren Zeiten eine patriotische seelsorgerische Begleiterin ihrer Gemeinden. Ohne sie hätte der Überlebenswille des polnischen Volkes die schweren Prüfungen durch mehrere Jahrhunderte wohl nicht überstanden. Eine intensivere Bindung eines Volkes an seine Religion ist in unserem verweltlichten Europa kaum zu finden. Selbst nach Jahrzehnten kommunistischer und damit atheistischer Herrschaft ist in Polen das religiöse Fundament nicht brüchig geworden.

Die Macht und die Möglichkeiten der polnischen katholischen Kirche sind damit aber auch in allen Lebensbereichen weitreichender als irgendwo sonst in Europa. Das birgt besondere Verantwortung.

Die Katholisch-Theologische Akademie in Warschau ist lebendiges Zeugnis, wie eng verflochten polnische und deutsche Kultur, polnische und deutsche Geschichte über Jahrhunderte hinweg waren. Unsere Völker leben beide bewusst oder unbewusst auf dem Fundament eines christlichen Abendlandes. Polens König Johann III. Sobiesky hat gemeinsam mit dem deutschen Markgrafen Ludwig von Baden und dem Herzog Karl von Lothringen 1683 den Türken und dem Islam vor Wien Einhalt geboten. Ohne diese Männer würden heute möglicherweise statt der Glocken die Rufe von Muezzinen über unsere Dörfer und Städte schallen. In Baukunst, Musik, Dichtung, Wissenschaft und Forschung gab es ein beständiges Geben und Nehmen zwischen unseren Völkern. Dieser Austausch war und ist bereichernd und fruchtbar. Mein erster Besuch in Polen im Jahre 1988 hatte nichts mit Politik zu tun, sondern mit Kunst. Wie in viele andere Länder auch führte mich die Musik hierher. Mein Mann dirigierte in Posen als Gast das Philharmonische Orchester. Ein polnischer Freund brachte uns diese kulturträchtige Stadt nahe. Polnische und deutsche Geschichte begegneten uns auf Schritt und Tritt.

Wie sieht unser gemeinsamer Weg in die Zukunft aus?

Sollen wir das ausblenden, was es an Menschenunwürdigem, an Unchristlichem in unserer Vergangenheit zwischen unseren Völkern gegeben hat?

Sollte man unter diesen leidvollen Teil der gemeinsamen Geschichte einen Schlussstrich ziehen? Es hört sich sehr verlockend an. Es scheint ein Königsweg in die Zukunft. Ist er das aber wirklich? Ein Schlussstrich unter die Vergangenheit schneidet nicht nur die Zeit des Schreckens ab, sondern er tilgt auch die positiven Jahrhunderte des Miteinanders. So ist es nicht gemeint? Also nur die Jahrzehnte ausblenden, die schwer zu bewältigen sind, damit der Weg in die Zukunft leichter wird? Beim Gang zurück in die gute gemeinsame Geschichte geraten wir, geraten unsere Kinder und Kindeskinder dann immer und immer wieder an den Rand eines tiefen geschichtlichen Grabens, der Neugierige und auch böse Geister fesseln wird.

Ich bin fest davon überzeugt, dass dieser vermeintlich leichte Akt des Schlussstriches am Ende der schwerere Weg für unsere Völker sein wird. Wir sollten ihn uns nicht antun!

Es geht bei der Aufarbeitung der Vergangenheit nicht um »Buße oder Demütigung«. Das wäre auch fruchtlos, ja kontraproduktiv. Daraus könnte leicht die Reaktion des Wagner'schen »Tannhäuser« am Ende seiner Pilgerreise nach Rom erwachsen: »Da ekelte mich der holde Sang, zu dir, Frau Venus, kehr ich wieder.« Nur, es geht bei unseren Fragen nicht um ein männerbetörendes Weib, sondern um alle Teufel und bösen Geister dieser Welt.

Wir müssen uns unserer Vergangenheit gemeinsam stellen, um eine auf Dauer friedvolle und fruchtbare Zukunft zu gewinnen. Dabei ist keine Kollektivschuld aufzuarbeiten, die gibt es nicht. Weder sind die Polen ein Volk von Vertreibern noch wir Deutschen ein Volk von nationalsozialistischen Verbrechern. das heutige Polen ist eine Demokratie und hat keine Deutschen vertrieben. Als junges Staatswesen hat es dieses Land sowohl wirtschaftlich als auch politisch nicht immer leicht. Das ist mir bewusst. Zu Ihrer polnischen Bürde gehört aber auch das Erbe aus einer anderen Epoche: das Schicksal der vertriebenen und der hier verbliebenen Deutschen. So wie zu unserer deutschen Last die Verantwortung gegenüber den Opfern des nationalsozialistischen Deutschlands gehört, mit dem wir als Demokratie nichts gemein haben. Es sind schreckliche Erbschaften! Wer diese Erbschaften ausschlagen will, hat nur die Möglichkeit, sich von seinem Land abzuwenden – innerlich oder tatsächlich – und seine nationale Identität aufzukündigen. Wer sein Vaterland liebt, wird diesen Weg nicht gehen, sondern ja zum Gesamterbe sagen. Mit allen Passiva, aber noch mehr Aktiva.

Was also bleibt zu tun?

Eintauchen in die Finsternis der menschenverachtenden Teile der je eigenen Geschichte. So gelangen wir durch Nacht zum Licht!

»Wir vergeben und bitten um Vergebung.« Diese Botschaft des polnischen Episkopats an die deutschen Bischöfe im Jahre 1965 war eine christliche Wegmarkierung für die Zukunft. Vergebung erlangen, das setzt voraus, sich mit seiner Schuld frei und ohne Zwang auseinanderzusetzen. Zu vergeben setzt voraus, den Schatten der Bitternis, der Verletztheit und des persönlichen Leides zu verlassen.

Die Vertreter der 15 Millionen deutschen Heimatvertriebenen, von denen mehr als 2,5 Millionen Frauen, Kinder und Männer dieses Schicksal nicht überlebt haben, haben sich sehr früh für den Weg des Friedens und der Versöhnung entschieden. Wir Heimatvertriebenen haben nicht Rachegedanken kultiviert, sondern immer und immer wieder manifestiert, dass wir Versöhnung wollen mit den Staaten und den Menschen, die uns vertrieben haben. Gerechtigkeitssehnsucht und nicht Vergeltungsgedanken prägten und prägen unser Denken und Handeln.

Bereits am 5. August 1950, zu einer Zeit, als noch alle Wunden offen lagen, wurde die »Charta der Deutschen Heimatvertriebenen« in Stuttgart aus der Taufe gehoben: »Im Bewusstsein ihrer Verantwortung vor Gott und den Menschen, im Bewusstsein ihrer Zugehörigkeit zum christlich-abendländischen Kulturkreis, im Bewusstsein ihres deutschen Volkstums und in der Erkenntnis der gemeinsamen Aufgabe aller europäischen Völker, haben die erwählten Vertreter von Millionen Heimatvertriebenen nach reiflicher Überlegung und nach Prüfung ihres Gewissens beschlossen, dem deutschen Volk und der Weltöffentlichkeit gegenüber eine feierliche Erklärung abzugeben, die die Pflichten und Rechte festlegt, welche die deutschen Heimatvertriebenen als ihr Grundgesetz und als unumgängliche Voraussetzung für die Herbeiführung eines freien und geeinten Europas ansehen.

1. Wir Heimatvertriebenen verzichten auf Rache und Vergeltung. Dieser Entschluss ist uns ernst und heilig im Gedenken an das unendliche Leid, welches im Besonderen das letzte Jahrzehnt über die Menschheit gebracht hat.
2. Wir werden jedes Beginnen mit allen Kräften unterstützen, das auf die Schaffung eines geeinten Europas gerichtet ist, in dem die Völker ohne Furcht und Zwang leben können.
3. Wir werden durch harte, unermüdliche Arbeit teilnehmen am Wiederaufbau Deutschlands und Europas.

Wir haben unsere Heimat verloren. Heimatlose sind Fremdlinge auf dieser Erde. Gott hat die Menschen in ihre Heimat hineingestellt. Den Menschen mit Zwang von seiner Heimat trennen bedeutet ihn im Geiste töten. Wir haben dieses Schicksal erlitten und erlebt. Daher fühlen wir uns berufen zu verlangen, dass das Recht auf die Heimat als eines der von Gott geschenkten Grundrechte der Menschheit anerkannt und verwirklicht wird.«

Der seinerzeitige Hochkommissar der Vereinten Nation für Menschenrechte, José Ayala Lasso, schrieb in einem Grußwort an den Bund der Vertriebenen vor einigen Jahren angesichts des 50. Jahrestages des Kriegsendes: »… Das Recht, aus der angestammten Heimat nicht vertrieben zu werden, ist ein fundamentales Menschenrecht … Ich bin der Auffassung, dass, hätten die Staaten seit dem Ende des Zweiten Weltkrieges mehr über die Implikationen der Flucht, der Vertreibung und der Umsiedlung der Deutschen nachgedacht, die heutigen demographischen Katastrophen, die vor allem als ethnische Säuberungen bezeichnet werden, vielleicht nicht in dem Ausmaß vorgekommen wären … Es besteht kein Zweifel darüber, dass unter der nationalsozialistischen Besatzung den Völkern Ost- und Zentraleuropas unermessliches und unvergessliches Unrecht zugefügt worden ist. Jedoch dürfen legitime Ansprüche nicht durch die Verhängung von Kollektivstrafen auf der Grundlage allgemeiner Diskriminierung und ohne die genaue Untersuchung persönlicher Schuld verwirklicht werden …« Dies war wohlgemerkt nicht die Stimme der deutschen Vertriebenen, sondern die des höchsten Menschenrechtsbeauftragten der Völkergemeinschaft.

Im vergangenen Jahr hat die Menschenrechtskommission der Vereinten Nationen in einer an Deutlichkeit nicht zu überbietenden, einstimmig angenommenen Entschließung erklärt:

»Jeder Mensch hat das Recht, in Frieden, Sicherheit und Würde in seiner Wohnstätte, in seiner Heimat und in seinem Land zu verbleiben. Niemand darf dazu gezwungen werden, seine Wohnstätte zu verlassen … Die Besiedlung eines besetzten oder umstrittenen Gebiets durch die Besatzungsmacht bzw. die es faktisch beherrschende Macht mit Teilen ihrer eigenen Zivilbevölkerung, sei es durch Transfer oder Anreize, ist rechtswidrig. Jegliche Praxis oder Politik, die das Ziel oder den Effekt hat, die demographische Zusammensetzung einer Region, in der eine nationale, ethnische, sprachliche oder andere Minderheit oder eine autochthone Bevölkerung ansässig ist, zu ändern, sei es durch Vertreibung, Umsiedlung und/oder durch die Sesshaftmachung von Siedlern

153

oder eine Kombination davon, ist rechtswidrig. Bevölkerungstransfers oder -austausche können nicht durch internationale Vereinbarungen legalisiert werden ... wenn sie grundlegende Bestimmungen der Menschenrechte oder zwingende Normen des Völkerrechts verletzen. Jeder Mensch hat das Recht, in freier Entscheidung und in Sicherheit und Würde in das Land seiner Herkunft sowie innerhalb dessen an den Ort seiner Herkunft oder freien Wahl zurückzukehren. Die Ausübung des Rückkehrrechts schließt das Recht der Opfer auf angemessene Wiedergutmachung nicht aus ...«

Die Vereinten Nationen, die UNO, haben lange gebraucht zu solchen eindeutigen Aussagen zur Unzulässigkeit von Massenvertreibungen.

Aber bereits am 31. Januar 1982 hat sich Papst Johannes Paul II., der große Sohn Polens, in einer Ansprache in Rom dieses Themas angenommen: »Niemandem kann entgehen, dass die Verbannung eine schwere Verletzung der Normen des gesellschaftlichen Lebens darstellt, das im offenkundigen Widerspruch zur allgemeinen Erklärung der Menschenrechte und zum internationalen Recht selbst steht, und die Folgen einer solchen Bestrafung oder Vertreibung erweisen sich als dramatisch auf individueller wie auch sozialer und moralischer Ebene. Der Mensch darf nicht des Grundrechtes beraubt werden, in dem Vaterland zu leben und zu atmen, in dem er das Licht der Welt erblickt hat. In dem er die teuersten Erinnerungen an seine Familie bewahrt, die Gräber seiner Vorfahren und die Tradition, die ihm Lebenskraft und Glück schenkt.« Zitat Ende.

Das Eingreifen der NATO auf dem Balkan, um die Vertreibung der Kosovo-Albaner aus ihrer Heimat zu verhindern bzw. den Weg zurück in die Heimat zu ebnen, spricht die deutliche Sprache, dass die Völkergemeinschaft aufgewacht ist in dieser Menschenrechtsfrage.

Polen hat als neues Mitglied der NATO diesen militärischen Schritt mitgetragen und damit ein positives Signal gesetzt. Deshalb liegt die Frage auf der Hand, wie Polen das Vertreibungsunrecht an Deutschen heute heilen kann. Es gibt die Chancen und die Möglichkeiten dazu, wenn der Wille vorhanden ist. Menschenrechte und Minderheitenrechte können heute in dieser jungen Demokratie Wurzeln schlagen.

Wir sind auf dem Weg zu einer gesamteuropäischen Integration. Und wir deutschen Vertriebenen wollen diesen Weg aktiv mitgehen. Das entbindet aber die Beitrittsstaaten nicht von ihrer politischen Verantwortung für die Menschenrechte und die Heilung der Vertreibungswunden. Jeder Beitrittsstaat sollte sich selbst zur Aufgabe machen, diesen Teil seiner Geschichte aufzuarbeiten. Dass es nicht unmöglich ist, haben Ungarn und Estland bereits deutlich gemacht.

Die demokratische Auseinandersetzung in christlichem Geiste mit der jeweils eigenen Geschichte in den Beitrittsstaaten, ja in ganz Europa, und die Heilung dieser großen europäischen Wunde der Vertreibung wird frei machen für eine gesamteuropäische Zukunft, und sie wird ganz Europa bereichern. Niemand auf dem Balkan kann sich dann noch bei schrecklichen ethnischen Verfolgungen auf die Vertreibung der Deutschen als akzeptiertes Modell berufen.

Die Eliminierung von menschenrechtsfeindlichen Gesetzen und die Aufarbeitung der Vertreibung im Sinne des Völkerrechts kann doch in einer Demokratie heute kein unüberwindbares Hindernis mehr sein. Insbesondere nach einer so großen zeitlichen Distanz zu dem Geschehen.

Die Heimatvertriebenen lieben Ihre Heimatgebiete, aber sie respektieren auch die Würde der Menschen, die jetzt dort leben. Und sie wollen nicht, wir wollen nicht, dass andere Menschen je vertrieben werden. Es gibt inzwischen viele Kontakte, sogar Freundschaften zwischen Vertriebenen und den Menschen unserer Nachbarländer, aus denen vertrieben wurde. Wir sind bereit, den Dialog darüber hinaus zu führen. Auf kommunaler Ebene findet er auch vielfältig statt und trägt Früchte. Woran es bis heute fehlt, ist die Aufnahme dieser Impulse auf staatlicher Ebene. Die menschlichen Begegnungen, die grenzüberschreitende Kulturarbeit, die Wiederaufbau- und Renovierungshilfen haben mittlerweile ein größeres Ausmaß erreicht und funktionieren oft problemloser als die offizielle politische Zusammenarbeit.

Lassen Sie uns gemeinsam die Wunden reinigen, die dieses Jahrhundert Millionen unschuldiger Menschen zugefügt hat. Dann werden wir auch gemeinsam in ein neues Jahrtausend des Friedens gehen können.

Es rührt mich besonders an, dass ich heute meine Gedanken in der Katholisch-Theologischen Akademie der Wyszynski-Universität vortragen kann. Für die meisten der deutschen Vertreibungs-, Deportations- und Lageropfer war Gott zunächst die einzige Zuflucht, ja der Rettungsanker in ihrem fast unerträglichen Leben.

Der Beauftragte der katholischen Deutschen Bischofskonferenz, Weihbischof Gerhard Pieschl, beschloss seine Predigt am 29. Mai diesen Jahres im Rahmen der Festveranstaltung des Bundes der Vertriebenen im Berliner Dom mit folgenden Worten:

»Das Erlebnis der Vertreibung ist in uns, und für Christen ist in dieser eigenen Geschichte auch Heilgeschichte erkennbar. Die Tragik des Heimatverlustes weist über das Irdische weit hinaus auf die Ewige Heimat.

Theologisch gesprochen: Christen wissen, hinter Karfreitag erscheint Ostern. Aus diesem Glauben heraus haben die christlichen Kirchen im Wort zum 8. Mai 1995 sagen können: Der Glaube an Gottes Güte macht frei, sich zu erinnern und sich der Vergangenheit zu stellen.

In dem Ruf nach einem Schlussstrich unter die Vergangenheit können Christen niemals einstimmen. Wer das Gedächtnis verliert, verliert die Orientierung. Wer vergisst, was geschah, reißt den Weg ein, einen Weg in eine bessere Zukunft.«

Für unsere Völker mag das Schicksal des Hildesheimer Domes und seines 1000-jährigen Rosenstockes ein Symbol sein. Der Dom wurde am 22. März 1945 vollkommen zerstört. Verbrannt und unter Trümmern begraben war auch der 1000 Jahre alte Rosenstock. Der Dom wurde wieder aufgebaut, Gebäude kann man neu errichten, Stein auf Stein. Eine lebendige Pflanze aber lässt sich durch Menschenhand nicht wieder beleben.

Etwas Wunderbares geschah: Der Rosenstock trieb von neuem aus, er begann zu wachsen und treibt Jahr für Jahr frische Blüten.

Ist das nicht ein Sinnbild für uns Christen über die Grenzen schweren Geschicks hinweg?

Briefe an Wladislaw Bartoszewski

Vom 12. Juli 2000

Sehr geehrter Herr Minister,

zur Übernahme Ihres Amtes als Außenminister der Republik Polen gratuliere ich und wünsche Ihnen bei der Ausübung Ihres Amtes viel Erfolg.

Es ist mir ein Anliegen, Ihnen die Konzeption für das von uns geplante Zentrum gegen Vertreibungen zu Ihrer Kenntnisnahme zu übersenden. Sie werden daraus ersehen, daß wir darin auch auf die Vertreibung anderer Völker und Volksgruppen und auch der Vertreibung der Polen eingehen wollen. Es liegt uns sehr daran, ein allgemeines Bewußtsein dafür zu schaffen, daß sich Vertreibungen nicht wiederholen dürfen.

Ich würde mich daher freuen, wenn Sie unser Vorhaben positiv begleiten würden. Schon jetzt möchte ich Sie als Ehrengast zu unserem Festakt zum Gedenken an das 50jährige Bestehen der Charta der deutschen Heimatvertriebenen am 3. September 2000 im Konzerthaus am Gendarmenmarkt einladen. Die Festrede wird Herr Bundeskanzler Gerhard Schröder halten.

Mit freundlichen Grüßen

Erika Steinbach MdB

Vom 25. Oktober 2000

Sehr geehrter Herr Außenminister,
sehr verehrter Herr Professor Bartoszewski,

mit großem Vergnügen habe ich Ihre humorvolle Buchpräsentation im Rahmen der Frankfurter Buchmesse miterlebt.

Ich habe nicht bedauert, mir die Zeit dafür genommen zu haben. Polen kann stolz auf einen solch geistvollen Repräsentanten auf dem internationalen Parkett sein.

Vor geraumer Zeit habe ich Ihnen die Konzeption unseres »Zentrum gegen Vertreibungen« zugesandt. Auch die Vertreibung der Polen soll darin aufgearbeitet werden.

Ich bitte Sie um einen Gesprächstermin.

Mit freundlichen Grüßen

Erika Steinbach MdB
– Vorsitzende –

Vom 10. September 2003

Sehr geehrter Herr Professor Bartoszewski,

Ihr Artikel in der Frankfurter Allgemeinen Zeitung vom 6. August 2003 veranlasst mich zu diesem Brief, obwohl Sie meine früheren Schreiben ohne Antwort ließen. Ihre Rede im Deutschen Bundestag im April 1995 habe ich mit großem Respekt verfolgt. Auch deshalb fühlte ich mich ermutigt, Ihnen schon frühzeitig im Jahr 2000 unsere Konzeption zum ZENTRUM GEGEN VERTREIBUNGEN zur Kenntnis zu geben.

Ihre Ausführungen in dem Artikel, dessen Überschrift »Wider das selektive Erinnern« ich von ganzem Herzen unterstreiche, machen mich deshalb sehr betroffen. Es macht mich vor allem betroffen, dass Sie die Ziele unserer Stiftung nicht zur Kenntnis nehmen. Ich weiß nicht, wen Sie mit Ihrer Behauptung »Nun stellt sich heraus, dass in Deutschland wieder damit begonnen wird, chauvinistische Taten zu verharmlosen, und das alte Kapitel mit dem Ziel wieder aufgeschlagen wird, das Bewusstsein der Menschen zu manipulieren« und den anschließenden Ausführungen meinen. Die Initiatoren der Stiftung ZENTRUM GEGEN VERTREIBUNGEN können es nicht sein. Das wissen Sie, wenn Sie unser Konzept lesen.

Ergänzend möchte ich Ihnen meinen Vortrag vom 20. Oktober 1999 in der Katholisch-Theologischen Akademie der Wyszinski-Universität in Warschau übermitteln.

Mit freundlichen Grüßen

Erika Steinbach MdB

Empathie – Der Weg zum Miteinander.
60 Jahre Warschauer Aufstand

Rede in der Französischen Friedrichstadtkirche,
Berlin, am 19. Juli 2004

Der Beitritt unserer östlichen Nachbarstaaten in die Europäische Union ist vollzogen. Die schmerzlichen, ja traumatischen Erfahrungen jahrzehntelanger Unterdrückung und nationalsozialistischer Gewaltherrschaft leben aber trotz Freiheit und Demokratie bei vielen Menschen fort. Viel zu wenig sind diese Traumata in Deutschland bekannt.

Um unsere gemeinsame europäische Zukunft zu gestalten, brauchen unsere Völker aber das Wissen und den Erfahrungsaustausch über die Vergangenheit ihrer Nachbarn.

Nur daraus erwächst Verständnis für manche gegenseitig irritierende Haltung, und nur daraus erwächst am Ende Mitgefühl.

Der Bund der Vertriebenen hat sich selbst die Aufgabe gestellt, in öffentlichen Veranstaltungen am Schicksal anderer Völker und ihrer Menschen Anteil zu nehmen und aufzuklären.

Empathie ist der Weg zum Miteinander. Wir wollen selbst mitfühlen, und wir sehnen uns nach dem Mitgefühl anderer.

Und wir wollen dazu beitragen, das Wissen über die Schicksale unserer Nachbarn zu vertiefen.

Ist ein Opferverband wie der BdV fähig, am Leid anderer teilzunehmen?

Ja und nein zugleich.

Immanuel Kant hat etwas sehr Bemerkenswertes formuliert, was ich bei allen Opfergruppen immer wieder bestätigt sehe: »Der Mensch nimmt nicht eher Anteil am anderen Glück oder Unglück, als bis er sich selbst zufrieden fühlt.«

160

Ich glaube schon, dass in dieser Erkenntnis des großen Ostpreußen der immer neu festzustellende Autismus nahezu aller Opfergruppen begründet ist. Die Seele reagiert darin nicht anders als der Körper. Wer von körperlichen Schmerzen gepeinigt wird, ist zumeist völlig unfähig, an dem Schmerz eines anderen Anteil zu nehmen, er ist vom eigenen Schmerz gefangen.

Es gibt genügend Menschen hier in Deutschland und natürlich in unseren Nachbarvölkern, die bis heute an der Last ihrer Schmerzen und Erinnerungen tragen. Die an anderer Leid nur begrenzt Anteil nehmen können. Die in ihrem eigenen Leide so gefangen sind, dass sie den Weg aus diesem seelischen Kerker auch nach Jahrzehnten nicht finden.

Ihnen allen gilt unser Mitgefühl.

Es gibt aber mehr noch andere auf allen Seiten, denen die Zeit Wunden heilte, die dadurch dialogfähig und lange schon dialogwillig sind.

Die Menschen in den Landesverbänden und Landsmannschaften des BdV pflegen seit vielen Jahren rege Kontakte mit den Menschen, die heute in ihrer Heimat leben. Es sind daraus Freundschaften erwachsen und teilweise enge Bindungen. Vertriebene Ostpolen und vertriebene Deutsche begegnen sich und erzählen sich ihr Leben.

Empathie entwickelt sich am ehesten von Mensch zu Mensch. Politik kann den Boden bereiten, aber meistens sind die Menschen der Politik voraus. Empathie braucht unabdingbar aber auch die Kenntnis übereinander. Das Wissen um das Schicksal des anderen und das Hineindenken in seine Empfindungen kann Herzen öffnen.

Unsere Auftaktveranstaltung in der Reihe »Empathie – der Weg zum Miteinander« widmet sich den Opfern des Warschauer Aufstandes vor 60 Jahren.

Dr. Herbert Czaja, langjähriger Präsident des BdV, schrieb 1993 unter dem Titel »Auch über Untaten Deutscher muss man sprechen«: »Man macht sich … oft keine genügenden Vorstellungen darüber, wie viele z. B. polnische Nachkommen der sehr großen Zahl ziviler Opfer des Warschauer Aufstandes von 1944 das Trauma gegen Deutsche nicht überwunden haben … Viele Vertriebene kennen auch heute den ganzen Umfang der Untaten noch nicht.« Und er fuhr fort: »Ich selbst weise –

161

nicht erst seit heute – als BdV-Verantwortlicher immer wieder darauf hin, umso mehr als viele unserer Landsleute nicht wissen, wie sehr auf polnischer Seite … der Beginn eines ehrlichen Dialogs durch deutsches Schweigen dazu erschwert wird.«

Wir wollen nicht schweigen. Der BdV will helfen, Wissen über den Warschauer Aufstand, Wissen über polnische Schicksale zu vermitteln. Und das ist nötig.

Während meiner Schulzeit und viele Jahre danach habe ich praktisch nichts erfahren über unsere polnischen Nachbarn und ihre Leiden. Und so geht es vielen Menschen in Deutschland.

Ich danke Kardinal Lehmann, Dr. Ralph Giordano, Dr. Bogdan Musial und Professor Hans Maier dafür, dass sie bereit sind, aus ihrer jeweiligen Perspektive an die 200 000 polnischen Opfer des Warschauer Aufstandes zu erinnern und dazu beizutragen, sie damit auch in Deutschland ein Stück weit der Vergessenheit zu entreißen.

Ich danke der Bundeszentrale für politische Bildung, dass sie mit dem BdV gemeinsam Träger dieses Abends ist.

Der Zweite Weltkrieg dauerte für Polen fünf Jahre, acht Monate und acht Tage und forderte Millionen von Opfern.

»Noch ist Polen nicht verloren.« Für diese fünf Worte, für diese Unbeirrbarkeit habe ich das polnische Volk immer sehr bewundert. Drei polnische Teilungen mit dem zeitweiligen völligen Verschwinden eines polnischen Staates von der Karte Europas und dennoch die Selbstmotivation, ja die Überzeugung: Noch ist Polen nicht verloren.

Das Grauen der Hitlerdiktatur, dessen schlimmste Auswüchse unter den Staaten Polen zu erleiden hatte. Bei meinem Warschaubesuch im vorigen Jahr habe ich in aller Stille die Erinnerungsstätte im ehemaligen Gestapogefängnis Pawiak besucht. Diese Stunde hat mich tief berührt. Die polnische Elite verlor dort in Pawiak ihr Leben.

Und dennoch: Noch ist Polen nicht verloren!

Der Warschauer Aufstand war aus genau diesem Geiste ein verzweifeltes Auflehnen gegen die nationalsozialistische grausame Besatzungsherrschaft.

Das Ende war schrecklich. Für die Menschen und ihre Stadt. Warschau ein einziger Trümmerhaufen. Hilfe kam von keiner Seite.

Der Goethepreisträger Raymond Aron stellte fest: »Der Charakter und die Selbstachtung einer Nation zeigen sich darin, wie sie mit den Opfern der Kriege und mit ihren Toten umgeht.«

In diesen Monaten wird in Warschau ein »Museum des Warschauer Aufstandes« eingerichtet. Das ist gut so.

Menschen, die unfähig oder unwillig sind, ihre eigenen Toten zu betrauern, so wie manche hier in Deutschland, werden niemals wirklich ehrlich Anteil nehmen am Leide anderer. Ein kaltes Herz bleibt immer kalt.

Ich trauere mit dem polnischen Volk um seine Toten und hoffe auf eine gemeinsame Zukunft in Frieden und nachbarschaftlicher Freundschaft.

Protokollerklärung im Deutschen Bundestag
zum Grenzbestätigungsvertrag
vom 17. Oktober 1991

Dem Vertrag über die Bestätigung der bestehenden Grenze können wir nicht zustimmen, da wir uns, ausgehend von der Geschichte, der Rechtslage und im Hinblick auf den Grenzen überwindenden europäischen Einigungsprozeß, im Vorfeld des Vertrages gegen eine isolierte deutsch-polnische Grenzregelung gewandt und für eine in die Zukunft gerichtete Lösung aller offenen deutsch-polnischen Fragen eingesetzt haben. (...)

Dem Vertrag über gute Nachbarschaft und freundschaftliche Zusammenarbeit stimmen wir in der Hoffnung zu, daß durch ihn eine umfassende Zusammenarbeit und zukunftsgewandte Nachbarschaft beider Länder und Völker in einem zusammenwachsenden Europa eröffnet wird.

Wir unterstützen die Politik von Bundeskanzler Helmut Kohl, »in den Gebieten jenseits von Oder und Neiße ein Modell friedlichen Zusammenlebens in Europa zu gestalten«, und wollen wie er dort »gemeinsam Zeichen setzen, wie in einem Europa der Vielfalt die verschiedenen Völker und Kulturen einträchtig zusammenleben«. Wie der Bundeskanzler »setzen wir auf eine dynamische Vorwärtsbewegung zwischen unseren Völkern«, die »vor allem den Menschen in unseren Ländern zugute kommen« soll.

Dabei werden wir entschieden darauf hinwirken, in einem Geist der Verständigung, der vertrauensvollen Zusammenarbeit und in zukunftsgewandten Formen berechtigte Anliegen der deutschen Heimatvertriebenen und der jenseits von Oder und Neiße lebenden Deutschen schrittweise zu verwirklichen, für die in dem Vertrag noch keine befriedigenden Lösungen gefunden werden konnten.

164

Dies gilt insbesondere für die Verwirklichung des Rechtes auf die Heimat sowie für eine einvernehmliche und dem ökonomischen und ökologischen Wiederaufbau dienende Regelung der durch den Vertrag offen gebliebenen Eigentums- und Vermögensfragen.

Wir bleiben den Idealen der Charta der deutschen Heimatvertriebenen vom 5. August 1950 verpflichtet:

- Schaffung eines geeinten Europas, in dem die Völker ohne Furcht und Zwang leben können,
- Anerkennung und Verwirklichung des Rechtes auf die Heimat als eines der von Gott geschenkten Grundrechte der Menschheit,
- Hand anzulegen ans Werk, damit aus Schuld, Unglück, Leid, Armut und Elend für uns alle der Weg in eine bessere Zukunft gefunden wird.

Nein zum Vertrag zwischen der Bundesrepublik Deutschland und der Republik Polen über die Bestätigung der zwischen Ihnen bestehenden Grenze:

Erika Steinbach-Hermann
Dr. Rudolf Karl Krause (Bonese)
Erwin Marschewski
Dr. Gerhard Päselt
Josef Hollerith
Georg Janovski
Dr. Peter Ramsauer
Arnulf Kriedner
Kurt J. Rossmanith
Susanne Jaffke
Dietrich Austermann
Hartmut Koschyk
Benno Zierer

Enthaltung zum Vertrag zwischen der Bundesrepublik Deutschland und der Republik Polen über die Bestätigung der zwischen ihnen bestehenden Grenze:

Michael Stübgen

Horst Gibtner

Heinz Schemken

Heinrich Lummer

Dr. Egon Jüttner

Dr. Klaus Rose

Dr. Klaus-Dieter Uelhoff

Ulrich Adam

Michael von Schmude

Dieter Pützhofen

Bundestagsrede zur EU-Osterweiterung
am 3. Juli 2003

Erika Steinbach (CDU/CSU):
Frau Präsidentin! Meine sehr geehrten Damen und Herren! Der Deutsche Bundestag beschließt heute in einem Gesamtpaket über die Erweiterung der Europäischen Union. Der Beitritt zur Europäischen Union ist für jedes der zehn Länder an Kriterien geknüpft, die zuvor erfüllt sein müssen. Zu diesen Voraussetzungen gehört auch die Beachtung der **Menschenrechte**.

Ich stelle fest, dass nicht alle Beitrittsländer die Menschenrechtsnormen erfüllt haben. Nach wie vor gibt es in vier Ländern Vertreibungs- und Entrechtungsgesetze, deren Auswirkungen bis zum heutigen Tage – es gibt aktuelle Urteile – zu spüren sind. Diese Gesetze widersprechen den Menschenrechten, dem Völkerrecht und den Kriterien von Kopenhagen. Die Europäische Kommission hat in ihren Beitrittsberichten bewusst darüber hinweggesehen. Die Bundesregierung hat dem leider nicht entgegengewirkt, sondern diese Haltung sogar noch gestützt. Das ist fahrlässig.

Wer Menschenrechte nur als wohlfeile Vokabel in Sonntagsreden verwendet und ihnen im konkreten Einzelfall dann, wenn es möglich ist, nicht zum Durchbruch verhilft, vergeht sich an den Menschenrechten.

(Joseph Fischer [Frankfurt] [BÜNDNIS 90/DIE GRÜNEN]: Das ist schwer erträglich!)

– Herr Außenminister, halten Sie an sich. – Wohin das führt, haben wir insbesondere am Beispiel der Tschechischen Republik seit Monaten in Ohr und Augen. Ein Mann wie **Beneš**, der die Verantwortung für Mord,

167

Zwangsarbeit und Vertreibung von Millionen Menschen zu verantworten hatte, wird wenige Tage vor dieser Abstimmung zur europäischen Erweiterung, im Jahre 2003, sozusagen zum Volkshelden erklärt. Das ist mir unerträglich.

(Joseph Fischer [Frankfurt] [BÜNDNIS 90/DIE GRÜNEN]: Unerträglich ist diese Rede!)

Die Europäische Union ist nicht nur eine Wirtschafts-, sondern auch eine Wertegemeinschaft. Es schadet ihr in der Substanz, wenn menschenrechtsfeindliche Gesetze als Morgengabe eingebracht werden und nicht einmal der gute Wille zur Heilung der Wunden erkennbar ist. Das Versagen in dieser Frage liegt zum überwiegenden Teil – das sage ich ausdrücklich – nicht bei den Beitrittsländern, sondern bei der Europäischen Kommission. Sie hat die Menschenrechte nicht mit dem nötigen Nachdruck durchgesetzt und dadurch den Eindruck vermittelt, dass alles in bester Ordnung sei.

(Beifall bei Abgeordneten der CDU/CSU – Joseph Fischer [Frankfurt] [BÜNDNIS 90/DIE GRÜNEN]: Das Ganze ist ein Unsinn!)

Wir brauchen ein versöhntes Europa, in dem die vielen Völker friedvoll miteinander leben können;

(Joseph Fischer (Frankfurt] [BÜNDNIS 90/DIE GRÜNEN]: Ich muss mir das nicht anhören! – Gegenrufe von der CDU/CSU: Gehen Sie doch raus!)

denn unsere europäischen Völker leben bewusst und unbewusst auf einem gemeinsamen kulturellen Fundament.

(Joseph Fischer [Frankfurt] [BÜNDNIS 90/DIE GRÜNEN]: Der Kommission Vorhaltungen zu machen ist das Allerletzte!)

168

Vergangenheit, Gegenwart und Zukunft sind für unsere Völker sehr eng miteinander verwoben. Europa endet – das wissen wir alle – nicht an Oder, Neiße oder im Bayerischen Wald. Günter Grass und der polnische Journalist Adam Michnik haben in großer Einheit festgestellt, dass **historische Versöhnung** nicht stattfinden kann, wenn düstere Kapitel der Vergangenheit tabuisiert werden. Aber genau das ist im Beitrittsverfahren geschehen.

Vizepräsidentin Dr. Antje Vollmer
Frau Kollegin, Sie müssen Ihr Abstimmungsverhalten begründen, keine Rede halten.

(Beifall bei der SPD und dem BÜNDNIS 90/DIE GRÜNEN)

Erika Steinbach (CDU/CSU):
Frau Präsidentin, das ist meine Begründung.

(Zuruf von der SPD: Ziemlich peinlich!)

Da wir heute mit nur einem einzigen Votum über alle Beitrittskandidaten, auch über die nicht davon betroffenen Länder beschließen, werde ich der Vorlage mit diesem eben angebrachten Vorbehalt zustimmen.

(Ute Kumpf [SPD]: Unglaubwürdig!)

Ich danke gleichzeitig der CDU/CSU-Bundestagsfraktion, dass sie die **Defizite** in einem Entschließungsantrag benannt hat.

(Peter Dreßen [SPD]: Das ist unehrlich, was Sie machen! – Gernot Erler [SPD]: Das ist nicht mehr zu ertragen!)

Ich schließe die Hoffnung an, dass trotz der Defizite in allen betroffenen Ländern ein wirklicher Heilungsprozess einsetzen möge. Die Menschen unserer Nachbarländer sind mir herzlich willkommen.

(Beifall bei der CDU/CSU – Dietmar Nietan [SPD]: Dass sie klatschen, ist wirklich ein Skandal!)

Veröffentlichungen
über und von Peter Glotz

Peter Glotz' postum veröffentlichte Erinnerungen

Peter Glotz: Von Heimat zu Heimat.
Erinnerungen eines Grenzgängers. Econ, Berlin. 350 S., 24,90.

BUCHBESPRECHUNG VON ERIKA STEINBACH

»Von Heimat zu Heimat« – wenn je ein Buchtitel mit einem Lebenskreis des Autors deckungsgleich war, so ist es dieses Selbstzeugnis von Peter Glotz.

Der vor wenigen Tagen viel zu früh Verstorbene hat ein für diesen brillanten Intellektuellen gewohnt und erwartbar kämpferisches, aber zugleich auch ungewöhnlich persönliches, streckenweise nachgerade intimes Werk hinterlassen. Als er die Feder dazu ansetzte, war ihm noch nicht bewußt, daß der Schlußstein seines Lebenswerkes in Angriff genommen war. »Ich halte meine Klappe erst, wenn der Sargdeckel geschlossen ist«: Dieser Satz, in seiner Sterbewoche mir als Erklärung mitgegeben, vollendet sich zwischen den beiden Buchdeckeln seiner Autobiographie und seiner Beisetzung an diesem Montag im kleinen Schweizer Ort Wald, seinem letzten Wohnort.

Seine Erinnerungen an die Kindheit im Böhmischen und an die Jugend- und Studentenzeit in Bayern als »Flüchtlingskind« gehen über reine Memoirenliteratur hinaus und sind immer wieder mit allgemeinen Betrachtungen über »Heimat«, »Flucht«, »Vertreibung«, »Ausgrenzungserfahrungen« eng verflochten. Sie liefern das Psychogramm eines ebenso streitbaren wie sensiblen jungen Menschen, der als Sechsjähriger aus seinem gesamten bisherigen Umfeld entfliehen mußte und sich in einer ganz neuen Umgebung zurechtzufinden hatte. Die persönlichen

Erinnerungen kreisen beiläufig auch immer wieder um die böhmische Heimat und zeigen, daß die Vertreibung für ihn prägend blieb. Oft unbewußt, später dann präsenter.

Alles andere als wehmütig oder wehleidig sind diese überwiegend politischen Lebenserinnerungen. »Ich habe viel eingesteckt, aber auch viel ausgeteilt. Für den Grad meiner ständigen Abweichungen bin ich in der SPD gut behandelt worden«, stellt Glotz bereits in seinem Vorwort klar. Nicht Distanzierung, sondern Nachsicht mit seiner Partei ist die Grundtendenz in der Betrachtung von Entscheidungen und Sachverhalten. Er schafft es, einerseits messerscharfe Kritik anzubringen, andererseits ist ihm Gehässigkeit fremd. Hohen Quellenwert haben seine Erinnerungen und Bewertungen aus seiner Zeit als SPD-Bundesgeschäftsführer in den achtziger Jahren, als er es mit dem gesamten Führungspersonal der damaligen SPD unter Willy Brandt und Hans-Jochen Vogel zu tun hatte. Mit deftigen und nicht freundlich gemeinten Urteilen insbesondere über Parteifreunde hält er sich manchmal nicht zurück: Gerhard Schröder – anknipsbares Lächeln, Helmut Schmidt – hochmütig, kalt und aggressiv, Herbert Wehner – kaltherzig und skrupellos, Hans-Jürgen Wischnewski – ein Rammbock. Seine Schilderungen bestätigen Bekanntes, liefern aber anekdotisch einiges Neues. Fast kokett charakterisiert Glotz bilanzierend seine Zeit als Parteisoldat: »Ich war eben nicht ein besoldeter Vordenker der SPD, sondern der Sekretär der Partei.«

Sein Urteil über die im nachhinein sogenannten »68er« ist übrigens eindeutig: »eine wahnwitzige Überhebung, eine Räterepubliksklamotte, ein Putschismus ohne Strategie«.

Glotz sieht sich nicht als Makelfreien und räumt auch Fehler ein, etwa in seiner Bewertung der Vereinigung Deutschlands 1990 durch ihn, als er einem Oskar Lafontaine sehr viel näher stand als etwa Brandt und Vogel. Er zitiert selber seine Bundestagsrede in der historischen Sitzung des Bundestags vom 21. Juni 1990: »Wir wissen nichts über die Bündniszugehörigkeit des größeren Deutschland. Wir wissen nicht, welche Nuklearwaffen oder Chemiewaffen auf unserem Boden stationiert werden sollen. Wir wissen auch nicht, was mit den 380 000 sowjetischen

Soldaten passieren soll und wer in Zukunft für sie zahlen soll.« Und fügt dann etwas zerknirscht hinzu, damals wären diese Argumente berechtigt gewesen. Die Regierung Kohl hätte dann in den Zwei-plus-vier-Verhandlungen aber so erfolgreich agiert, daß diese damals vorgetragenen Bedenken gegenstandslos geworden wären. Im Nachhinein lobt er sogar Kohl und Genscher und deren – mitunter wohl auch nicht immer einheitliche – Politik, die zur Vereinigung der beiden Staaten in Deutschland rührte.

In den letzten Jahren hat sich Peter Glotz mit großer Aufmerksamkeit und großem Engagement der Vertreibung der Deutschen und ihren Folgen für Deutschland und ganz Mitteleuropa zugewandt, so vor drei Jahren in seinem Buch »Die Vertreibung. Böhmen als Lehrstück«.

Natürlich stand hierbei für den gebürtigen Egerer die Befassung mit den Ereignissen im Gebiet der heutigen Tschechischen Republik und mit Edvard Beneš im Vordergrund. Doch er hat den Blick auf die verbohrten Diskussionen in anderen Staaten sehr wohl zur Kenntnis genommen. Zu den außer Rand und Band geratenen und von deutscher Seite noch befeuerten hysterischen Reaktionen auf die Planungen, in Berlin ein »Zentrum gegen Vertreibungen« einzurichten – ein Vorhaben, das Glotz von Anfang an aus Überzeugung unterstützt hat –, äußerte er sich deutlich.

Dabei konnte Peter Glotz die Aufregung in der durch grundstürzende Veränderungen hin und her gebeutelten politischen Klasse Polens noch am ehesten verstehen. Unverständlicher war ihm aber die deutsche »Babyboom-Linke«, die so tue, »als seien die Polen Unmündige, denen man die Wahrheit nicht zumuten und jede Exaltation nachsehen müsse«. Es werde »kein politisches Europa geben, solange man einige europäische Völker wie sanfte Irre behandelt, mit denen offen zu diskutieren der Therapie widerspricht«.

Das letzte von vielen klugen, immer aber auch leidenschaftlichen Büchern von Peter Glotz ist keine Abrechnung mit denen geworden, mit denen er »nicht konnte« oder die mit ihm, diesem scharfsinnigen und ungeduldigen Intellektuellen, nichts anfangen konnten, aber es ist eine sehr persönliche Schrift. Bewegend seine »Totenklage« auf seine Mutter – eine anrührende Liebeserklärung. Sein »Helvetischer Schlußgesang« ist ahnungsvoll. »Das Haus ist inzwischen bezogen, der lange Weg von Heimat zu Heimat für mich beendet.« Ein Kreis schließt sich.

»Die Welt« vom 10. September 2005

Gegen den Verdacht hilft Anschauung

Das »Zentrum gegen Vertreibungen« sollte jetzt
mit konkreter Ausstellungsarbeit beginnen

VON PETER GLOTZ

Haben Kanzler und Außenminister nicht Recht? Stört die Vertreibungs-
debatte, die die Initiatoren eines »Zentrums gegen Vertreibungen« ange-
stoßen haben, nicht die polnisch-deutsche Versöhnung? MUSS man das
Thema nicht »europäisieren«, wie Gerhard Schröder sagt? Sollte man
die Vertreibung der Deutschen nicht, um Joschka Fischer zu zitieren, als
»Ergebnis« des Hitlerschen Angriffkriegs und des Judenmords der Deutschen akzeptieren?

Ich glaube, dass es sich die beiden in dieser Frage zu leicht machen.
»Europäisierung« meint entweder die Selbstverständlichkeit, dass man
geschichtliche Ereignisse nicht aus dem Kontext reißen darf. Diese Mahnung wäre richtig, aber falsch adressiert. Wer allerdings glaubte, Deutsche
sollten es sich zumuten, die Konflikte zwischen Polen, Ukrainern und
Litauern darzustellen oder in die serbischkroatischen Auseinandersetzungen meinungsstark einzugreifen, ginge in die Irre. Auch ein europäischer
Historikerpool würde nicht heute schon eine »europäische« Geschichte
der Vertreibungen zu Stande bringen. Es gibt in Europa noch immer
unterschiedliche, national geprägte Narrative. Im Umkehrschluss heißt
das: Wir Deutschen können die deutsche Geschichte, in der es neben vielen Tätern auch Opfer gibt, nicht an den Europarat überweisen.

Auch mit der These, die Hitlers Naziregime als Letztbegründung für
die Verbrechen an den Deutschen akzeptieren will und mit dem einiger-
maßen richtigen Satz »Ohne Hitler keine Vertreibung« das ganze Problem wegwischen möchte, kommt man nicht weiter. Wir alle, selbstver-

ständlich einschließlich Schröder und Fischer, sind gegen die Kollektivschuldthese. Man kann Kinder, die beim Brünner Todesmarsch in den Armen ihrer toten Mütter erstickt wurden, nicht gegen die Verbrechen Reinhard Heydrichs aufrechnen. Schuld ist individuell. Es mag »verständlich« sein, dass nach den Verbrechen der Nazis die Soldaten der tschechischen Ostarmee oder der Roten Armee Frauen vergewaltigten und Kinder und Greise töteten. Die psychologische Einsicht »So ist das gekommen« darf aber nicht zur moralischen Wertung »So war es recht« umgefälscht werden. Verbrechen lassen sich nicht als »Ergebnis« anderer Verbrechen rechtfertigen.

Auf einer pragmatischen Stufe muss man Joschka Fischer verstehen. Er muss, um den Verfassungsvertrag der EU – und damit die EU – zu retten, zum Beispiel die heillos ineinander verkeilten Polen davon abbringen, den Vertrag zu kippen. Da darf er dem aggressiven polnischen Boulevard von Wrpost bis zu Radio Maria keine Argumente liefern. Also akzeptiert er allerhand falsche Behauptungen (zum Beispiel über das schuldige Berlin, in dem man keine Dokumentationszentren gegen Vertreibungen machen dürfe) dem höheren Zwecke zuliebe. So ist Politik. Armer Fischer. Kann man von ihm noch verlangen, sich mit Armeniern, Sudetendeutschen und Kraina-Serben abzuplagen? Er hat »Wichtigeres« zu tun, dürfte aber auch beim Verfolgen dieses »Wichtigen« schmerzhaft auf den hart gefrorenen Boden der Tatsachen geschleudert werden. Der Außenminister hat meine Sympathie, aber ich warte nicht mehr auf ein offenes Wort von ihm. Was also tun?

Wer die Geschichtspolitik nicht der Wirrnis der Martin Hohmanns, dem Revisionismus, der »Preußischen Treuhand« oder dem glitschigen »Antizionismus« von Attac überlassen will, muss den Staat erst mal vergessen. Diese uns lange vertraute und irgendwie ans Herz gewachsene Agentur ist pleite und eingeschüchtert. Die Zivilgesellschaft muss sich ihre Sprechsäle selber schaffen.

Wir müssen zweitens abstrakte Debatten in konkrete überführen. Die Debatte um falsche Bilder in der »Wehrmachtausstellung« war viel leichter klärbar als der Wust von Verdächtigungen, die bestimmte Milieus in Polen (aber auch in Deutschland) gegen ein »Zentrum gegen

Vertreibungen« äußern. Man musste die falschen Bilder halt auswechseln. Emotional unterfütterte Verdächtigungen aber sind nicht mit Darstellungen bekämpfbar. Man muss denen, die von Verdächtigungen umgetrieben werden, etwas zu beißen geben.

Das Zentrum gegen Vertreibungen sollte deshalb die Ankündigungsphase beenden und etwas tun: Eine Ausstellung über die Vertreibungen als Mittel der Politik organisieren, durchaus in Berlin. Historische Debatten führen, zum Beispiel über das Genozid an den Armeniern oder das verhängnisvolle Abkommen über Bevölkerungsaustausch von Lausanne 1923. Aktuelle Fragen aufgreifen, zum Beispiel über die Nationalismen im Kaukasus. Auch die Lage der serbischen Minderheit im Kosovo wäre eine Exploration wert, oder die vollständig verdrängte Geschichte der Vertreibung der Donauschwaben.

Pfahl im Fleisch sein wäre die Philosophie. Der Komplex Nationalismus, Vertreibung, Minderheiten- und Volksgruppenrechte, Zwangsmigration und Zwangsassimilierung braucht eine mutige, in sich logische, Vergangenheit und Gegenwart verkoppelnde Debatte, in europäischem Geist, aber ohne Umgehung der deutschen Themen und ohne jene säuselnde, gelegentlich näselnde politische Korrektheit. Nicht nur die kleine (und da und dort grotesk überschätzte) Initiative von Erika Steinbach und Peter Glotz ist gefordert, sondern das gesamte Spektrum der handelnden Zivilgesellschaft.

»Die Welt« vom 3. Dezember 2003, Seite 9

176

Wider den Nationalismus

VON PROFESSOR DR. PETER GLOTZ

Der frühere polnische Außenminister Wladyslaw Bartoszewski hat in flammender Rede gegen den Plan eines Berliner »Zentrums für Vertreibungen« protestiert (»FAZ« vom 6. August). Bartoszewski sieht darin einen neuen deutschen Chauvinismus und eine gegen Polen gerichtete selektive Erinnerungskultur. Peter Glotz, einer der Initiatoren der Stiftung »Zentrum gegen Vertreibungen«, antwortet Bartoszewski:

Der spontane Impuls beim Durchmustern der Debatte über ein »Zentrum gegen Vertreibungen« ist Erstaunen und Ärger. Können manche Leute nicht lesen? Wollen sie nicht zur Kenntnis nehmen, was nicht zu ihren feststehenden Auffassungen paßt? Die Stiftung »Zentrum gegen Vertreibungen« hat sehr bewußt den Vertreibungsbegriff im Plural benutzt. Sie will keineswegs nur die Vertreibung von Deutschen 1945 und 1946 thematisieren. Sie hat klar gesagt, daß sie auch Zwangsaussiedlungen, Deportationen, Abschübe und »Umvolkungen« vor 1945 aufgreifen will, einschließlich der brutalen Bevölkerungsverschiebungen, die Hitler betrieb (und plante). Sie will sich mit der Vertreibung der Krajina-Serben durch Franjo Tudjman genauso beschäftigen wie mit der »ethnischen Säuberung«, die Milošević im Kosovo plante, und jener, die die albanische UCK und ihre Nachfolgeorganisationen gerne durchsetzen würden, wenn die Internationale Gemeinschaft sie nicht daran hinderte. Und selbstverständlich darf keiner der Vertreibungsvorgänge aus dem historischen Zusammenhang gelöst und mit der Tendenz von Aufrechnung und Relativierung dargestellt werden. Die Vertreibung von 13 Millionen Deutschen nach dem Zweiten Weltkrieg darf nicht so diskutiert werden, daß sie dem einmaligen Verbrechen des industrialisierten Judenmordes durch Hitler-Deutschland gleichgestellt würde. All dies haben die Initiatoren der Stiftung »Zentrum gegen Vertreibungen«, Erika Steinbach und ich, hundertmal gesagt und oft genug aufgeschrieben. Warum glaubt man uns nicht? Wir hätten den aufgescheuchten Schwarm von Historikern, Journalisten und Geschichtspolitikern ja nicht gehindert, schon vor Jahren ein »Europäisches Zentrum gegen Vertreibungen« in Breslau (Wroclav), Görlitz (Zgorzelez) oder Aussig (Ústi nad Labem) zu gründen. Sie haben es nicht gegründet. Warum bringen sie uns, die wir dieses wichtige Thema aufgegriffen haben, im Zusammenhang mit Aufrechnungs-, Relativierungs- und Revanchismustendenzen, mit denen wir nichts zu tun haben wollen?

Denkt man ruhig über die laufende Diskussion nach, wird einem deutlich, daß dieser erste Impuls des Ärgers fragwürdig ist. Die Verbrechen der Deutschen zwischen 1939 und 1945, beginnend schon mit den mörderischen Brutalitäten der Nazis gegen die innerdeutsche Opposition ab 1933, waren so groß, daß man emotionale Aufgestörtheit, brennende Sorge und selbst hastige Polemik akzeptieren muß. Das hängt auch mit der Politik und der Rolle der Vertriebenenverbände in Deutschland zwischen 1968 und dem Ende der achtziger Jahre zusammen. Als Sozialdemokrat (seit 1961) und entschiedener Mitstreiter der Brandtschen Ostpolitik (seit 1972 als Mitglied des Deutschen Bundestages) weiß ich, wovon ich rede. Wenn also selbst ein kritischer Freund der Deutschen wie Wladyslaw Bartoszewski, ein polnischer Europäer, der sowohl gegen Hitler als auch gegen die Kommunisten gekämpft hat, härteste Bedenken äußert, darf man diese nicht achselzuckend und unter Hinweis auf Flüchtigkeiten (die Stiftung wurde zum Beispiel nicht 2002, sondern schon 2000 gegründet, und auch nicht von Erika Steinbach allein) wegschieben. Bartoszewski verdient eine ebenso ernsthafte wie untaktisch-offene Antwort.

Da ist erstens seine Behauptung: »Nun stellt sich heraus, daß in Deutschland wieder damit begonnen wird, chauvinistische Taten zu verharmlosen, und das alte Kapitel mit dem Ziel wieder aufgeschlagen wird, das Bewußtsein der Menschen zu manipulieren.« Diese Vorwürfe sind falsch und werden ohne jeden Beleg geäußert. Die Regierung Schröder/Fischer bewegt sich außenpolitisch vorsichtig im Kielwasser der

Vorgängerregierungen, hat an keiner Stelle den Chauvinismus verharmlost und hat gelegentlichen Sprüchen über die »Berliner Republik« nie Taten folgen lassen. Das kleine »Zentrum gegen Vertreibungen« – das ohnedies »Deutschland« ganz und gar nicht bewegen könnte – hat mit keinem Halbsatz erkennen lassen, daß es Verbrechen verharmlosen oder Bewußtsein manipulieren wolle. Seine einzig sichtbare Aktion war bisher die Verleihung von Menschenrechtspreisen, die nach dem jüdischen Prager Schriftsteller Franz Werfel benannt sind. Sie gingen an eine tschechische Initiative, die in Wekelsdorf (Teplice nad Metui) zur Erinnerung an die Ermordung von 21 Menschen im Jahr 1945 ein Versöhnungskreuz aufgestellt hat, und an die Opfer eines fürchterlichen Genozids von 1915, die Armenier. Deutscher Chauvinismus? Bewußtseinsmanipulation?

Zweitens nimmt sich Bartoszewski Berlin als möglichen Standort für ein »Zentrum gegen Vertreibungen« vor. »Berlin«, so Bartoszewski, »ist für Polen in diesem Zusammenhang ein Symbol der Staatsmacht Preußens, für dessen Germanisierungspolitik, dessen Unterdrückung der Slaven und dann der hitlerischen Staatsgewalt, für die polnischen und europäischen Juden ist Berlin der Ort jener Konferenz, auf der die Endlösung der Judenfrage Thema war.«

Ich könnte es mir leicht machen. In der Debatte um die Hauptstadtfrage war ich 1991 einer der Hauptredner meiner Fraktion für die Beibehaltung Bonns als Hauptstadt. Seht ihr, könnte ich sagen, da habt ihr den Salat. Aber das wäre Rechthaberei. Abgesehen davon, daß Preußen nicht nur Germanisierungspolitik war und in der Stadt nicht nur die Wannseekonferenz stattfand, sondern auch das Attentat vom 20. Juli 1944 geplant wurde. Abgesehen davon, sollten unsere Nachbarn dem neuen Berlin eine Chance geben, die Chance nämlich, zum Kommunikationszentrum einer lernbereiten und lernfähigen Demokratie zu werden. Berlin ist alles mögliche: arm, deindustrialisiert, links, grün, überbürokratisiert, was immer. Deutschnational oder nationalistisch ist es nicht. Ein »Zentrum gegen Vertreibungen«, wenn es denn wirkungsvoll sein soll, gehört in eine volle, selbstverständlich besuchte, aus vielfältigen Gründen interessante Stadt, nicht an den Rand der Republik.

179

Drittens wirft Bartoszewski die Grundfrage der Definitions- und Interpretationshoheit auf. »Wir Polen«, so kommentiert er wirkliche und angebliche Pläne des »Zentrums«, »können damit auf keinen Fall einverstanden sein.« Kann ein Mitgliedstaat der EU (oder seine Intellektuellen, seine Historiker, seine Politiker) dem anderen vorschreiben, welche Museen eingerichtet werden dürfen und welche nicht? Ich würde es nie wagen, die Polen daran zu hindern, ihre Version der Vertreibungsgeschichte so zu dokumentieren, wie sie es für richtig halten. Vor allem aber: Was würden die Briten auf entsprechende irische Einsprüche, die Franzosen auf deutsche (Elsaß-Lothringen!), gar die Rumänen auf ungarische sagen? Ja, die europäischen Staaten sollten auf gegeneinander gerichtete aggressive Geschichtspolitik verzichten. Aber sind wir wirklich schon so weit, daß die großen Erzählungen der einzelnen Nationen in einer einzigen europäischen Erzählung aufgehoben werden können? Es soll europäische Politiker geben (der tschechische Präsident Václav Klaus gehört dazu), die schon eine auf die Zukunft gerichtete gemeinsame europäische Außenpolitik für ein höchst schädliches Unternehmen halten. Können wir es uns angesichts dieser Situation wirklich leisten, schon unsere Geschichtsbilder föderalisieren zu wollen?

Viertens tut Bartoszewski etwas Ungewöhnliches. Er droht. Wörtlich:

»Ganz bewußt demonstrativ habe ich deshalb unlängst erklärt, daß auch wir Polen ein Zentrum gründen könnten, und zwar eines, in dem die deutsch-polnische Beziehungsgeschichte seit 1772, als Polen zum ersten Mal geteilt wurde, dargestellt würde, … die Germanisierungspolitik, der Kampf gegen die katholische Kirche … Das Verbot, die polnische Sprache zu benutzen, oder die Schließung der polnischen Schulen. All das waren keine Episoden, sondern es betraf das Leben mehrerer Generationen. Wenn es denn der Wunsch der Deutschen sein sollte, dann könnten auch wir Polen die Erforschung der Geschichte auf eine ebenso einseitige Art betreiben, unter dem Gesichtswinkel … einer Tradition und lediglich eines Volkes und ausschließlich auf der Grundlage unseres eigenen kollektiven Gedächtnisses.«

180

Die Begründung eines solchen Zentrums würde auch den Polen nicht helfen. Zwar hat es die unakzeptablen Germanisierungsversuche, auf die Bartoszewski anspielt, gegeben. Unter dem Blickwinkel unserer heutigen Erfahrung sind sie unentschuldbar. Die Geschichte Polens hing aber nicht nur von Preußen (und später vom Deutschen Reich von 1871) ab, sondern auch von den übernationalen Reichen der Russen und Österreicher. Alle miteinander waren lange gegen ein selbständiges Polen. Nur eine vollständige Dokumentation und Aufarbeitung der Geschichte kann Erkenntnis und Selbsterkenntnis hervorbringen. Dazu gehörte für die Polen – soweit ein Deutscher das beurteilen kann – das Verhältnis zu Ukrainern und Litauern, die Kämpfe zwischen unterschiedlichen Kirchen und Religionen, die Frage, warum die Bemühungen der Kaschuben um eine eigene Sprache und Staatlichkeit scheiterten, der Massenmord von Katyn und vieles andere mehr. Auch die polnische Selbstkritik an bestimmten Formen des polnischen Nationalismus – man denke an Rosa Luxemburg – wäre in einem solchen »Zentrum« zu erforschen, darzustellen und gegebenenfalls zu widerlegen. Gegen eine derartig systematische, polnische »Erzählung« wäre aus deutscher Sicht ganz und gar nichts einzuwenden. Ja, sie macht geradezu klar, daß eine vollständig »europäische Perspektive« sehr schwer zu leisten wäre. Ein polemisches »polnisches Nationalmuseum«, allein gegen die Deutschen gerichtet, wäre schnell aufzubauen. Eine sensible, kritische und selbstkritische Aufarbeitung der polnischen »Nationwerdung« dagegen wäre kompliziert und voller Konflikte, auch aktueller Konflikte. Auf dem Hintergrund dieser Tatsachen geht Bartoszewskis Drohung ins Leere.

Fünftens und letztens benutzt Wladyslaw Bartoszewski die berühmte Argumentationsfigur: »Wer Wind sät, der wird Sturm ernten.« Als vertriebener Deutschböhme (mein Vater war kein Besatzungssoldat!) und als in der Wolle gefärbter, europäisch denkender Sozialdemokrat bin ich der letzte, der bezweifeln würde, welche grauenhaft dehumanisierende Wirkung Hitlers Rassismus, Hitlers Antisemitismus, Hitlers Angriffskrieg im Europa des 20. Jahrhunderts gehabt haben. Und Hitler hatte mindestens bis zu Stalingrad die unbestreitbare Unterstützung der großen Mehrheit der Deutschen. Aber erstens rechtfertigt sich das Verbrechen der Vertreibung von 1945 – wie immer sanktioniert durch Churchill, Truman und Stalin – nicht durch Hinweis auf die deutschen Verbrechen in der Zeit des Dritten Reiches, und zweitens hat die Geschichte nicht mit den Nazis angefangen. In meiner demnächst erscheinenden Geschichte der Vertreibung der Sudetendeutschen beginne ich weder 1945 noch 1938, noch 1918. Ich beginne 1848. Man darf die frühnationalen Erwecker, die nationalistischen Oberlehrer und Journalisten nicht aus der Verantwortung lassen. Natürlich kann man die tschechischen Nationalistenführer Edvard und Julius Gregr nicht für das Massaker von Postelberg und den deutschen Antisemiten Georg von Schönerer nicht für den Massenmord von Lidice verantwortlich machen. Es gibt keine direkte Linie »von Herder zum Holocaust«. Wer aber wirklich gegen Vertreibungen (und zwar zukünftige!) kämpfen will, muß die ganze Kette der Ursachen beleuchten. Der eigentliche Grund für Vertreibungen sind übertriebene Identitätssucht, übersteigerte Loyalitätsgefühle zum eigenen Volk, Fremdenhaß, Nationalismus. Da können die meisten europäischen Völker kräftig vor der eigenen Tür kehren. Nichts zeigt das deutlicher als die bedenkliche Beneš-Renaissance in Prag, die immerhin dem kühlen Planer und umsichtigen Organisator einer großangelegten ethnischen Säuberung gilt, die übrigens ohne die »wilden Vertreibungen«, die die Westalliierten »vor vollendete Tatsachen« stellen sollten, kaum funktioniert hätte. Auch die Juden, die aus den Konzentrationslagern wiederkamen, müssten gehen, wenn sie sich bei einer Volkszählung von 1930 (!) zum Deutschtum bekannt hatten. Das war die Perfektionierung der Kollektivschuldthese. Das tschechische Parlament hat mit großer Mehrheit gerade entschieden, ein Gesetz mit dem Satz zu beschließen: »Edvard Beneš hat sich um das tschechische Volk verdient gemacht.« Das ist der gleiche Satz, mit dem Tomas Masaryk zu seinem 80. Geburtstag geehrt wurde. Das wäre so, als ob die Deutschen Hindenburg auf eine Stufe mit Bismarck stellen wollten.

Meine Einwände gegen einige Denkfiguren Wladyslaw Bartoszewskis sollen nicht verdecken, daß seine Grundthese richtig ist – für uns alle:

»gegen das selektive Erinnern«. Die Stiftung »Zentrum gegen Vertreibungen« nimmt für sich in Anspruch, daß sie niemals parteiische Erinnerung organisieren wollte; sie wollte sich auch nie auf die schrecklichen Vorgänge von 1945/46 fixieren. Aber auch diese Stiftung – die im
übrigen ohne weitere Kuratoren und Förderer nur sehr begrenzt hand-
lungsfähig wäre – kann aus der laufenden Debatte, so verquer sie im
einzelnen sein mag, lernen. Man kann das Museumskonzept verändern,
die Struktur der Stiftung weiter internationalisieren, die Zusammenarbeit mit historischen Museen verstärken, man kann ein Netz unterschiedlicher Arbeitseinheiten an unterschiedlichen Standorten ins Auge
fassen, wenn sie denn einer finanziert. Schön wäre es, wenn auch die
Kritiker des »Zentrums« manche ihrer Argumente prüften, zum Beispiel: Berlin ist für ein Kommunikations- und Dokumentationszentrum
zur Vertreibung prinzipiell ungeeignet, die »Opferverbände« der Vertriebenen haben nur an einem Katzentisch Platz, nationale Schwer-
punkte oder Perspektiven könnten vollständig in einer europäischen
Perspektive aufgelöst werden, das Thema dürfe nur einem closed shop
der scientific community anvertraut werden. Ein Treffen aller interessierten Debattenteilnehmer wäre – allerdings nur unter der Moderation
einer kundigen und starken Persönlichkeit oder Institution – jetzt am
Platz.

Ein Zentrum gegen Vertreibungen ist im Kern eine Plattform, auf der
Nationalismus dokumentiert, analysiert, diskutiert – und bekämpft
wird. Wer solch eine Plattform errichten will, kann sich nicht nur
Freunde machen. Die Vertreiber, Homogenisierer, Identitätsschmiede
und schrecklichen Vereinfacher von gestern sind tot. Aber die von heute
leben; und wie. Ich bin vor fast 60 Jahren vertrieben worden. Ich habe
den größten Teil meines Lebens gelebt. Wer fürchtet, unsereiner wolle
zurück in eine Heimat, die längst keine Heimat mehr ist, wolle geld-
werte Entschädigung oder Revanche, irrt sich gründlich. Wir wollen
allerdings eine ehrliche Debatte. Wir wollen kein politisch korrektes
Gesäusel mehr. Wir wollen uns – gegen Ende unseres Lebens – nicht
mehr verladen, einschüchtern und durch taktisch gemeinte »Erklärungen« und »Verträge« täuschen lassen.

Das ist – natürlich – eine Herausforderung an die in taktische Spielregeln eingebundenen politischen Klassen. Insofern ist ein »Zentrum gegen Vertreibungen« in der Tat »gefährlich«, das sehe ich ein. Ich weiß: Es gibt noch einzelne Vertriebenen-Sprecher, die Entschädigungen fordern, Prozesse vor dem Europäischen Gerichtshof ankündigen und auf die Vergangenheit fixiert sind. Aber in der Stiftung »Zentrum gegen Vertreibungen« haben sie weder Sitz noch Stimme. Auch ihre Resonanz in der Öffentlichkeit, die einstmals Vertriebenen eingeschlossen, wird geringer. Gerade deshalb ist es falsch, die entschiedene Öffnung des Dachverbands »Bundesverband der Vertriebenen«, die Erika Steinbach betreibt, nicht zu honorieren. Zwar verstehe ich, daß dies eine innenpolitisch deutsche Problematik ist. Aber der Abbau innenpolitischer Feindbilder in Deutschland erleichtert auch die Diskussion der Deutschen mit den Nachbarn und der Nachbarn mit den Deutschen. Wie leicht war es für die Kommunisten, bis 1989 das polnische oder das tschechische Volk zu jeweils festen Terminen (sagen wir: zu Pfingsten) gegen die »deutschen Revanchisten« zusammenzuschmieden. Gelegentlich wird das ja immer noch versucht. Diesen Mechanismus zu entschärfen liegt sowohl im deutschen Interesse wie im Interesse unserer östlichen Nachbarn.

Wie prekär es ist, die unterschiedlichen Erfahrungen der Mitteleuropäer und der Westeuropäer in Einklang miteinander zu bringen, zeigten die Diskussionen im Konvent zur Zukunft Europas. Polen war im Konvent vorzüglich vertreten, zum Beispiel durch Danuta Huebner, die mit heiligem Eifer focht, oder durch Józef Oleksy, dessen selbstironischer Witz manchen Streit entschärfte. Aber natürlich ist die Angst vor einem übermächtigen Brüssel bei Tschechen und Polen ein Reflex auf die angeblich übermächtige Stellung Wiens vor 1918. Der Wunsch zur Anlehnung an die Vereinigten Staaten ist bei diesen Völkern ein Ausfluß der Befürchtung, die EU könne so deutsch dominiert werden wie das alte Österreich. Wer weiß, daß solche historischen Komplexe existieren, wird Debatten um unsere Geschichte ernst nehmen. Er wird gleichzeitig akzeptieren, daß Einfühlung, Empathie und Takt auf beiden Seiten erforderlich sind.

Das schlimmste wäre, wenn die unterschiedlichen »Parteien« nur gerade stark genug wären, das Konzept des jeweils anderen zu blockieren. Den Nutzen hätten nur die Vertreiber, die Säuberer, die Organisatoren kleiner homogener Nationalstaaten – ob auf dem Balkan, im Kaukasus, auf Zypern, im Nahen Osten oder sonstwo.

»Frankfurter Allgemeine Zeitung« vom 11. August 2003, Seite 6

Pfeifend zog ich »heim«

Ethnische Säuberungen sind immer Unrecht. Das geplante Zentrum
gegen Vertreibungen weist über deutsches Leid hinaus.

PETER GLOTZ

Ich habe keine traumatischen Erlebnisse. Mein Vater war schon im
August 1945 geflohen. Er hatte Angst vor den gnadenlosen Prügeln, die
auch kleine Nazis, die sich keine Verbrechen hatten zuschulden kommen
lassen, in tschechischen Gefängnissen damals bekommen konnten.
Mich führte meine tschechische Mutter an einem strahlenden Septem-
bermorgen über die Grenze bei Waldsassen. Die Vögel pfiffen aus vollem Hals, und ich pfiff mit.

Die Mutter schob ihr Rad, auf dessen Gepäckträger sie ein paar Stü-
cke unseres Porzellans balancierte. Sie hatte es aus unserer Wohnung in
der Egerer Schanzstraße gestohlen. Dort wohnte inzwischen ein Tscheche, aber ein »anständiger«, wie meine Mutter sagte. Er akzeptierte, dass
sie ihr eigenes Geschirr Stück für Stück stahl. Mich machte jener Morgen so glücklich, dass ich nicht ruhig zu stellen war. So erwischten uns
zwei tschechische Grenzer. Sie konfiszierten ein vergoldetes Lorgnon
und ließen uns laufen. So kam ich »heim ins Reich«.

Was hat Miloš Zeman, der bisherige tschechische Ministerpräsident
von der tschechischen Sozialdemokratie, kürzlich vieldeutig über diese
Sudetendeutschen gesagt? »Sie wollten heim ins Reich, und so geschah
es.« Ich hatte, damals ein sechsjähriger Junge, gar nicht ins Reich gewollt, schon gar nicht ohne meine Spielsachen.

Natürlich, anderen erging es viel schlimmer. Mehrere tausend deutsche
Frauen aus Saaz wurden in einer Kaserne wochenlang geschlagen und vergewaltigt. Im Lewanitzer Fasanengarten, 60 Meter vom Fluss Eger entfernt,
wurden im Juni 45 mehr als 500 Deutsche erschossen und verscharrt. Der

wohl bekannteste Genozid fand in Aussig statt. Dort warf man Hunderte in den Fluss. Hunderte solcher Verbrechen sind dokumentiert.

Natürlich waren das alles Gegenaggressionen. Die Deutschen, unter anderem unter dem Kommando des gefürchteten Karl Hermann Frank oder Reinhard Heydrichs, hatten auch in der Tschechoslowakei gewütet. Lidice ist nur einer von vielen Orten, an denen deutsche Verbrechen verübt wurden, wenn auch der symbolischste. Wir haben längst gelernt, dass solches Hin-und-her-Morden mit Hitler nicht ausgerottet wurde. In Bosnien, im Kosovo, in der Kraina geschah das Gleiche. Gerade deshalb haben einige von uns sich zusammengetan, um ein »Zentrum gegen Vertreibungen« zu errichten. Es soll die Verbrechen, die begangen worden sind, dokumentieren und den Opfern ein Denkmal setzen.

Eine Gedenkstätte, ein Dokumentationszentrum und eine Bühne für kritische Auseinandersetzungen, die sich gegen Vertreibung und Völkermord richten. Sinn macht ein solches Projekt nur mit europäischer Perspektive. Wer nur die deutschen Vertriebenen und die bei der Vertreibung umgebrachten Deutschen betrauern wollte, bliebe politisch wirkungslos. Allerdings kann man Vertreibung nicht thematisieren, ohne auch die Vertreibung der Deutschen zu thematisieren. Und Deutsche, die zwar an das Leid der Armenier und Kosovaren erinnerten, das Leid der eigenen Eltern oder Großeltern aber vergäßen, wären schizophren. Im Grunde bestreitet das niemand.

Dass ich aber bereit bin, ein solches Zentrum gegen Vertreibungen gemeinsam mit der Vorsitzenden des Bundes der Vertriebenen zu betreiben, führt zu Irritationen. Darf man sich mit diesem Verband überhaupt gemein machen? Wird er nicht in jedem Fall versuchen, die Vertreibung der Deutschen als das grässlichste Verbrechen von allen darzustellen? Hat er nicht gar die Absicht, ein Mahnmal zu schaffen, das das Holocaust-Mahnmal ausgleichen soll? Ist das nicht der wahre Grund, warum das Zentrum gegen Vertreibungen in Berlin stehen soll, also in der Nähe des Mahnmals für die ermordeten Juden?

Ich verstehe, woher dieses Misstrauen kommt. In den frühen 1970er-Jahren, als ich ein engagierter Vertreter der Ostpolitik Willy Brandts war, hätte ich mit dem Verband der Vertriebenen niemals gemeinsam ein

Projekt betrieben. Aber wäre es gerecht oder auch nur logisch, die Verbände der Vertriebenen auszuklammern, wenn es darum geht, frühere Vertreibungen zu dokumentieren und heutige Vertreibungen zu verhindern? Jedes Ausspielen der Vertreibungsverbrechen gegen die Liquidierung der europäischen Juden verbietet sich. Wir wollen doch nicht nach Berlin, weil in Berlin das Holocaust-Mahnmal errichtet wird.

Aber wenn man die Deutschen dazu bringen will, über Vertreibung zu kommunizieren und sich gegen Vertreibung zu wenden, muss man eine entsprechende Einrichtung schon in Deutschland machen. Das ist das Hauptargument gegen die Idee des sozialdemokratischen Abgeordneten Markus Meckel, mit solch einem Zentrum nach Breslau zu gehen. Ein zweites kommt hinzu: Kein Deutscher sollte den Polen empfehlen, der Vertreibung zu gedenken. Wenn die Polen selber auf diesen Gedanken kämen – und zwar nicht nur zwei Intellektuelle –, dann wäre es wunderbar. Mit allen, die gegen Vertreibungen kämpfen, sollten wir kooperieren.

Die Idee aber, es wäre besser, ein solch heißes Thema abzuschieben, ist ein bisschen mutlos. Man könnte auch deutlichere Worte gebrauchen. Ob das Zentrum entsteht, weiß heute niemand. Aus der Regierung Schröder gibt es ermutigende wie vorsichtige Äußerungen. Wenige Ministerpräsidenten (vor allem konservative) haben sich klar engagiert. Andere sind dafür, haben aber kein Geld, wieder andere sind dagegen. Dreihundert Städte haben erstes Geld überwiesen. Dasselbe gilt für private Spender. Aber ohne Hilfe des Staates könnte (und sollte) die Idee nicht realisiert werden. Bleibt nur noch die Frage, was ein »Zentrum gegen Vertreibungen« bewirken könnte?

Sie kann man am besten mit Mihran Dabag, Direktor des Instituts für Diaspora- und Genozidforschung an der Ruhruniversität Bochum, beantworten. Er hat in der »FAZ« geschrieben: »Dies ist, was Völkermörder fürchten müssen: dass man ihre Tat nicht vergisst, auch wenn es keine Orte und keine Geschichtsbücher für ein offizielles Erinnern gibt.«

Übrigens: Im Januar 2001 hat das französische Parlament ein Gesetz verabschiedet, in dem die nun 86 Jahre zurückliegende Massentötung von Armeniern offiziell als Völkermord bezeichnet wird.

»Rheinischer Merkur« vom 4. Juli 2002, Seite 5

Wo ist das Recht der Vertriebenen?

Rede auf dem Tag der Heimat am 1. September 2001 in Berlin

PROFESSOR DR. PETER GLOTZ

Meine sehr verehrten Damen und Herren!

Es war die Notwendigkeit des Tages, unserer Tage, die das Thema zum Gegenstand der Debatte in unserem Parlament, im Bundestag machte. »Sie sprechen vom Völkerrecht«, sagte Außenminister Fischer, an einen Gegner der NATO-Operation im Kosovo gewandt. »Ich frage Sie, wo ist das Recht der Ermordeten in den Massengräbern bei Ihnen? Wo ist das Recht der vergewaltigten Frauen? Wo ist das Recht der Vertriebenen? Und ich sage das als jemand, der sich schwer damit getan hat, zu akzeptieren, dass diese Pest der europäischen Vergangenheit, diese Form, die darauf setzt, dass das eigene Volk das Wichtigste ist und deswegen andere Völker vertrieben, unterdrückt, massakriert werden dürfen, dass diese wieder da ist.«

Der Bundesaußenminister hat recht: diese Pest der europäischen Vergangenheit. Was allerdings gestern für die Vertreibung der kosovarischen Albaner galt, gilt heute für die Vertreibung von Serben im gleichen Kosovo. Und es galt vorgestern für die Vertreibung der Deutschen nach dem Zweiten Weltkrieg. »Vertreibung«, hat der Bundeskanzler an dieser Stelle vor einem Jahr gesagt, »lässt sich niemals rechtfertigen. Vertreibung, daran kann es keinen Zweifel geben, ist stets ein Unrecht.«

Das klassische Argument gegen diese These spricht von der »Kausalität von Aktion und Gegenreaktion«, die auf den Kopf gestellt würde. Ich zitiere eine unserer großen überregionalen Zeitungen, die »Süddeutsche Zeitung«, die noch im vorigen Jahr formulierte: »Doch ist wieder und wieder an Ursache und Wirkung zu erinnern, daran also, wer Krieg und

Greuel begonnen, wer Widerstand geleistet und wer Rache geübt hat.«
Dies ist die Rechtfertigung der Gegenaggression, sie führt in den ewigen
Zirkel gegenseitiger Beschuldigung. Ja, sage ich als Deutsch-Böhme, die
Geschichte beginnt nicht 1945 mit der Vertreibung der Sudetendeutschen. Sie beginnt aber auch nicht 1938 mit dem Münchner Abkommen, sie beginnt nicht einmal mit der Gründung eines tschechoslowaki-
schen Nationalstaates, in den die Böhmen deutscher Zunge nach dem
Ersten Weltkrieg gezwungen wurden. Wo immer die Aggression zwischen Deutschen und Tschechen begonnen haben mag, wann immer
aus nationalem Bewusstsein Nationalismus geworden sein mag – es
muss Schluss sein mit der Denkfigur: Die anderen haben angefangen. In
den Worten von Roman Herzog: »Kein Unrecht und mag es noch so
groß gewesen sein, rechtfertigt anderes Unrecht. Verbrechen sind auch
dann Verbrechen, wenn ihm andere Verbrechen vorausgegangen sind.«
Das Denkmodell der »gerechten Strafe« ist korrupt. Früher funktio-
nierte es nach dem Muster: Deutsche kann man, nach den Verbrechen
des Hitlerregimes, ruhig vertreiben. Heute funktioniert es nach dem
Muster: Serben kann man, nach den Verbrechen des Milošević-Regimes,
ruhig vertreiben. Die Verbrechen von Milošević waren schrecklich, die
Verbrechen von Hitler noch weit schrecklicher. Die Kollektivvertreibung
ganzer Völker und Volksgruppen rechtfertigen sie nicht.

Massenvertreibungen können den Tatbestand des Völkermordes
erfüllen. Natürlich ist mir bekannt, dass der Straftatbestand des Völker-
mords erst 1948 formuliert worden ist. Unter dem Eindruck der Juden-
vernichtung wollte die Völkergemeinschaft deutlich machen, was
schlimmer als gewöhnlicher Mord ist, nämlich die Absicht, eine Gruppe
von Menschen ganz oder teilweise zu zerstören, die anhand nationaler,
rassischer, religiöser oder ethnischer Eigenarten näher bestimmt werden
kann. Das internationale Kriegsverbrechertribunal für das frühere Jugoslawien arbeitet mit diesem Begriff.

Natürlich kann man fragen, welchen Sinn es macht, historische Ereignisse, die vor Formulierung dieses Tatbestands stattgefunden haben, als
Völkermord zu bezeichnen. Aber Mitte Januar dieses Jahres hat das
französische Parlament ein Gesetz verabschiedet, in dem die Massen-

tötung von Armeniern im Jahr 1915 während des Osmanischen Reiches offiziell als Völkermord bezeichnet wird. Mihran Dabag, Direktor des Instituts für Diaspora- und Genozidforschung an der Ruhr-Universität Bochum, hat klargemacht, warum diese symbolische Entscheidung des französischen Parlaments eine politische geworden ist. Er hat gesagt: »Dies ist, was Völkermörder fürchten müssen: dass man ihre Tat nicht vergisst, auch wenn es keine Orte und keine Geschichtsbücher für ein offizielles Erinnern gibt.« Es geht nicht vor allem um unsere Toten, die vor mehr als einem halben Jahrhundert ihr Leben lassen mussten, es geht nicht vor allem um uns, die aus ihrer Heimat vertrieben wurden und anderswo eine Heimat fanden. Es geht darum, zukünftigen Völkermorden vorzubeugen. Deswegen ist die Entscheidung des französischen Parlaments weder unzeitgemäß noch lächerlich.

Selbstverständlich schlägt keiner vor, in Deutschland einen Parlamentsbeschluss zu fassen, der die Vertreibung zum Beispiel der Sudetendeutschen aus der Tschechoslowakei als Völkermord bezeichnet. Wenn ich aber zur Kenntnis nehmen muss, dass auch noch ein halbes Jahrhundert nach der Vertreibung der Sudetendeutschen unsere »Aussiedlung« nicht nur als legal, sondern auch als legitim bezeichnet wird, und zwar nicht nur von irgendwelchen tschechischen Rechtsradikalen, sondern in Urteilen des tschechischen Verfassungsgerichts und in Äußerungen von Abgeordneten, dann fühle ich mich herausgefordert zu sagen: Saaz und Aussig waren nichts anderes als Srebrenica. Edvard Beneš hat die Vertreibung des Deutschen langfristig geplant und spätestens 1943, nämlich mit Stalin, international verhandelt. Er kann nicht mehr vor einen internationalen Gerichtshof zitiert werden. Wer die Politik, die er betrieben hat, aber noch heute rechtfertigt, liefert den Völkermördern von heute Argumente.

Ich muss, um zu erklären, warum ich diese scharfen Formulierungen gebrauche, eine persönliche Bemerkung einflechten. Ich stamme aus einer deutsch-tschechischen Ehe; meine Mutter war Tschechin, mein Vater Deutscher. Ich habe das Elend, das der Nationalismus bringt, in der eigenen Familie und am eigenen Leib erlebt. Meinem Vater haben die Nazis empfohlen, sich von seiner Frau zu trennen, weil sie einer

191

minderen, slawischen Rasse angehöre. Meiner Mutter haben die Tschechen versprochen, ihr ihr Geschäft in Eger wieder zu geben, wenn sie die Kinder auf die tschechische Schule schicke und ihrem Mann, der schon geflohen war, nicht folgen würde. Aufgrund dieser Erfahrungen habe ich mich mein Leben lang für die Versöhnung zwischen Tschechen und Deutschen eingesetzt. Ich war viele Jahre Vorsitzender der deutsch-tschechischen Parlamentariergruppe, einer der Berichterstatter des Bundestages bei Beschluss des zweiten deutsch-tschechoslowakischen Vertrages 1992 und ein Teilnehmer an zahllosen Dialogen zwischen Tschechen und Deutschen über zwei Jahrzehnte. Mich musste nie jemand auf die furchtbaren Verbrechen der Deutschen in der Tschechoslowakei aufmerksam machen. Ich war in Lidice, und zwar als Begleiter Willy Brandts. Ich war und bleibe ein Anhänger der Ostpolitik Bundeskanzler Brandts, und ich habe die Forderung vieler meiner Landsleute nach Restitution des sudetendeutschen Eigentums niemals geteilt. Ich war und bin der Auffassung: Eine solche Restitution würde das mühsam wieder aufgebaute Verhältnis zwischen den beiden Völkern nicht aushalten. Und ich bin auch dagegen, die Aufnahme der Tschechischen Republik in die Europäische Union von historisch-politischen Vorbedingungen abhängig zu machen.

Unerträglich aber finde ich es, wenn die Vertreibung heute noch gerechtfertigt wird, wenn sie weggeschoben werden soll als bloßes »Thema für Historiker«, wenn so getan wird, als könne man dicke Striche unter die Vergangenheit ziehen, wenn also sogar Gesten, symbolische Entschädigungen, Schuldbekenntnisse – wie sie Václav Havel oder die tschechischen katholischen Bischöfe abgegeben haben – verweigert werden. Der tschechische Politikwissenschaftler Bohumil Dolezal hat im März dieses Jahres bemerkt: »Die Regierung Schröder geht von dem an sich richtigen Grundsatz aus, dass die Bewältigung des Problems der Vertreibung der Deutschen vor allem ein innertschechisches Problem ist und dass die Einmischung des deutschen Staates kontraproduktiv wäre. Die tschechischen Nationalisten zogen daraus allerdings den Schluss: Alles darf vergessen werden.« Wir müssen dafür sorgen, dass diese Strategie nicht funktioniert.

192

Das ist der Grund, warum ich mich für ein Zentrum gegen Vertreibungen in Berlin engagiere. Denn das Thema ist weder erledigt noch aufgearbeitet. Es ist auch keineswegs nur ein Thema, das wir mit Tschechen und Polen diskutieren müssen. Es lohnt auch die Diskussion mit Amerikanern, Engländern und Franzosen. Churchill hat im Dezember 1944 im Unterhaus gesagt: »Die nach unserem Ermessen befriedigendste und dauerhafteste Methode ist die Vertreibung. Sie wird die Vermischung von Bevölkerungen abschaffen, die zu endlosen Schwierigkeiten führt. Es wird reiner Tisch gemacht werden.« Solche Auffassungen sind auch heute noch keineswegs vom Tisch. Als der jetzige amerikanische Präsident Bush in seinem Wahlkampf die Vertreibung der Deutschen einen der schlimmsten Fälle kultureller Ausrottung genannt hatte, schickte das State Departement dieser Äußerung eilends die Versicherung hinterher, dass sich die Haltung der Vereinigten Staaten zur Potsdamer Konferenz und zur Vertreibung nicht geändert habe. Schon dieses Detail zeigt, dass wir ein Zentrum gegen Vertreibungen brauchen. Es soll nicht vor allem unsere Erinnerungen pflegen, es soll dazu beitragen, Vertreibungen weltweit zu ächten, die Völkergemeinschaft zu sensibilisieren und die Auseinandersetzung mit Ethnonationalismus und der Idee des ethnisch homogenen Nationalstaats systematisch zu führen. Insofern wird dieses Zentrum ein Beitrag zur Bekämpfung des Rechtsradikalismus und Rechtspopulismus sein.

Machen wir uns nichts vor: Die große Mehrheit der Tschechen ist noch heute der Auffassung, dass die Vertreibung notwendig und gerechtfertigt war. Dies hat sich an den Reaktionen auf die Entschuldigung Václav Havels wegen der Vertreibung deutlich gezeigt. Havel hat von uns allen nicht rasch genug Antwort bekommen. Gerade die Reaktion der Vertriebenen war zu lau. Die Mehrheit der Deutschen will ihre Ruhe haben, die Alliierten des Zweiten Weltkriegs haben die Vertreibung in Potsdam gebilligt und wollen keine Diskussion dieser Schuld. Es gibt weiß Gott viel zu diskutieren.

Bundeskanzler Schröder hat, wie ich schon zitiert habe, jede Vertreibung als Unrecht bezeichnet. Er hat mit seiner ausgewogenen Rede anlässlich des 50. Jahrestages anlässlich der Charta der Vertriebenen ein

Tor aufgestoßen und sowohl als Regierungschef wie auch als Parteipolitiker einen politischen Paradigmenwechsel eingeleitet. Aus diesem Grund bitte ich ihn, die skeptische Zurückhaltung gegenüber der Idee einer zentralen Gedenkstätte gegen Vertreibungen aufzugeben. Ein böhmisches Museum in Marktredwitz oder eine niederschlesische Kultureinrichtung in Nordrhein-Westfalen können niemals zum Kristallisationskern einer bundesweiten oder gar europäischen Debatte über Vertreibung, Ethnonationalismus und Fremdenhass werden. Genau diese Debatte aber brauchen wir.

Manche haben Angst, wir wollten mit diesem »Zentrum gegen Vertreibungen« die Vertreibung gegen den Holocaust ausspielen. In Berlin wird jetzt ein Holocaustdenkmal gebaut. Wenn gleichzeitig ein Zentrum gegen Vertreibungen gegründet wird, so vermuten diese Kritiker, wollten die Deutschen ihre Schuld aus der Zeit des Nationalsozialismus verkleinern. Nein, das wollen wir nicht. Jedes Aufrechnen ist falsch. Der systematische und industriell betriebene Judenmord der Nationalsozialisten, denen in den Arm zu fallen wir Deutschen nicht die Kraft und häufig auch nicht den Willen hatten, ist das größte Verbrechen der Menschheitsgeschichte. Daran habe ich keinen Zweifel.

Aber ich bin der Auffassung von Günter Grass, dem man nicht vorwerfen kann, dass er mit seinem eigenen Volk zu milde umgeht. »Merkwürdig und beunruhigend mutet an, wie spät und immer noch zögerlich an die Leiden erinnert wird, die während des Krieges den Deutschen zugefügt wurden. Die Folgen des bedenkenlos begonnenen und verbrecherisch geführten Krieges, nämlich die Zerstörung deutscher Städte, der Tod Hunderttausender Zivilisten durch Flächenbombardierung und die Vertreibung, das Flüchtlingselend von zwölf Millionen Ostdeutschen, waren nur Thema im Hintergrund. Selbst in der Nachkriegsliteratur fand die Erinnerung an die vielen Toten der Bombennächte und Massenflucht nur wenig Raum. Ein Unrecht verdrängte das andere. Es verbot sich, das eine mit dem anderen zu vergleichen oder gar aufzurechnen ... So wird denn vieles, selbst wenn es als qualvolle Erinnerung wiederholt ins Bewusstsein drängt, ungesagt bleiben. Das Schweigen der Opfer ist dennoch unüberhörbar.«

Und dann kommt ein Satz, der sich so auf die Zukunft bezieht, wie wir das Zentrum gegen Vertreibung auf die Zukunft beziehen wollen: »Da niemals Frieden war und die Gegenwart auf dem Balkan und im Kaukasus, an vielen Schreckensorten dieser Welt, von Mord, Flucht und Vertreibung bestimmt ist, wird das Erinnern als Nachhall überlebter Leiden nicht aufhören.«

Lassen Sie uns gemeinsam dafür sorgen, dass es wirklich nicht aufhört.

Beiträge und Kommentare von Weggefährten und Journalisten

Professor Dr. Hans Maier

Unterdrückte Wahrheiten werden giftig

VERTREIBUNG / *Offener Brief Hans Maiers*
an Wladislaw Bartoszewski im »Rheinischen Merkur«

Verehrter, lieber Herr Bartoszewski,

die heftige Debatte um den Plan eines »Zentrums gegen Vertreibungen« in den letzten Wochen hat mich erschreckt und verstört. Darf ich Ihnen in aller Offenheit meine Meinung dazu sagen?

Als wir in den achtziger Jahren in München über eine dauerhafte Versöhnung zwischen Polen und Deutschen sprachen, waren wir über einen Punkt stets einig: Versöhnung muss auf absoluter Aufrichtigkeit gründen. Keine Tatsache darf unterdrückt, nichts darf verschwiegen oder höfisch beschönigt werden. Daher mein Widerstand gegen den Entwurf deutsch-polnischer Schulbuchrichtlinien, die beim damaligen Stand, unter dem Druck »linientreuer« polnischer Vorgaben und deutscher Nachgiebigkeit, zumindest in zwei Punkten die Geschichte verfälschten: Der Hitler-Stalin-Pakt durfte mit keinem Wort erwähnt werden – und für die Zwangsumsiedlungen sowohl der Polen wie auch der Deutschen aus ihren jeweiligen östlichen Siedlungsgebieten sollte es nicht erlaubt sein, das Wort »Vertreibung« zu gebrauchen.

Nun, solche Verfälschungen sind heute glücklicherweise nicht mehr an der Tagesordnung. Dennoch gibt es im Gespräch zwischen Polen und Deutschen immer noch das, was Sie zu Recht als »selektives Erinnern«

anprangern. Dazu gehört, dass die Deutschen leider in ihrer großen Mehrzahl die Geschichte Polens nicht kennen, die ältere so wenig wie die jüngste. Ich erinnere mich noch Ihrer Bemerkungen über die »Gemeinsame Erklärung« und den »Polnisch-deutschen Nachbarschaftsvertrag« 1990/91 (es seien »die längsten polnisch-deutschen Dokumente seit Otto III.«, sagten Sie). Nun ist Otto III. für polnische Schulkinder ein fester Begriff, für deutsche Schulkinder ist er das leider nicht, weil die nationalliberale Historie ihn im 19. Jahrhundert als »Römling« erfolgreich aus dem allgemeinen Geschichtsbewusstsein getilgt hat. Leider steht es mit der jüngsten Geschichte nicht viel besser: Dass selbst ein deutscher Bundespräsident die Warschauer Aufstände von 1943 und 1944 verwechselt (oder in einen Topf wirft), kennzeichnet die Situation. Hier muss noch viel geschehen an Einfühlung, Zuwendung. Vertiefung – in welcher Richtung, habe ich 1986 in meiner Laudatio bei der Verleihung des Friedenspreises an Sie in der Frankfurter Paulskirche anzudeuten versucht.

Aber auch auf polnischer Seite gibt es natürlich Defizite beim Blick auf den Nachbarn. Ich kann es psychologisch gut verstehen, dass sich die Polen als Opfer deutscher Ost-Expansion fühlten und fühlen (daher auch das Schreckwort Berlin, das in der gegenwärtigen Debatte – auch in Ihren Äußerungen – eine solche Rolle spielt!). Aber darf man die dynastischen Herrschaftswechsel des 18. Jahrhunderts (ohne nachfolgende riesige Bevölkerungsvertreibungen!) einfach mit späteren Nationenkämpfen oder gar mit »ethnischen Säuberungen« gleichsetzen? Liegen Friedrich II. und Maria Theresia wirklich auf der gleichen Linie wie Bismarck oder Hitler? MUSS man hier nicht schärfer unterscheiden? Ich sage das nicht in apologetischer Absicht. Als Süddeutscher und überzeugter Föderalist habe ich »Preußens deutschen Beruf« und seine Folgen immer für ein Unglück der deutschen Geschichte gehalten. Dennoch ist es gefährlich, wenn das deutsch-polnische Verhältnis allzu statisch gesehen und auf allzu einfache Formeln gebracht wird – die Deutschen als die ewigen Täter, die Polen als die ewigen Opfer. Immerhin hat selbst der mit politischer Weisheit nicht eben üppig ausgestattete deutsche Generalstab im Ersten Weltkrieg die Wiedererrichtung des polnischen Staates betrieben – gewiss, um Russland zu schwächen, aber immerhin.

Kurzum, wir sollten uns als Historiker um die Aufhellung der Tatsachen – aller Tatsachen! – bemühen und nicht einer vorschnellen Mythologisierung verfallen; sonst kommen wir am Ende aus unseren historisch-politisch gepanzerten Unterständen gar nicht mehr heraus.

Vielleicht täusche ich mich, aber ein wenig scheint mir manche nervöse polnische Reaktion auf ein deutsches Vertriebenenzentrum auch damit zusammenzuhängen, dass ein Blick auf Verbrechen, die an Deutschen verübt wurden, schlicht nicht erwünscht ist. Er passt nicht in das von der Political Correctness geschaffene (und in Deutschland lange Zeit widerspruchslos akzeptierte) historische Bild. Deutsche in der Rolle von Opfern: die Zivilbevölkerung im Bombenkrieg, durchweg Nicht-kombattanten, mit einer halben Million Verlusten, die Vertreibung von 13 Millionen Menschen aus Mittel-, Ost-, Südosteuropa unter teilweise genozidalen Begleiterscheinungen – so etwas darf offenbar nicht sein, und daran soll auch nicht erinnert werden.

Mit Recht sagen Sie, und sagte schon Ihr Vorgänger, Außenminister Skubiszewski, Deutsche und Polen sollten ihre Blicke auf die Zukunft richten. Ich stimme zu – aber wie können sie es tun, ohne sich der Vergangenheit zu stellen und ihre Lehren zu berücksichtigen?

Nochmals: Damit Versöhnung kein leeres Wort bleibt, müssen alle Tatsachen auf den Tisch. Keinem Volk kann verwehrt werden, sich seiner Vergangenheit zu erinnern, den Polen nicht, den Deutschen nicht. Ich kann nicht sehen, dass dies bedeutet, »chauvinistische Taten zu verharmlosen« und »das Bewusstsein der Menschen zu manipulieren«, wie Sie in der »FAZ« vom 6. August 2003 schreiben. Diese Unterstellungen schmerzen mich. Das Gegenteil ist doch richtig: Wahrheiten, die man unterdrückt, werden giftig.

Bleiben drei Einwände, die auch in Ihrem Artikel anklingen.

Erstens: Die Deutschen hätten mit Krieg und Zerstörung angefangen, also brauchten sie sich über die Folgen nicht zu wundern; sie hätten selbst heraufbeschworen, was am Ende über sie hereinbrach; sie hätten Wind gesät und Sturm geerntet, schreiben Sie. Das ist ohne Zweifel richtig. Aber es setzt die moralischen und rechtlichen Kriterien der Beurteilung und Ahndung von Verbrechen nicht außer Kraft. Diese Maßstäbe müssen für alle Völker gleichermaßen gelten. Kein Massenverbrechen rechtfertigt ein neues. Und der Wunsch nach »Vergeltung« – psychologisch begreiflich – begründet keine Dispens vom Recht, vom Sittengesetz, weder im Zweiten Weltkrieg noch davor oder danach.

Zweitens: Könne das Ganze nicht in eine europäische statt in eine nationale Perspektive gestellt werden, also ein Europäisches Zentrum gegen Vertreibungen und nicht ein deutsches (oder polnisches, tschechisches, jugoslawisches), fragen Sie.

Das wäre in der Tat »ein Ziel, aufs Innigste zu wünschen«. Aber ich fürchte, wir sind auch in der Europäischen Union noch nicht so weit. Auch das von Ihnen favorisierte Zentrum in Breslau stößt ja gerade wegen seiner europäischen Perspektiven in Polen selbst auf Widerstand, und keineswegs nur bei den Annabergkämpfern und bei der Opposition (so Thomas Urban in der »Süddeutschen Zeitung« vom 23./24. August 2003). Ich meine, Peter Glotz hat Recht, wenn er Zweifel äußert, ob »die großen Erzählungen der einzelnen Nationen in einer einzigen europäischen Erzählung aufgehoben werden können« (»FAZ« vom 11. August 2003). Umso wichtiger ist es, die jeweiligen nationalen Konzepte und Perspektiven zu erweitern, zu ergänzen und notfalls zu korrigieren durch die der anderen: Keine Gedenkstätte solcher Art sollte errichtet werden ohne geeignete Beteiligung der Nachbarn.

Drittens: Der gewichtigste Einwand gegen ein deutsches Vertriebenenzentrum sei der, dass solche Rückwendung in die Vergangenheit zu einem neuen Nationalismus, zumindest zu nationaler Eigenbrötelei und Selbstbeschränkung führen könne, vermuten Sie.

Sorgen dieser Art sind gewiss nicht einfach aus der Luft gegriffen. Ich möchte jedoch im Gegensinne argumentieren: Kann nicht Schuld, oder sagen wir im Hinblick auf die heutige Generation besser: historische Verantwortung und Haftung, leichter anerkannt und bereitwilliger übernommen werden, wenn sie Hand in Hand geht mit dem Bewusstsein, die bitteren Folgen nationalen Übermuts am eigenen Leib verspürt zu haben und noch immer zu verspüren? Die Erkenntnis, dass auch

Deutsche zu Opfern wurden, letzten Endes zu Opfern ihrer eigenen Taten, ist das notwendige Kompliment – keineswegs die Kompensation! – ihrer Schuld. Adenauer hat dafür nach dem Krieg eine Formel gebraucht, die mir noch im Ohr nachklingt: »tief gebeugt, aber nicht gebrochen« – so sah er die Deutschen, und so wünschte er, dass sie selbst sich sähen.

Nein, es geht wirklich nicht um Nationalismus. Aber es geht um einen Rest des seit Jahren verhängnisvoll gestörten (und nicht einmal durch die Wiedervereinigung geheilten) deutschen Selbstbewusstseins. Unsere nationale Selbstverneinung, die manchmal geradezu neurotische Züge annimmt, unsere Unfähigkeit, die Probleme der Zukunft zu meistern, hängen nach meiner Meinung auch mit unterdrückten Wahrheiten, verdrängten Erfahrungen unserer Geschichte zusammen. Sie muss überwunden werden. Es kann nicht im Sinn Europas sein, einen kranken Mann in seiner Mitte zu beherbergen. Sollte ein großer polnischer Patriot und Europäer wie Sie dafür nicht ein wenig Verständnis aufbringen?

Ich grüße Sie in aller Wertschätzung und Verbundenheit,
Ihr Hans Maier

»Rheinischer Merkur« vom 18. September 2003, Seite 5

Erzbischof Dr. Robert Zollitsch

Erinnerung auf dem Weg in die Zukunft

60. Jahrestag der AVNOJ-Beschlüsse
Rede von Erzbischof Dr. Robert Zollitsch, Freiburg
Berlin, Preußischer Landtag, 24. November 2004

In diesen Herbsttagen gehen meine Gedanken immer wieder 60 Jahre zurück. Ich war im August 1944 sechs Jahre alt geworden. Anfang September begann für mich die Schule. Nachdem unsere Lehrerin am ersten Schultag uns die Plätze im Klassenzimmer zugewiesen hatte, begann sie von den Schwalben zu erzählen, die sich draußen vor dem Fenster in großer Zahl auf den Drähten der Stromleitung sammelten. Sie malte aus, was die alten Schwalben den jungen erzählten von der langen Reise in den Süden, die sie nun bald antreten würden. Keine drei Wochen später war die Schule zu Ende, und unsere Lehrerin sagte uns, dass die russischen Truppen immer näher kämen und wir nun aufgefordert seien, uns aufzumachen ähnlich wie Schwalben vor dem Winter, um uns vor den herannahenden Truppen in Sicherheit zu bringen. Einige Tage danach verließ sie den Ort. Aus meinem Heimatort folgten nur wenige der Aufforderung, mit Pferd und Planwagen nach Westen und in den Winter zu ziehen. Wir blieben zu Hause – meine Mutter, mein Bruder, meine Großeltern und ich, wie die meisten in unserem Heimatort und der Großteil der Donauschwaben in der Pannonischen Tiefebene der Batschka und des Banats. Es kamen die russischen Soldaten und nach ihnen Titos Partisanen. Es begann ein schlimmer Winter voller Angst. Die ersten Schwalben kehrten an Mariä Verkündigung, Ende März, wieder zurück. Doch ich verließ am 1. April 1945, am Ostersonntag, mit den Bewohnern unseres Dorfes, meine Heimat für immer – eingepfercht in Viehwaggons, deportiert ins Vernichtungslager Gakova.

60 Jahre Flucht und Vertreibung

Wir sind heute hier zusammengekommen – vor wenigen Tagen, am vergangenen Sonntag, dem 21. November, waren es 60 Jahre, seitdem der Antifaschistische Rat der Volksbefreiung Jugoslawiens (AVNOJ) folgenschwere Verfügungen erlassen und menschenverachtende Beschlüsse gefasst hat: die Aberkennung der Bürgerrechte für die deutsche Bevölkerung, die Enteignung unseres gesamten beweglichen und unbeweglichen Besitzes sowie die völlige Rechtlosstellung. Diese Beschlüsse stehen für geplanten Völkermord und ethnische Säuberung.

60 Jahre nach dem Beginn der größten Vertreibungsaktionen der Geschichte erinnern wir uns an die mehr als 20 Millionen Menschen in Europa, die abgeschoben, deportiert und in die Flucht geschlagen wurden. Ab Oktober 1944 vollzogen in Jugoslawien lokale kommunistische Instanzen, die Staatspolizei (OZNA) und eigene Partisanenkommandos (Aktion Intelligenzija) Erschießungen bzw. grausame Tötungen deutscher Bürger. Diese Aktionen forderten zwischen Oktober 1944 und Juni 1945 rund 9500 Opfer. Die Vertreibung hat im Gesamten viele Opfer, die brutalen und grausamen Vernichtungslager in Jugoslawien haben von uns Donauschwaben über 60 000 Tote gefordert. Für meinen Heimatort Filipova heißt dies: Von den 5280 deutschen Bewohnern verloren 1413 ihr Leben; das sind fast 27%, mehr als ein Viertel. Wenn wir uns heute, 60 Jahre danach, hier zusammenfinden, dann ist uns allen bewusst, dass die Anzahl derjenigen, für die diese Vertreibungs- und Schreckenszeit nicht nur ein Kapitel im Geschichtsbuch ist, sondern Teil des eigenen Erlebens, bei denen sich die fürchterlichen Bilder tief ins Gedächtnis eingegraben haben, immer geringer wird. Welchen Sinn hat dann überhaupt eine solche Erinnerung? Weshalb, so fragen manche unserer Zeitgenossen, lasst ihr Vergangenes nicht Vergangenes sein?

Erinnerung ist lebensnotwendig

Erinnerung ist ein Grundzug unseres menschlichen Wesens. Weil wir uns an bereits Erlebtes erinnern können, weil wir Erfahrungen, die wir früher einmal gemacht haben, uns in Erinnerung rufen können, müssen wir unser Leben nicht täglich neu beginnen. Je älter wir werden, desto mehr erinnern wir uns. Unsere Schmerzen und Freuden, unsere Gefühle von Kummer und Zufriedenheit hängen nicht einfach ab von den jeweiligen Ereignissen, sondern vielmehr auch von der Art, in der wir uns an diese Ereignisse erinnern. Unsere Erinnerungen helfen uns, neue Eindrücke zu ordnen und zu verstehen, und geben ihnen Platz in unseren vielfältigen Lebenserfahrungen.

»Nicht die Erinnerung«, so formulierte es Richard von Weizsäcker 1994 bei der Entgegennahme des Leo-Baeck-Preises in Frankfurt, »nicht die Erinnerung, sondern das Vergessen ist und bleibt die Gefahr, und sie kann sich auf allen möglichen Wegen heranschieben.«

Persönliche Erinnerungen

Gestatten Sie, dass ich noch einmal ganz persönlich werde! Ich habe einige Zeit mit mir gerungen, ob ich eine Einladung, gerade für diesen 24. November, annehmen könne. Denn der 24. und 25. November sind schwere Tage in der Geschichte meines Heimatortes und in meinem persönlichen Leben. Morgen, am 25. November, dem Gedenktag der heiligen Katharina von Alexandrien, werden es 60 Jahre sein, dass mein damals 16-jähriger Bruder zusammen mit 211 anderen Männern zwischen 16 und 60 Jahren aus unserem Dorf von Titos Partisanen grausam umgebracht, massakriert und in einem Massengrab draußen vor dem Dorf verscharrt wurden. Ihr einziges Verbrechen, dass sie Deutsche waren. Heute vor 80 Jahren haben meine Eltern den Bund fürs Leben geschlossen. Wir konnten den Hochzeitstag meiner Eltern nach dem Krieg nie mehr feiern, weil er überschattet war von dem Massaker, dem mein Bruder zum Opfer gefallen war.

Ich war damals sechs Jahre alt und erinnere mich an viele Details: wie am Morgen alle Männer zwischen 16 und 60 antreten mussten, und wie gegen Abend, als die Dämmerung einsetzte, 212 Männer begleitet von Titos Partisanen und von Wagen mit Schaufeln, Spaten und Pickeln unter Gewehrfeuer hinausgetrieben wurden, um sich ihr Grab zu schaufeln. Sie mussten sich nackt ausziehen und wurden brutal niedergemetzelt und verscharrt. Ich höre die Schüsse heute noch –

nach 60 Jahren. In meinen Ohren klingen noch die bangen Fragen, das Weinen und die Verzweiflung der Mütter, der Ehefrauen, der Kinder.

Im Vernichtungslager Gakova, in das ich drei Monate später deportiert wurde, steht seit Mai diesen Jahres ein großes Gedenkkreuz zur Erinnerung an die mehr als 64000 Kinder, Männer und Frauen, die erschossen, erschlagen wurden oder verhungerten. Mein Landsmann Domkapitular Prälat Josef Eichinger, der die Einweihung vornahm, berichtete mir, dass er zusammen mit der Einweihung des Gedenkkreuzes auch die Toten in den dortigen Massengräbern gesegnet habe. Er fügte hinzu: »Viele der Anwesenden sagten mir: Jetzt kann ich für die Verstorbenen beten; jetzt kann ich Abschied nehmen.«

Über dem Massengrab, in dem die brutal umgebrachten 212 Männer meines Heimatortes verscharrt wurden, steht kein Gedenkkreuz, kein Mahn- und kein Erinnerungszeichen. Am 1. April werden es sechzig Jahre sein, dass ich aus meinem Heimatort deportiert wurde. Ich habe meine Heimat seit dieser Zeit nicht mehr gesehen. Die Pfarrkirche, in der ich getauft wurde und als Kind den Gottesdienst besuchte, steht nicht mehr. Der Friedhof ist verwahrlost und verwildert, die Friedhofskapelle verfallen. Ich werde, so Gott will, im kommenden Juli auf Einladung der Karmeliten im nahen Sombor und des Bischofs von Subotica meine Heimat zum ersten Mal besuchen. Ich trage weder Hass noch Gedanken der Rache oder der Vergeltung in meinem Herzen. Aber ich frage: Ist es unbillig, am Massengrab der 212, unter denen mein eigener Bruder ist, zu beten und zu trauern? Ist es unbillig, darauf zu drängen, dass dort ein Zeichen der Erinnerung und des Gedenkens errichtet wird? Die Toten haben es verdient, dass wir ihrer gedenken, und wir, die letzten Überlebenden, haben die Pflicht, uns darum zu bemühen, um mit zu helfen, dass so etwas oder etwas Vergleichbares nie wieder geschieht. Zudecken und Vergessen beschwören Gefahren herauf, nicht die Erinnerung und die Stätten der Erinnerung.

Den Toten zur Ehre –
den Lebenden zur Mahnung

Der Gefahr des Vergessens und Verdrängens wollen wir heute hier begegnen. Unser Blick richtet sich dabei sowohl in die Vergangenheit als auch auf Gegenwart und Zukunft. In die Vergangenheit, weil Erinnerung immer auch Solidarität heißt, Solidarität mit den Opfern von Flucht und Vertreibung, von Hass und Gewalt. Wer all die menschlichen Schicksale, das vielfältige Leid, die unfasslichen Geschehnisse um unsere Landsleute verdrängt, der macht sie ein weiteres Mal zu Opfern, zu Opfern des Vergessens.

In seinem Gedicht »Jemand anderer« mahnt Erich Fried uns mit den Worten: »Tote Menschen sind tote Menschen, wer immer sie waren. Wer nicht nachfragt, wie Menschen sterben, hilft sie töten.« Der Toten zu gedenken, heißt nachzufragen, ihnen Aufmerksamkeit zu schenken und sich Gedanken zu machen – Gedanken gegen das Vergessen all der Grausamkeiten, Impulse zu setzen gegen die Gleichgültigkeit.

»Den Toten zur Ehre, den Lebenden zur Mahnung«, das ist die kurze und doch so tiefgehende Botschaft vieler Erinnerungs- und Gedenkstätten. Wir wissen uns verbunden mit unseren Vorfahren, mit unseren Freunden, Verwandten und Bekannten, die unschuldig und auf grausame Art und Weise zu Opfern skrupelloser Machtinteressen und menschenverachtender Politik wurden. Jeder und jedem Einzelnen von uns hätte es ja genauso das Leben kosten können wie ihnen.

Solche Erinnerung ist immer auch Zumutung, sie ist nicht nur bequem und angenehm, sondern vielmehr ein Aufschrei, ein Stein des Anstoßes, ein Anstoß für die Gegenwart. Dafür stehen Mahnmale und Gedenkstätten. Sie lenken unseren Blick nicht nur in die Vergangenheit, sondern ebenso in unsere Gegenwart, ja vor allem auch auf künftige Generationen. Sie wollen helfen, unseren Blick zu schärfen und ähnliche Fehlentwicklungen, solche von Menschen herbeigeführten Katastrophen frühzeitig zu unterbinden. Nur eine konstruktive Auseinandersetzung mit der Vergangenheit macht frei und eröffnet eine Zukunft in Frieden und Gerechtigkeit. Was passiert, wenn die Erinnerung verdrängt und die Aufarbeitung verweigert wird?

»Es ist geschehen, und folglich kann es wieder geschehen«, hat der jüdische Schriftsteller und KZ-Überlebende Primo Levi prophezeit. Das mussten leider die Menschen im ehemaligen Jugoslawien schmerzlich erfahren. Was in den Jahren 1944 bis 1948 an uns Deutschen geschah, fand seine Wiederholung in Bosnien-Herzegowina, in Serbien und im Kosovo: Hass und Rache statt Versöhnen und Verzeihen.

Wir Vertriebenen waren die Ersten, die 1950 in der »Charta der Heimatvertriebenen« ausdrücklich einen anderen, einen zukunftsträchtigen Weg aufzeigten und einschlugen, wenn es dort heißt: »Wir Heimatvertriebenen verzichten auf Rache und Vergeltung. Dieser Entschluss ist uns ernst und heilig.«

Es bleibt nicht beim Blick zurück in Zorn oder in ohnmächtiger Trauer. Wir dürfen uns nicht abfinden mit der scheinbaren Übermacht von Hass und Gewalt. Unsere Toten wären sonst ganz umsonst gestorben, wenn wir nicht engagiert für Verständigung, Dialog und für Aussöhnung einstehen.

Europa auf dem Weg in die Zukunft
Sehr geehrte Damen und Herren,
das Jahr 2004 markiert einen Meilenstein in der Geschichte Europas. Unserem Kontinent, der in Folge zweier Weltkriege zerrissen und über 40 Jahre der Schauplatz eines kalten Krieges war, gelingt das Unwahrscheinliche. Mit der so genannten Osterweiterung überwindet die Europäische Union 15 Jahre nach dem Fall der Berliner Mauer und 13 Jahre nach dem Zusammenbruch der Sowjetunion die Spaltung des Kontinents. Acht der zehn neuen Länder, die am 1. Mai diesen Jahres der Europäischen Union beigetreten sind, liegen im Osten (Estland, Lettland, Litauen, Slowenien, Ungarn, Polen, die Tschechische und die Slowakische Republik). Seither besteht die Europäische Union aus 25 Staaten und bildet mit 455 Millionen Menschen den größten Wirtschaftsraum der Welt.

Weitere Länder des Ostens – Bulgarien, Kroatien und Rumänien – stehen bereits vor der Tür und klopfen an. Doch je größer Europa wird und je mehr Länder der europäischen Gemeinschaft beitreten, umso intensiver müssen nicht nur die diplomatischen Beziehungen und Verbindungen werden, sondern vor allem auch die menschliche Verbundenheit.

Vor 26 Jahren, am 16. Oktober 1978, wurde der Kardinal von Krakau, Karol Wojtyla, zum Papst gewählt. Ein nicht nur für die katholische Kirche, sondern vor allem auch für Europa historisches Ereignis: Zum ersten Mal in der Kirchengeschichte wurde ein Slawe Nachfolger Petri. Er, der den doppelbödigen und sinnentleerten Kommunismus aus eigener Erfahrung kennt, wird zum Vordenker der Europäischen Osterweiterung, wird zum unermüdlichen Impulsgeber eines christlichen Europa – eines Europa, so formuliert es Johannes Paul II. selbst, das beide Lungenflügel, den Osten und den Westen, zum Atmen und damit zum Leben braucht.

Wir Vertriebenen stehen allein schon durch unsere Geschichte für die Verbindung der beiden »Lungenflügel«, wir schaffen Verbindung zwischen Ost und West. Wir alle sind eingeladen und gefordert, Europa lebensfähig zu machen und lebenswert zu gestalten. Europa zur Heimat vieler werden zu lassen.

Was ist Heimat?
Doch was ist Heimat? Was macht Heimat aus? Bernhard Schlink gibt uns in seinem Essay »Heimat als Utopie« einen ersten Hinweis: »Am intensivsten wird sie erlebt, wenn man weg ist und sie einem fehlt; das eigentliche Heimatgefühl ist das Heimweh.«[1] Mit der Heimat ergeht es uns ähnlich wie mit unserer Gesundheit: Wenn sie fehlt, uns gar genommen wird, kommen der Schmerz und die Trauer. Wer noch nie die Heimat, Freunde, Verwandte und Nachbarn, einen lieb gewonnenen Dialekt und eine vertraute Landschaft hinter sich lassen oder gar gezwungenermaßen verlassen musste, kann kaum verstehen, welch großer Schmerz damit verbunden ist, wie lange das Herz und die Gedanken noch in der verlassenen Heimat bleiben. Vielleicht müssen wir tatsächlich erst hei-

---

[1] Schlink, Bernhard: Heimat als Utopie, Frankfurt 2000, S. 32.

matlos werden, um zu spüren, was wir vermissen und wonach wir uns sehnen. Der Schriftsteller und Auschwitzüberlebende Jean Amery bringt es auf die kurze, aber überaus kritische Formel: »Man muss Heimat haben, um sie nicht nötig zu haben.«[2]

»Was ist Heimat?« – darauf lässt sich die berühmte Erkenntnis des heiligen Augustinus übertragen, die er im elften Buch seiner »Bekenntnisse« auf die Frage, was Zeit sei, mit den Worten formuliert: »Wenn niemand mich danach fragt, weiß ich's, will ich es aber einem Fragenden erklären, weiß ich's nicht.« Was bringen Sie, werte Damen und Herren, was bringt jede und jeder Einzelne von uns mit dem Begriff ›Heimat‹ in Verbindung? Einen Ort, eine Landschaft, die Sprache, Geschichte und Tradition, ein Gefühl, eine Idee, Kindheitserinnerungen oder die Herkunftsfamilie? All das gehört dazu. Doch Heimat ist noch mehr. Heimat ist dort, wo ich meine Wurzeln habe, wo ich mich wohl und zu Hause fühle; wo ich mich für meine Anwesenheit nicht zu rechtfertigen brauche, wo ich angenommen und anerkannt werde, so wie ich bin.

Europa wird vor allem in dem Maß zur Heimat vieler werden, wie die Liebe zu den eigenen Wurzeln und zur eigenen Herkunft lebendig bleibt und gepflegt wird. Die Liebe zur eigenen Herkunft will nicht abschotten und abgrenzen, sondern will helfen, die anderen zu verstehen, die Bedürfnisse und Interessen der Mitmenschen wahrzunehmen, ja, zu versuchen, aus der Position des anderen heraus zu denken und zu fühlen. »Denn«, so sagt Václav Havel zu Recht, »die Heimat ist ein Tor, das den Weg zu anderen öffnet.« Die Treue und Verbundenheit zur Heimat hindert nicht daran, neu Wurzeln zu schlagen und Zukunft zu gestalten. Im Gegenteil, sie hilft dabei. Das habe ich selbst so erfahren und erlebt.

Vor Jahren fragte mich einer unserer Weihbischöfe, Paul Wehrle, angesichts meiner Lebensgeschichte: »Welches ist deine Heimatgemeinde?«

[2] Amery, Jean: Wieviel Heimat braucht der Mensch?, in: Jenseits von Schuld und Sühne, Stuttgart 1980, S. 81.

Nach kurzem Nachdenken sagte ich: »Ich habe drei Heimatgemeinden.«
Und bei meiner Bischofsweihe im vergangenen Jahr habe ich erlebt, dass
dies stimmt. Ich fühle mich an drei verschiedenen Orten beheimatet
und zu Hause: der Ort, an dem ich geboren wurde; der Ort, an dem wir
im Frankenland nach der Flucht aus dem Vernichtungslager für mehrere
Jahre Aufnahme fanden, und schließlich die Gemeinde in Mannheim, in
der meine Eltern wieder ein Haus bauten, ich als Jugendlicher aufwuchs
und meine Primiz feierte. Meine Verbundenheit mit meinem Geburtsort Filipova und meinen Landsleuten hat mich nicht daran gehindert,
sondern geholfen, neu Wurzeln zu schlagen und Bindungen einzugehen,
die tragend geworden sind.

Aus der Erinnerung Zukunft gestalten
Das Martyrium von Flucht, Vertreibung und Umsiedlung, das Millionen
von Menschenleben kostete und das Leben Unzähliger mit Schmerz, Verlust und Trauer überschattete, hat viele Gesellschaften in Europa grund-
legend verändert. Bis heute werden die Beziehungen zwischen den europäischen Völkern davon beeinflusst. Und nach wie vor heißt eines der
großen Themen der Gegenwart Migration. Denn derzeit ziehen fast
60 Millionen Menschen durch Europa, die außerhalb ihrer Geburts-
nation leben. Unsere eigene Geschichte, die Opfer und Märtyrer erinnern, ja, mahnen uns, immer wieder aufs Neue unsere Stimme aufrichtig
und mutig zu erheben, wenn Menschen gewaltsam vertrieben werden
und ihre Menschenwürde mit Füßen getreten wird. Der Verlust von Heimat, die Suche nach neuer Heimat, die bleibende Sehnsucht nach der
alten oder auch die Zerrissenheit zwischen alter und neuer Heimat, gar
mehrerer »Heimaten« werden Europa auch weit über das 20. Jahrhundert hinaus prägen. Gott mahnt und erinnert uns genauso wie die Israe-
liten mit den Worten: »Ihr sollt die Fremden lieben, denn ihr seid
Fremde (in Ägypten) gewesen« (Dtn 10,19). Das dürfen wir nicht vergessen, wenn wir uns mit Migration und Vertreibung beschäftigen.

Damit Europa immer mehr zu einer Gemeinschaft in Frieden, gegenseitiger Achtung, Freiheit und Gerechtigkeit werden kann, dürfen wir die

209

Vergangenheit nicht vergessen und verdrängen. Zukunft braucht Herkunft, braucht eine konstruktive Auseinandersetzung mit der Vergangenheit. Wir brauchen auf dem Weg in eine menschenwürdige und lebenswerte Zukunft notwendig Orte der Erinnerung und immer wieder Zeiten der Vergewisserung. Denn wer vor der Vergangenheit die Augen verschließt, wird blind für die Gegenwart. Wer sich der Unmenschlichkeit nicht erinnern will, der ist anfällig für neue Grausamkeiten. Diese grundlegende menschliche Erfahrung will uns das bekannte jüdische Sprichwort ins Bewusstsein rufen: »Das Vergessenwollen verlängert das Exil, und das Geheimnis der Erlösung heißt Erinnerung.«

Kommentare von Berthold Kohler
zur Stiftungsfrage

Eine Farce

Es geht eben nichts über ein ordentliches Feindbild. Solange Erika Steinbach als Damoklesschwert über dem Rat der Stiftung »Flucht, Vertreibung, Versöhnung« schwebte, schaute kaum einer genau hin, wie es um diese Einrichtung selbst bestellt war. Seit die Vertriebenenpräsidentin von vereinten deutsch-polnischen Kräften zur Strecke gebracht worden ist, werden jedoch die grundlegenden Interessengegensätze sichtbar, die in den Gremien der Stiftung und schon in ihrer Zweckbeschreibung aufeinanderstoßen. Während die einen vor allem das Gedenken an die Vertreibung institutionalisieren wollen, steht für die anderen die Versöhnung mit Polen im Vordergrund. Wissenschaft und Politik prallen aufeinander, die Produktivität ist entsprechend gering. Das führte nun schon zum dritten Abgang aus dem wissenschaftlichen Beraterkreis – während der bislang von der Bundesregierung, künftig aber vom Bundestag berufene und einem eigentümlichen Proporz folgende Stiftungsrat weiter anschwillt. Erika Steinbach muss insgeheim längst froh sein, dass ihr die Teilnahme an dieser Farce erspart geblieben ist.

»Frankfurter Allgemeine Zeitung« vom 10. März 2010, Seite 10

Selbstbeschreibung

Mindestens um das Gedächtnis des neuen deutschen Außenministers muss man sich so langsam Sorgen machen. An das Stimmverhalten Erika Steinbachs vor knapp zwanzig Jahren, als es um den deutsch-pol-

211

nischen Grenzvertrag ging, hat er sich erinnert, wenn auch offenbar nicht mehr an jedes Wort der Begründung. Daher kommt ihm die Gründerin der Stiftung »Zentrum gegen Vertreibungen« jetzt als so große Belastung für das deutsch-polnische Verhältnis vor, dass sie keinesfalls Beiratsmitglied in der Stiftung »Flucht, Vertreibung, Versöhnung« werden dürfe. Gänzlich entfallen scheinen Westerwelle aber eigene Aussagen zu sein, die erst sechs Jahre alt sind. In einem Interview im »Focus« outete er sich damals als großer Anhänger des Steinbach-Projekts und scharfer Kritiker von dessen Kritikern: »Der Außenminister und der Bundeskanzler sollten bei unseren Nachbarn für Verständnis werben. Ich verstehe nicht, warum der Bundeskanzler und der Außenminister den Sorgen der Nachbarn nicht entgegentreten, sondern die Debatte noch unverantwortlich anheizen.«

Westerwelles Kritik am damaligen Kanzler Schröder und an dessen Außenminister Fischer liest sich heute wie eine Selbstbeschreibung. Es ist erstaunlich, was der FDP-Chef alles in Kauf nimmt, um Polen zu zeigen, wie sehr es ihm am Herzen liegt – und der Kanzlerin wie auch der CSU, wer in der christlich-liberalen Koalition die Hosen anhat. Nun kann Westerwelle sich rühmen, die Besetzung eines Beiratspostens in einer Stiftung mit einer Frau verhindert zu haben, deren Engagement seiner früheren Meinung nach »selbstverständlich alles andere als erzkonservativ und revanchistisch« ist.

Die Kanzlerin steht daneben und wäscht ihre Hände in Unschuld. Es fehle schon an der Eingabe. Da kann man halt nichts machen, pflegte in solchen Fällen der alte Kaiser Franz Joseph zu sagen. Und der musste sich noch nicht mit einem profilierungswütigen Regierungspartner herumschlagen. Eine Kanzlerinnen-Partei aber setzt einer solchen Lappalie halber natürlich nicht die Koalition aufs Spiel. So ließen die beiden großen Parteien ruhig die kleinste im Bunde brüllen wie einen bayerischen Löwen. Bewirkt hat die CSU damit, wie so oft, nichts.

»Vertreibung ist immer Unrecht und kommt auch noch in der Gegenwart vor«, sagte der FDP-Vorsitzende Westerwelle vor sechs Jahren. Jetzt hat er dafür gesorgt, dass er Recht behält.

»Frankfurter Allgemeine Zeitung« vom 19. November 2009, Seite 1

Armutszeugnis

Was für ein Glück, dass Polen die Berufung Guido Westerwelles ins Bundeskabinett aus Gründen, die nur Polen verstehen müsste, nicht als Belastung der deutsch-polnischen Beziehungen betrachtet. Denn dann hätte der FDP-Vorsitzende, der eigenen Argumentation im Falle Steinbach folgend, seine »persönlichen Ambitionen« hintanstellen und zum Wohle der Versöhnung mit dem östlichen Nachbarn auf die Erfüllung seines Lebenstraums verzichten müssen. Warschau aber blickt mit Wohlgefallen auf den neuen deutschen Außenamtschef, der seine erste Reise nach Polen machte. Der dortige Präsident dankte ihm das mit einem Platz auf seinem Sofa. Seither muss man sich aber fragen, ob Westerwelle wenigstens zeitweise noch aus den Augen verliert, welchem Land er nun als Außenminister dient.

Denn die Interessen, die Westerwelle im Streit um Erika Steinbach vertritt, sind zunächst einmal die Polens. Warschau wollte nicht, dass in Deutschland jene Stätte zur Erinnerung an die Vertreibung von mehr als zwölf Millionen Deutschen entsteht, für die Frau Steinbach seit Jahren kämpfte, unterstützt von Leuten wie Peter Glotz und Ralph Giordano, denen man nur mit Mühe unterstellen kann, sie seien Revanchisten. Die Befürchtungen Polens, von einem solchen »Zentrum gegen Vertreibungen« (der Plural ist Programm) an den Pranger gestellt zu werden, haben sich nicht bewahrheitet. Die von Frau Steinbach als Vorläufer organisierte Ausstellung »Erzwungene Wege« stand in ihrer Ausgewogenheit der Ausstellung »Flucht, Vertreibung, Integration« im Haus der Geschichte nicht nach. Eher noch kam darin das Schicksal der deutschen Vertriebenen zu kurz.

Weil, was natürlich lobenswert ist, Polen in Deutschland viele Freunde und große Freundinnen hat (vor allem in der SPD), andererseits aber die Unionsparteien den berechtigten Anspruch der Vertriebenen auf Erinnerung nicht ganz unter den Tisch fallen lassen wollten, einigte sich die große Koalition darauf, Frau Steinbachs Projekt in einer unselbständigen Bundesstiftung namens »Flucht, Vertreibung, Versöhnung« einzuhegen. Dort hat man es, dafür sorgt die Satzung, unter Kontrolle. Von den 13 Sitzen im Stiftungsrat sind nur drei für den Bund der Vertriebenen (BdV) vorgesehen. Beschlüsse bedürfen der Mehrheit der abgegebenen Stimmen. Der Präsident der Stiftung »Deutsches Historisches Museum«, dem die Vertreibungsstiftung eingegliedert ist, hat zur Sicherheit sogar noch ein Vetorecht. Frau Steinbach könnte sich also auf den Kopf stellen und mit den Zehen wackeln – gegen die Mehrheit der anderen Mitglieder des Stiftungsrates können die drei Entsandten des BdV nichts, aber auch gar nichts bewirken.

Trotzdem lief Warschau Amok, als Frau Steinbach ihren Sitz einnehmen wollte, denn wenigstens das sollte verhindert werden. Und die SPD lief mit. Der BdV ließ, unter dem Beifall auch der Union, den Sitz unbesetzt, in der Hoffnung auf bessere Zeiten. Dass diese mit einer bürgerlichen Koalition kommen würden, erweist sich jetzt jedoch als Irrtum. Denn nun meint Westerwelle, in dieser Angelegenheit nicht nur die Rolle der SPD übernehmen, sondern sie darin auch noch übertreffen zu müssen. In Warschau heißt es, man habe ihn in Sachen »blonder Bestie« zu nichts gedrängt. Demnach würde sich der deutsche Außenminister zum Handlanger einer alten Forderung machen, die Polen offenbar von seiner umfangreichen, aber ziemlich kontraproduktiven Alles-odernichts-Liste gestrichen hat.

Auch die Argumente, die Westerwelle zur Erklärung seiner plötzlichen Rückenversteifung vorbringt, sind bemerkenswert. Frau Steinbach habe nicht für den deutsch-polnischen Grenzvertrag gestimmt, sagt Westerwelle, das habe zu nachvollziehbaren Vorbehalten in Polen geführt. Dem Vertrag verweigerte allerdings auch Westerwelles Kabinettskollege Ramsauer die Zustimmung. Der müsste nach Meinung der FDP dann wohl die Regierung verlassen: Wie soll ein derart intellektuell Vorbelasteter mit Polen über den Grenzverkehr sprechen? Und wie ist es mit den Politikern, die vor zwanzig Jahren gegen die deutsche Einheit waren? Wenn alle Beiräte von ihnen gesäubert werden müssten, gäbe es in vielen Gremien viele freie Stühle.

In dieser Angelegenheit geht es, anders als der neue Außenminister offenbar glaubt, nicht nur um die Versöhnung mit Polen, auch wenn diese Aufgabe nicht wenigen Politikern in Deutschland als so groß erscheint, dass für sie anderes daneben keinen Platz mehr hat. Frau Steinbachs Anliegen fand aller Anfeindung zum Trotz so viel Zustimmung im Volk, weil es der Versöhnung Deutschlands mit seinen Vertriebenen dienen soll – Versöhnung durch die öffentliche Anerkennung ihres besonders schweren Schicksals. Das »sichtbare Zeichen«, das die große Koalition beschloss, sollte ein Zeichen der Empathie sein.

Dass Deutschland dazu noch fähig ist, sah man am Sonntag in einem Fußballstadion. Nun ist Erika Steinbach kein Torwart, sie ist noch nicht einmal bei jedem Parteifreund beliebt. Aber die christlich-liberale Koalition ist auch kein Fußballverein. Es wäre ein Skandal und ein Armutszeugnis für die zweite Regierung Merkel wie auch für den Umgang Deutschlands mit seinen Vertriebenen insgesamt, wenn einer Frau der Sitz in der Vertreibungs-Stiftung verwehrt bliebe, die es ohne sie nicht gäbe.

»Frankfurter Allgemeine Zeitung« vom 17. November 2009, Seite 1

Die Freiheit des BdV

In Deutschland stellen sich plötzlich so viele hinter Erika Steinbach, dass es nicht nur den Polen verdächtig vorkommen muss: die gesamte CDU, die Frankfurter CDU, der Generalsekretär der CDU, der Bundestagspräsident (auch CDU) und viele weitere Würdenträger bis hin zum Vorsitzenden der Deutschen Bischofskonferenz, der allerdings katholisch ist. Mancher hatte etwas länger gebraucht, seine Sprachlosigkeit ob der seit Jahren anhaltenden polnischen Schmähungen gegen die Vertriebenenpräsidentin zu überwinden. Doch jetzt geht es ums Ganze, da muss jeder Opfer bringen. Die Gemeinde hinter Frau Steinbach sucht ihr zu verdeutlichen, wie schön und verdienstvoll der Schritt zurück sein kann: Was ist, verglichen mit der Rettung der Beziehungen zu Polen, schon ein Sitz im Beirat des Vertreibungsmuseums? Eine freie Entscheidung des Bundes der Vertriebenen sei es, wen er in dieses Gremium entsenden wolle, heißt es allerorten. Wie der BdV seine »Freiheit« nutzen soll, ist freilich längst allen klar. Nur der polnische Deutschland-Beauftragte funkt munter weiter dazwischen. Doch sagt immerhin er offen, was er denkt.

»Frankfurter Allgemeine Zeitung« vom 4. März 2009, Seite 10

Der Preis: ihr Kopf

Die deutsche Frau, die Polen in Atem hält, heißt nicht Angela Merkel. Auch heißt sie nicht Gesine Schwan, was deren Äußerungen in Teilen erklären mag. Warschaus Virginia Woolf heißt Erika Steinbach. Die Polen haben sich die Vertriebenenpräsidentin zu einer Art weiblichem Gottseibeiuns erkoren, seit die »blonde Bestie« der Erinnerung an die Vertreibung in Deutschland eine Stätte schaffen will. Aber auch in Berlin wagen es nur wenige, sich zu ihr zu bekennen. Bundestagspräsident Lammert sprang ihr nun bei. Doch von der Kanzlerin, die ihren Mut schon vor Papstthronen bewies, war noch kein öffentliches Wort für die Parteifreundin zu vernehmen, geschweige denn ein »Basta!«. Deutsche Vergangenheit ist es, die Frau Merkel im einen Fall die Stimme erheben, im anderen schweigen ließ. Wer will darin, bei näherem Betrachten, einen Widerspruch erkennen?

Realpolitisch gesehen, steht hinter dem Verstummen der Kanzlerin aber vor allem polnischer Druck, dem ihr Koalitionspartner, die SPD, freudig und wirksam zu Diensten ist. Der allseits geschätzte Partner Polen hat die Causa Steinbach, eine nur symbolisch bedeutende Personalie, zu nicht weniger als einem Lackmustest für den Stand der Versöhnung und zu einem Prüfstein für die Zukunft der wechselseitigen Beziehungen erklärt. Die Alternative, vor die Warschau Berlin stellt, mutet lächerlich an, ist den Polen aber bitterernst. Sie lautet: Erika Steinbach oder wir.

Die schon seit Jahren in Polen tobende Kampagne gegen die Präsidentin des Bundes der Vertriebenen hätte nicht noch einmal neue Tiefpunkte erreichen können, wenn der Streit um die Person nicht auch immer noch ein Streit um die Sache wäre. Zwar hatte Warschau sich unter dem Ministerpräsidenten Tusk äußerlich damit abgefunden, dass es in Deutschland eine Einrichtung geben werde, mit der an die Vertreibung von 14 Millionen Deutschen erinnert werden soll – wohlgemerkt »im historischen Kontext des Zweiten Weltkriegs und der nationalsozialistischen Expansions- und Vernichtungspolitik und ihrer Folgen«, wie es im Gesetz heißt. Doch kam bei der neuerlich angeblasenen Hetzjagd auf Frau Steinbach, deren Kopf auch die Regierung Tusk als Preis für ihr »Einlenken« in einer deutschen Angelegenheit gefordert hat, die alte polnische Phobie zum Vorschein: dass die Deutschen sich mit solchen Projekten von Tätern in Opfer verwandeln wollten und eines Tages die sich keiner Schuld bewussten Polen als (einzige) Verbrecher dastünden.

Das ist so barer Unsinn wie das meiste, was über Frau Steinbach in Polen behauptet und in Berlin lange unwidersprochen hingenommen wurde. Als der frühere polnische Außenminister Bartoszewski in reifem Zorn Frau Steinbach mit dem Holocaust-Leugner Williamson verglich, rührte sich zunächst kaum eine Lippe zur Verteidigung der Angegriffenen. Bartoszewski war in Auschwitz, da schwieg man in Berlin lieber parteiübergreifend. Die Antwort gab ein anderer vom Hitler-Regime Verfolgter, der Schriftsteller Giordano: (Schon) wer Erika Steinbach eine Revanchistin nenne, begehe Rufmord.

Die Tat aber ist geschehen, und nicht nur von polnischer Hand. Auch in Deutschland rieben sich viele wund an dem Projekt von Frau Steinbach und dem verstorbenen Peter Glotz, der Erinnerung an die Vertreibung einen zentralen Ort in Deutschland zu geben. Als die Sache dank Frau Steinbachs Beharrlichkeit nicht mehr aufzuhalten war, sollte wenigstens sie, die Verursacherin, auf der Strecke bleiben. Diesem Ziel sind die Meckels, Schwans und Thierses nahe. Seit im Berliner Regierungsviertel das Argument die Runde macht, die »pragmatische« Regierung Tusk gerate in Bedrängnis, wenn Frau Steinbach das ihr nicht nur dem Wortlaut des Gesetzes nach zustehende Recht wahrnehme, einen (!) der dreizehn (!) Sitze im Stiftungsrat zu belegen, wird ihr Nichteinzug in dieses Gremium, in dem sie allein nichts beschließen und nichts verhindern könnte, auch in Unionskreisen als der einzige Ausweg gesehen. Von allen Seiten raunt man ihr zu, sie möge doch der plötzlich für gut befundenen Sache halber dieses Opfer bringen.

Wieder also sollen die Vertriebenen und ihre Repräsentanten eine Bringschuld haben und sich dem Ratschluss anderer fügen, auf dass sie der – von ihnen längst praktizierten – Versöhnung mit Polen und, zynischer geht es kaum, ihrem eigenen Anliegen nicht im Wege stehen. Die Bedingungen wollen Warschau und einige um die Reste ihrer Deutungshoheit kämpfende deutsche Linke diktieren – nicht ganz ohne Erfolg. Schon weit unter den Tisch gekehrt wurde, dass das Erinnerungsprojekt ein »sichtbares Zeichen« Deutschlands für seine Vertriebenen sein sollte, denen jahrzehntelang jegliche öffentliche Empathie verweigert, dafür aber umso öfter der Vorwurf der Friedensstörung gemacht worden ist, wie jetzt wieder.

Es war ein weiter Weg bis zu dem Beschluss, eine Bundesstiftung solle das Schicksal der Heimatvertriebenen dokumentieren, in Berlin. Das Hauptverdienst daran gebührt Erika Steinbach. Doch wirft das, was sie dafür ertragen musste, kein gutes Licht auf den Zustand der deutsch-polnischen Beziehungen und auf das angeblich gänzlich entkrampfte Verhältnis der Deutschen zu ihren Vertriebenen.

»Frankfurter Allgemeine Zeitung« vom 2. März 2009, Seite 1

Ein Zeichen in Berlin

Frau Steinbach will bauen, und das auch noch in Berlin. Vor einigen Jahren wäre ihr Bauantrag bei den politischen Genehmigungsbehörden verstaubt. Doch inzwischen tut man sich schwerer, ihren Plan für ein Zentrum gegen Vertreibungen abzulehnen. Denn längst lässt sich nicht mehr behaupten, die Vertreibung der Deutschen aus dem europäischen Osten sei ein einmaliges Phänomen und noch dazu die gerechte Strafe für Hitlers Krieg gewesen. Vertreibungen hatte es schon davor gegeben, und es gab sie auch danach; berechtigt waren sie nie. Aber erst die Bilder und Berichte über die »ethnischen Säuberungen« der Serben auf dem Balkan machten den Europäern bewusst, welches Leid es bedeutet, vertrieben zu werden. Der Auftrag der Geschichte an die Deutschen lautet, neuen Völkermord zu verhindern, und zwar nicht nur in seiner industrialisierten Form. Es ist daher besonders den Deutschen aufgegeben, Vertreiber frühzeitig zu identifizieren und ihren Plänen entgegenzutreten. Das setzt allerdings auch den Willen voraus, die deutschen Vertriebenen als Opfer von Unrecht anzuerkennen und in ihnen nicht nur Ewiggestrige zu sehen. Die Bereitschaft zur Differenzierung hat zugenommen. Ein Vertreibungs-Zentrum in Berlin wäre ein weiteres Zeichen dafür.

»Frankfurter Allgemeine Zeitung« vom 7. Juni 2000, Seite 16

Kommentare von Thomas Schmid
zur Stiftungsfrage

Einigung im Streit über den Stiftungsrat
der Vertriebenen

Erika Steinbachs Leistung

Deutschland ist, was es lange nicht sein wollte: ein Einwanderungsland. Es hat gedauert, bis das anerkannt war und bis sich die Überzeugung durchsetzte, dass Integration kein selbstverständlicher Prozess ist, sondern Gesellschaft und Staat etwas tun müssen, damit sie gelingt. Viel Energie und Fantasie ist darein gesetzt worden, Wege und Mittel zu finden, wie den Einwanderern, die sich hier erst als Fremde fühlten, Türen ins Innere der Gesellschaft geöffnet werden können. Und es wird nicht mehr lange dauern, bis der übergroßen Mehrheit der Bürger nicht nur intellektuell, sondern auch emotional klar ist, dass unterschiedliche Kulturen und Erinnerungen in das eingeflossen sind, was wir deutsche Kultur nennen.

Deutschland ist ein Einwanderungsland, und dazu hat – Jahre bevor die Arbeitsmigration aus dem Süden Europas begann – nicht zuletzt auch die Einwanderung von Deutschen nach Deutschland beigetragen. Etwa 15 Millionen aus ehemals deutschen Gebieten Vertriebene hatten in der Bundesrepublik und in Maßen auch in der DDR Zuflucht gesucht und nach oft schwierigen, von Feindseligkeit geprägten Jahren eine neue Heimat gefunden. Oft haben sie, etwa im damals noch sehr rückständigen Bayern, entscheidend zur Modernisierung des Landes beigetragen – es bestätigte die alte Regel, dass in Migranten besonders oft ein starker Behauptungs- und Aufstiegswille am Werk ist.

Als die Bundesrepublik noch jung, das politische Personal in der Regel aber alt war, waren die Vertriebenen eine von den Institutionen des Landes geschätzte und umhegte Bevölkerungsgruppe, da gab es nichts zu klagen. Gemocht wurden sie oft aber nicht. Oberflächlich deswegen nicht, weil sie Konkurrenten um Wohnraum und Arbeitsmöglichkeiten waren oder zu sein schienen. Aber auch deswegen nicht, weil sie Unruhe und neue soziale Schichtungen in Milieus brachten, die vorher eher homogen waren. Plötzlich wurden aus rein katholischen Regionen konfessionell gemischte – was vielerorts keineswegs als Bereicherung verstanden wurde. Und nicht zuletzt: Plötzlich brach gewissermaßen in einem Land, das immer auf die Selbstbehauptung kultureller Besonderheiten stolz war, der deutsche Osten im Westen ein – auch das Anlass für Verdruss und Hader. Vor allem aber: Diese Flüchtlinge trugen, stärker als die einheimisch Gebliebenen, den Makel der Niederlage, des Scheiterns mit sich herum. Wie keine andere Bevölkerungsgruppe erinnerten sie mit ihrer puren Existenz daran, dass Deutschland ein erschüttertes Land war.

Aller Folklore, allen Pfingsttreffen, allen über die ganze Republik verstreuten Heimatstuben zum Trotz, hatten die Vertriebenen deswegen immer auch ein Leben am Rande geführt. Obwohl es kaum eine Familie gibt, die von der Erfahrung der Vertreibung nicht berührt gewesen wäre, sind die schweren Erinnerungspakete, die Vertriebene für den Rest ihres Lebens mit sich herumtrugen, nicht wirklich in den Schatz gemeinsamer nationaler Erfahrung eingegangen. Es gibt diese Pakete zwar, kaum jemand bezweifelt ihre Existenz, aber man mag sie nicht so gern geöffnet sehen.

Dass sie doch geöffnet werden, das war und ist das Ziel jener Initiative, die Erika Steinbach (unterstützt von Peter Glotz) vor Jahren begründet hat. Viele haben ihr Knüppel in den Weg gelegt, national wie international. Und bis vor nicht allzu langer Zeit sah es so aus, als könne aus dem Zentrum, das der Vertreibungserfahrung gewidmet sein soll, am Ende doch nichts werden. Mit allen Finten, die die Kunst des Kleingedruckten bereithält, wurde an einem Scheitern oder einem Verwässern des Projekts gearbeitet. Nun wird also doch noch etwas daraus werden. Der Weg dahin war steinig, aber am Ende hat es gelohnt. Der Nebel der Querelen kann sich verziehen. Und es besteht zumindest die Hoffnung, dass am Ende nicht mehr über die Verträglichkeit oder Unverträglichkeit von Frau Steinbach geredet wird – sondern über die Vertreibung selbst: ohne jede Relativierung deutscher Verbrechen, aber auch ohne jede Beschönigung dieser Erfahrung, die neben anderen auch konstitutiv für die Republik war und ist. Dazu wäre es ohne die Hartnäckigkeit von Erika Steinbach nie gekommen. Nicht immer sind es die Diplomatischen, die klugen und salomonischen Lösungen den Weg bereiten. Frau Steinbach hat am Ende darauf verzichtet, an ihrem Lebensprojekt persönlich beteiligt zu sein. Sie hat hier eine Fähigkeit zum Kompromiss an den Tag gelegt, die ihre Gegner ihr nicht zugetraut hätten – und die sie selbst nicht haben.

»Die Welt« vom 12. Februar 2010, Seite 6

Guter Rat ist teuer

Nun fliegt der Ball munter hin und her. Erst hat der frisch im Amt befindliche Außenminister Guido Westerwelle in Warschau (nicht in Berlin oder auch Heppenheim) klar zu erkennen gegeben, dass er nicht bereit sei, Erika Steinbach im Rat der Stiftung Flucht, Vertreibung, Versöhnung zu akzeptieren. Nun hat Frau Steinbach den Ball zurückgeworfen. Sie könne sich, sagte sie, ihren Verzicht auf den Sitz im Stiftungsrat durchaus vorstellen allerdings nur unter Bedingungen. Zu denen gehören: mehr Mitglieder des Bundes der Vertriebenen (BdV) im Rat, die zudem fortan ohne Einfluss der Bundesregierung ernannt werden sollen.

Das ist wohl kein vergiftetes Geschenk, aber durchaus ein wohlkalkuliertes Manöver. Denn es zwingt sowohl Westerwelle wie die Bundesregierung – insbesondere die hier sehr verhalten agierende Kanzlerin – zu einer klaren Entscheidung: Wenn Frau Steinbach dem Dauerdruck, sie zur Unperson im Stiftungsgeschehen zu machen, nachgibt, dann müsste auch die andere Seite bereit sein, im Interesse »der Sache« Zugeständnisse zu machen. Die Pointe besteht darin, dass diesem Vorschlag zufolge genau jener zentralpolitische Einfluss dahin wäre, der von der vergangenen Bundesregierung unerbittlich ausgeübt wurde und den die jetzige vielleicht weiter ausüben möchte. Offensichtlich meint man, ein so konfliktreiches und für viele unappetitliches Projekt wie das Zentrum gegen Vertreibungen sei nur unter strenger Observanz der großen Gouvernante Staat denkbar.

Es ist ein Elend, dass niemand die Kraft oder den Willen hat, das Projekt aus den Niederungen aktueller Querelen und Niederträchtigkeiten herauszuführen. Ohne die Beharrlichkeit von Erika Steinbach wäre die Stiftung nie zustande gekommen. Es hat etwas von magischem Denken, zu meinen, mit ihrer Anwesenheit im Rat würde das ungeliebte Projekt vollends kontaminiert. Entweder sollte sie ihren Sitz einnehmen können oder die Bundesregierung entscheidet sich zum Rückzug der Politik aus dem Projekt.

»Die Welt« vom 6. Januar 2010, Seite 1

Angst vor Erika Steinbach?

Stiftung »Flucht, Vertreibung, Versöhnung«
Es ist eine Stärke entwickelter Demokratien, dass sie über wetterfeste Institutionen verfügen. Kein Einzelner kann sie überrennen und zerstören; wer Erfolg haben will, muss in ihnen arbeiten und sich ihren Regeln unterwerfen. Auch weil das so ist, hat der Streit über die Frage, ob Erika Steinbach einen Platz im Stiftungsrat der Stiftung »Flucht, Vertreibung, Versöhnung« haben soll, etwas Unsägliches. Wer meint, unter allen Umständen Erika Steinbachs Entsendung verhindern zu müssen, legt ein ärmliches Verständnis von der Vertrauenswürdigkeit unserer Demokratie an den Tag.

Gewiss, am Ende hat die Bundesregierung in jeder einzelnen Nominierungsfrage ein Vetorecht. In aller Regel geht aber der mit dem Recht auf Veto klug um, der es nicht in Anspruch nimmt. Und schon gar nicht ist es üblich, mit dem Veto öffentlich zu drohen – wie es Außenminister

Guido Westerwelle tun zu müssen meinte. Er hat damit nicht eben einen Beweis seiner – in seinem Amt unentbehrlichen – diplomatischen Fähigkeiten erbracht. Wie es ja auch, vorsichtig formuliert, nicht sehr klug war, in Warschau – wo die Steinbach-Freunde noch viel rarer gesät sind als hier – gegen die Nominierung der Präsidentin des Bundes der Vertriebenen Stimmung zu machen.

Die Republik kann froh sein, dass es nach langen und teilweise mit üblen Mitteln ausgetragenen Querelen doch noch zu einer Einigung gekommen ist: Es soll und wird ein öffentlich sichtbares Zeichen geben, mit dem auch an die Vertreibung von Deutschen erinnert wird. Legitimerweise findet diese Vertreibung nun offiziell Eingang in unsere Gedenkkultur. Dazu wäre es ohne die Hartnäckigkeit von Frau Steinbach nie gekommen. Ihr den Einzug in den Stiftungsrat zu verwehren ist kleinlich und ungerecht. Und ein Zeichen jener Kultur der Ausgrenzung und des Hasses, die mancher der Präsidentin des Bundes der Vertriebenen so gerne vorwirft.

»Die Welt« vom 18. November 2009, Seite 6

Ein Draht zu den Toten

Die SPD und das Zentrum gegen Vertreibungen
Die Zeit heilt nicht. Aber sie kann helfen, mit der Vergangenheit ins Benehmen zu kommen. Etwa mit der der Vertreibung. Hier scheint die deutsche Diskussion an ein gutes Ende zu kommen. Der Rückblick zeigt es. Als aus dem Bund der Vertriebenen (BdV) vor sieben Jahren der Vorschlag kam, ein Zentrum gegen Vertreibungen zu schaffen, brach ein Streit aus, der heute nur noch bizarr wirkt. Es war der Frühsommer von Rot-Grün, und in den schien das Vorhaben, der deutschen Vertriebenen zu gedenken, so gar nicht zu passen. Entsprechend waren die Reaktionen. Man sagte dem Projekt revanchistische Absichten nach und war sich nicht zu schade, den Initiatoren zu unterstellen, sie wollten den Holocaust relativieren.

Dieser Streit ist wie verweht. Es wird, wie im Koalitionsvertrag vereinbart, »ein sichtbares Zeichen« zur Erinnerung an die Vertreibungen geben. Da hat sich vor allem die SPD bewegt. Sie lässt nun von der Verächtlichkeit, mit der sie sich anfangs zum Thema äußerte. Sie hat sich von jener Fühllosigkeit gegenüber deutschen Opfern entfernt, die sich zwar antifaschistisch drapierte, in Wahrheit aber nur roh und gefühlskalt war. Und nach zahlreichen Versuchen, diesen Ort des Erinnerns – nach Breslau etwa oder gar nach Straßburg – zu exportieren, hat sie sogar dem Standort Berlin zugestimmt. Das ist nicht wenig. Denn stellvertretend für die gesamte Generation der Rot-Grünen hat sich die SPD damit ein wenig von der Rolle des moralischen Nationalschulmeisters verabschiedet. Sie erkennt schlicht an, dass es auch in der Nation der Täter Opfer gab und es angemessen ist, um sie zu trauern und ihrer zu gedenken.

Und doch geht – inzwischen untergründig und in Gremienkanäle gebannt – der alte Streit weiter. Vordergründig entlädt er sich in dem eifrigen Bemühen, Erika Steinbach und den Bund der Vertriebenen so weit wie möglich auf Distanz zu halten – nach dem alten deutschen Einzelhandelsmotto: Wir müssen leider draußen bleiben! Das hat zum Teil groteske Folgen. Etwa die, dass man in SPD-Kreisen auf alle Fälle verhindern will, dass in dem geplanten Zentrum die Ausstellung »Erzwungene Wege. Flucht und Vertreibung in Europa im 20. Jahrhundert« Berücksichtigung findet, die vom BdV inspiriert und 2006 in Berlin zu sehen war. Stattdessen favorisiert man die Ausstellung »Flucht, Vertreibung, Integration«, die 2005 das Bonner Haus der Geschichte zeigte. Dieses Insistieren ist deswegen so durchsichtig, weil die Bonner Ausstellung allein den deutschen Blickwinkel einnahm – während die BdV-inspirierte Ausstellung ausdrücklich in europäischer Perspektive Vertreibungen thematisierte. Sie tat also genau das, was die Steinbach-Kritiker immer forderten.

Alles, nur nicht Steinbach: Hinter dieser Kampagne verbirgt sich, wie zu befürchten ist, das alte Bemühen, den Ansatz des Zentrums gegen Vertreibungen möglichst zu verwässern und ins Allgemeine entschwinden zu lassen. In SPD-Kreisen ist beharrlich von einem Dokumentationszentrum die Rede. Dieses muss man sich wohl eher als ein geschichtspädagogisches Unterfangen vorstellen: Da werden Zusammenhänge hergestellt, da wird aufgeklärt, da soll für heutige Vertreibungsverbrechen sensibilisiert werden. Und man will, dass möglichst viele Nachbarstaaten einbezogen und beteiligt werden. Beides ist löblich – hat hier aber auch eine weniger schöne Seite.

Das Gedenken an die Toten kann wohl nur zu einem kleineren Teil etwas Rationales sein. Eben das droht dem Zentrum ausgetrieben zu werden. Die Dimension des subjektiven Leidens wird in große europäische und weltgeschichtliche Zusammenhänge gestellt und damit in gewisser Weise entsubjektiviert. Es wird zum Exempel für den Geschichtsunterricht. Es wird eingeschreint. Das ist ein unfreundlicher Akt gegenüber jenen, deren Familien von der Vertreibung betroffen waren und die einen Ort des Gedenkens an die Toten der Vertreibungen haben wollen. Und es ist eine gänzlich unnötige Vorsichtsmaßnahme. Denn auch wenn es da und dort noch Unbelehrbare gibt: Der BdV ist kein Kampfverband mehr. Wer heute an die Vertreibungen erinnern will, ist in aller Regel kein Lobbyist mehr. Ihn treibt vielmehr – interesselos, aber traurig – der Wunsch, einen Draht zu den Toten zu halten. Besteht Hoffnung, dass dieser im Grunde bescheidene Wunsch nicht der Koalitionsarithmetik zum Opfer fällt?

Steinbach und ihr Verein sollen auf Distanz gehalten werden: Wir müssen leider draußen bleiben! Grotesk.

»Die Welt« vom 26. Oktober 2007, Seite 8

Ein Zentrum gegen Vertreibungen kann kein Ort für allgemeines Menschheitspathos sein

Auf die lange Bank Europas abgeschoben?
Warum jetzt der Streit? Eben noch schien es den – nicht emphatischen, aber doch versöhnlichen – Konsens zu geben, ein »Zentrum gegen Vertreibungen« sei eine gute Sache. Daß Erika Steinbach, die Vorsitzende des Bundes der Vertriebenen, das Projekt mit Nachdruck verfolgt, war nicht mehr anstößig. Auch in der Sache gab es Einigkeit, nur über den

Ort wurde noch verhandelt: Berlin, die deutsche Geschichtsstätte, war im Gespräch, aber auch – favorisiert etwa von Adam Krzeminski und Adam Michnik – Breslau, in mehrfacher Weise Stadt der Vertriebenen. Jetzt haben die Gegner des Standortes Berlin, angeführt von dem SPD-Politiker Meckel, einen Aufruf veröffentlicht, der klar gegen die bisherigen Planungen polemisiert: Ein solches Zentrum »als vorwiegend nationales Projekt« wäre verhängnisvoll, denn es riefe das Mißtrauen der Nachbarn hervor und berge die Gefahr, »das Leid der einen gegen das Leid der anderen aufzurechnen«.

Der Aufruf – unterzeichnet vor allem von deutschen und polnischen Intellektuellen und Politikern – ist ein normales Stück Lobbyarbeit der Breslau-Fraktion: Es ist hilfreich, Argumente mit den Weihen des höheren Anstands auszustaffieren. Doch da ist noch mehr – ein Stich ins Boshafte. Nicht nur, daß der Aufruf einen Großteil der Argumente als seine ureigenen in Position bringt, die nicht minder klar in den Grundsatzpapieren der Initiative von Erika Steinbach und Peter Glotz stehen. »Zentrum gegen Vertreibungen«: Schon der Plural signalisierte eindeutig, daß es nicht darum ging, die deutschen Wunden als singulär hinzustellen.

Daß der Bund der Vertriebenen das Vertreibungsgeschehen des 20. Jahrhunderts in seiner Komplexität ins Auge nimmt und auch die deutsche Schuld daran benennt, hätte als eine glückliche Wendung gelten können. Wie Innenminister Schily 1999 vor Vertriebenen im Berliner Dom das Offensichtliche benannte, die Tatsache nämlich, daß die »politische Linke in der Vergangenheit zeitweise über die Vertreibungsverbrechen hinweggesehen« hatte und das kein Ruhmesblatt gewesen war – so rang sich der Bund der Vertriebenen dazu durch, auch das Leid der anderen zu sehen, das er zwar nie geleugnet, aber auch nie herausgestellt hatte. Darauf könnte man aufbauen und Gespräche in Gang bringen, die über Jahrzehnte hinweg nicht zustande gekommen sind. Aber man will wohl doch nicht. Man will die Vertriebenen draußen haben, im Mahn- und Gedenkbus ist kein Platz für sie.

Im Aufruf heißt es, die Konzeption eines Europäischen Zentrums gegen Vertreibungen müsse »von Anfang an von verschiedenen europäischen Partnern gemeinsam erarbeitet« werden. Und vor einiger Zeit hatte der polnische Ministerpräsident Miller, an der Idee sichtlich kaum interessiert, gemeint, ein solches Projekt sei allenfalls unter der Schirmherrschaft des Europarates denkbar. Beides nährt den Verdacht, hier solle die Idee nicht anders ausgerichtet, sondern durchs Abschieben auf eine sehr lange Bank verhindert werden.

Doch selbst dann, wenn er nicht obstruktiv gemeint ist, bleibt der Vorschlag unbedarft. Glaubt man ernsthaft, auf europäischer Gremienebene darüber debattieren zu können, wie die Völker Europas mit dem, was sie anrichteten, und mit dem, was sie erlitten, in Zukunft umgehen sollten? Es steckt eine elende Pädagogik in diesem Versuch, die traumatische Erfahrung der Vertreibung dadurch hof- und diskursfähig zu machen, daß man sie zu einem Vorkapitel europäischer Verfassungsfindung hinabzwingt und sie damit ihrer aufbäumenden Kraft beraubt. Gewiß, die Europäer sollen sich über die Tragödien der Vertreibung austauschen und auch darüber zueinander finden. Wer das will, muß aber akzeptieren, daß es ein hehres, vom Pathos der allgemeinen Menschenrechte getragenes Beklagen der Vertreibungen nicht geben kann. Nichts Schönes, nichts Edles kommt zum Vorschein, wenn Vertreibung erinnert wird. Sondern, ganz wörtlich, Blut, Schweiß und Tränen. Solche Erinnerung hat etwas Selbstisches, sie kann nicht anders, denn was da erlebt wurde, ging ans Innerste der Existenz. Will man das nicht hinnehmen, dann will man von Vertreibung nichts hören und sich statt dessen jenem so gefühl- wie folgenlosen Antifaschismus der guten Sache hingeben, der zu den häßlichsten Seiten der DDR gehört hat.

Etwa anderes kommt hinzu: Wie der Holocaust auch die jüdische Kultur Ost- und Mitteleuropas vernichtet hat, ist mit der Vertreibung der Deutschen aus Ost- und Mitteleuropa ebenfalls eine kulturelle Tradition untergegangen. Der Schmerz darüber sollte nicht durch Verrechnen oder durch den Sprung in die politischen Himmel Europas auf Null gebracht werden. Im Zentrum gegen Vertreibungen könnte er einen Trauerort finden: auch in Berlin. Neben dem Holocaust-Mahnmal, nicht dagegen.

»Frankfurter Allgemeine Sonntagszeitung« vom 20. Juli 2003, Seite 10

Thomas Urban

Urteile über Vorurteile – Spannungen an der Oder?

Als eines seiner ersten Ziele im Ausland hat der neue Bundespräsident Christian Wulff Warschau gewählt. In Polen war er schon mehrere Male, so wie der künftige polnische Präsident Bronislaw Komorowski schon oft Deutschland besucht hat. Beide legen großen Wert auf gute Beziehungen zu den Nachbarn. Deutsche Kommentatoren haben den Wahlsieg Komorowskis auch als »endgültiges Ende der Zwillingsherrschaft« begrüßt, für einen Großteil von ihnen waren Jaroslaw und Lech Kaczynski die Hauptursache für die Verschlechterung der deutsch-polnischen Beziehungen in den letzten Jahren.

Diese Einschätzung trifft allerdings nicht die Fakten: Denn die Spannungen reichen viel weiter zurück. Die ersten Risse zwischen Warschau und Berlin nach einer Phase gegenseitiger Freundschaftsbekundungen zeigten sich bereits 1998, als die Mehrheit des Bundestages einer Resolution zustimmte, nach der die Organisationen der deutschen Vertriebenen in den deutsch-polnischen Dialog eingebunden werden sollen. Die Argumentation: Nachdem alle politischen Probleme gelöst seien, sei es an der Zeit, auch diesen letzten psychologischen Ballast gemeinsam aufzuarbeiten. Doch die versöhnlich gemeinte Botschaft wurde in Warschau falsch verstanden, nämlich als Unterstützung von Eigentumsforderungen einer kleinen Gruppe von Vertriebenen. Entsprechend scharf fiel eine »Gegenresolution« aus. In Berlin war man irritiert, sah allerdings in der Warschauer Reaktion kein politisches, sondern nur ein emotionales Problem.

Echte Differenzen zeigten sich ausgerechnet, als in beiden Hauptstädten Sozialdemokraten regierten, in Berlin die SPD und in Warschau die SLD: Konfliktstoff boten die Gaspipeline durch die Ostsee, das polnische Militärbündnis mit der Bush-Administration im Irak und die gleichzeitige Annäherung des deutschen Bundeskanzlers Gerhard Schröder an Kremlchef Wladimir Putin, den er naiv »lupenreinen Demokraten« nannte. Vor allem haben damals beide Regierungen aus innenpolitischen Gründen die Debatte um ein Berliner Zentrum zur Dokumentation von Vertreibungen hochgespielt – und damit ungewollt den Kaczynski-Brüdern eine Steilvorlage geliefert: Der Vorwurf, die Deutschen würden die Geschichte des Zweiten Weltkrieges zu Lasten der Polen umschreiben, trug zu ihrem überraschenden Doppelsieg bei den Parlaments- und Präsidentenwahlen 2005 bei.

Bei den vorgezogenen Sejm-Wahlen 2007 und bei den Präsidentenwahlen 2010 spielte das »deutsche Thema« keine Rolle. Doch wurde klar, dass es jederzeit wiederkommen könnte, in der Schlussphase der Präsidentenkampagne ließ Jaroslaw Kaczynski es anklingen: Wie früher warnte er wieder vor »deutschen Revisionisten«.

Aus Berliner Sicht gibt es allerdings keine ernsthaften politischen Probleme zwischen beiden Ländern. Man sieht wohl die Emotionen auf polnischer Seite, die ein ganzes Bündel von Streitfragen mit historischem Hintergrund hervorgerufen haben: die Umschreibung der Geschichte des Zweiten Weltkrieges durch die Deutschen zu Lasten der Polen, dazu gehören ebenso das Vertriebenenzentrum Erika Steinbachs wie die Aktion »Gegen polnische Lager«; die Restitution von Immobilien in den »wiedergewonnenen Gebieten« an die früheren deutschen Besitzer; das von den deutschen Jugendämtern verfügte Polnisch-Verbot für Kinder aus geschiedenen deutsch-polnischen Ehen.

Bartoszewski contra Steinbach
Tausende von Artikeln sind über diese Themen in der polnischen Presse erschienen, Hunderte von Beiträgen wurden von den Fernsehsendern ausgestrahlt. Sie haben eines gemeinsam: Nach Meinung der überwältigenden Mehrheit der deutschen Politiker und Publizisten haben sie wenig oder gar nichts mit der Wirklichkeit zu tun. Den Vorwurf, die Deutschen würden die Geschichte des Zweiten Weltkrieges fälschen, widerlegt ein einfacher Blick in die Programme der deutschen Schulen,

Buchverlage und Fernsehsender: Selbstverständlich unterstreichen diese Programme die Schuld der Deutschen am Krieg und ihre Verantwortung für ihre Folgen, darunter die Vertreibung der Deutschen aus den Gebieten östlich von Oder und Neiße.

Vor allem aber hält die absolute Mehrheit der deutschen Kommentatoren das Projekt Erika Steinbachs nicht für antipolnisch. Dies belegt eine Auswertung der Kommentare in den überregionalen Zeitungen der Bundesrepublik während des vergangenen Jahres. Ausgelöst hatte diese Welle von Kommentaren der Deutschland-Beauftragte von Donald Tusk, der frühere Außenminister Wladyslaw Bartoszewski im Februar 2009, als er von Bundeskanzlerin Angela Merkel verlangte, dass Steinbach ein Platz im Beirat des Vertriebenenzentrums verwehrt bleiben soll.

In der Tat zog sich Steinbach zurück, doch Bundestagspräsident Norbert Lammert und Regierungssprecher Wilhelm Ulrich kritisierten Bartoszewski scharf. Und die Bundeskanzlerin zeigte sich demonstrativ auf Veranstaltungen des Bundes der Vertriebenen an der Seite Steinbachs. Wojciech Pieciak, der Deutschland-Experte des *Tygodnik Powszechny*, schrieb daraufhin, Bartoszewski habe mit seinem Konfrontationskurs eine »Atombombe« gezündet, die die deutsch-polnischen Beziehungen noch lange kontaminieren werde. In *Rzeczpospolita* beschrieb Piotr Semka unter der Überschrift »Die verlorene Ehre des Wladyslaw B.«, dass dieser seinen Ruf bei der Elite der deutschen Politik ruiniert habe. In Berlin war nach den Aufregungen vom Frühjahr 2009 damit gerechnet worden, dass Tusk seinen Deutschland-Berater nach den Feiern zum 70. Jahrestag des deutschen Angriffs auf Polen am 1. September in Ehren in Rente schickt. Doch dies geschah nicht.

Die Mehrheit der deutschen Kommentatoren verstand nicht, wie die Regierung in Warschau eine viertrangige Personalie zur Staatsaffäre machen konnte. Die polnischen Medien aber haben bis heute nie nachgefragt, warum Merkel ebenso wie der frühere Bundespräsident Horst Köhler und sein Nachfolger Christian Wulff Steinbach unterstützten, so wie dies auch die katholischen deutschen Bischöfe tun, die sich sehr für die Freundschaft mit Polen einsetzen. Über Steinbach wurden diskreditierende Zitate erfunden und nie korrigiert *(Wprost, Zycie Warszawy)*, Artikel über die Eigentumsforderungen wurden regelmäßig mit Fotos von ihr illustriert, obwohl sie diese Forderungen ablehnt *(Rzeczpospolita)*, in Karikaturen wurde sie in SS-Uniform dargestellt, obwohl sie ihre politische Karriere in deutsch-israelischen und christlich-jüdischen Gremien begonnen hat. In einer Umfrage über ausländische Politiker, von denen Gefahren für Polen ausgehen, belegte sie laut *Rzeczpospolita* den zweiten Platz – nach Wladimir Putin und vor dem iranischen Präsidenten Ahmadinedschad. Die deutschen Medien berichteten mit Spott darüber. Auch Korrespondenten aus den USA, Frankreich, Spanien und anderen Ländern verstanden den Kampf fast der gesamten polnischen Nation gegen eine einzige Blondine nicht.

Geschichtsfälscher?
Kaum erfolgreicher verlief bislang die Aktion »Gegen polnische Lager«, die das Außenministerium in Warschau 2004 ins Leben gerufen hat und die von *Rzeczpospolita* mit groß aufgemachten Artikeln unterstützt wird. Sie besteht darin, dass die gesamte internationale Presse nach der Formulierung »polnische Lager« für die von den Deutschen im besetzten Polen eingerichteten Lager durchsucht wird. Die jeweilige Redaktion bekommt einen Protestbrief der polnischen Botschaft und wird von *Rzeczpospolita* als »Geschichtsfälscher« angeprangert, da die Formulierung »polnische Lager« angeblich suggeriert, dass den Polen die Verantwortung für den Holocaust tragen. In vielen Sprachen, darunter auch dem Deutschen, kann dieser Begriff aber auch geographisch gemeint sein. In der Tat gibt es kein einziges Beispiel, weder in den internationalen noch den deutschen Medien, dass den Polen die Verantwortung für die Lager gegeben würde.

Auch zahlenmäßig existiert das Problem praktisch nicht: Eine Auswertung des elektronischen Archivs der deutschen überregionalen Presse ergab, dass in den rund 10 000 Artikeln über die KZ, die von 2004 bis 2009 erschienen sind, sechsmal die inkriminierte Formulierung auftauchte. Fünf dieser sechs Artikel handeln von deutschen Tätern und jüdischen, polnischen und anderen Opfern, die Bezeichnung ist also geographisch gemeint. Der sechste Artikel behandelt den Palästina-Konflikt. Mit anderen Worten: Nur in 0,01 Prozent der deutschen Publikationen der letzten fünf Jahre über die KZ ist nicht klar herausgestellt, dass diese von Deutschen eingerichtet wurde. Die Aktion »Gegen polnische Lager« aber suggeriert dem polnischen Publikum, dass es sich um ein Massenphänomen handelt. Übrigens haben die deutschen Chefredakteure ihre Redaktionen angewiesen, den Begriff »polnische Lager« wegen seiner Zweideutigkeit auf jeden Fall zu vermeiden. In einigen Fällen in der deutschen wie der internationalen Presse war die Aktion sogar kontraproduktiv: Denn aus Ärger darüber, dass ihre Zeitungen wegen Artikeln über deutsche Verbrechen, in denen aber die geographisch gemeinte Formulierung »polnische Lager« vorkam, als Geschichtsfälscher angeprangert wurden, ließen sie Artikel über die Lager für Regimegegner, für Deutsche und für Ukrainer drucken, die das polnische Amt für Staatssicherheit 1945 eingerichtet hat.

Ähnliche Zahlen lassen sich für ein anderes Thema aufstellen, das die polnischen Medien immer wieder beschäftigt, zuletzt stand es am 9. Februar 2010 im Mittelpunkt von Jan Pospieszalskis Sendung »Warto rozmawiac« *(Es lohnt sich, darüber zu sprechen)*: die deutschen Jugendämter. Angeblich verbieten sie polnischen Vätern und Müttern, deren Ehen mit einem deutschen Partner geschieden worden sind, mit den in der Bundesrepublik lebenden Kindern Polnisch zu reden. In der Tat musste in den letzten beiden Jahrzehnten bei mehr als 10 000 Kindern aus gescheiterten deutsch-polnischen Ehen über das Sorgerecht entschieden werden.

Bei rund 30 Fällen war nach Angaben der polnischen Botschaft in Berlin die Regelung des Sorgerechtes »schwierig«, bei acht Fällen »sehr schwierig«. Bei diesen acht Fällen (0,08 Prozent der geschätzten Gesamtzahl) durften die polnischen Elternteile ihre Kinder nur unter Aufsicht sehen. So wird entschieden, wenn eine Entführung oder sexuelle Übergriffe befürchtet werden, wenn Gutachten über psychische Probleme des betreffenden Elternteils vorliegen, wenn er Loyalitätskonflikte beim Kind auslöst, indem er permanent schlecht über den Ex-Partner redet. Solche Regelungen gelten in allen EU-Staaten, auch in Polen.

Journalisten als Verteidiger des Nationalstolzes

Bei zwei dieser acht Fälle (0,02 Prozent der Gesamtzahl) sollten die Treffen für eine begrenzte Zeit von Psychotherapeuten begleitet werden, die nicht des Polnischen mächtig waren. Da die beiden betroffenen Väter seit vielen Jahren in Deutschland arbeiten und exzellent Deutsch sprechen, sahen die Behörden darin kein Problem. In beiden Fällen war Gewalt in der Familie die Ursache für die Überwachung der Treffen gewesen, was die polnischen Medien allerdings nie berichtet haben. Dafür hat ein Teil der Medien vor anderthalb Jahren eine polnische Mutter als Heldin gefeiert, die den beim deutschen Vater lebenden Sohn entführt hat. Als dieser Vater nach Warschau kam und auf einer Pressekonferenz Dokumente vorlegte, die den Vorwurf des Polnisch-Verbots widerlegen, kam kein einziger polnischer Redakteur, obwohl alle Redaktionen eingeladen worden waren. Die Geschichte endete damit, dass die Mutter den Sohn dem Vater zurückgab.

Bis heute haben die polnischen Leser nicht erfahren, dass 2006 das Justizministerium in Berlin alle Jugendämter gebeten hat, stets für einen Dolmetscher zu sorgen, wenn ein ausländischer Elternteil dies möchte. Es gab seitdem keinen einzigen Fall mehr, in dem polnische Eltern mit ihren beim deutschen Ex-Partner lebenden Kindern nicht Polnisch reden konnten. Diese Fakten und Zahlen sind alle ohne Probleme bei den Justizministerien beider Länder in Erfahrung zu bringen. Dass das Thema aber immer wieder hochkommt, stößt bei deutschen Politikern und Diplomaten auf komplettes Unverständnis.

Auch ein weiteres Thema, das für kollektive Proteste an der Weichsel sucht, erweist sich bei näherer Analyse als gegenstandslos: die Übernahme von Immobilien in den »wiedererlangten Gebieten« durch die früheren deutschen Besitzer. Der Europäische Gerichtshof hat Klagen der Preußischen Treuhand, die eine kleine Gruppe von Vertriebenen des Jahres 1945 vertritt, zurückgewiesen. Anders gelagert ist der Fall der Anna Trawny, die ein Haus in Masuren zurückbekommen hat. Dies geschah im Einklang mit dem polnischen Recht, denn ihre Mutter hatte bei ihrer Übersiedlung in die Bundesrepublik in den siebziger Jahren nicht die polnische Staatsbürgerschaft verloren. Der Fall

Trawny ist also rechtlich ein innerpolnisches, aber kein deutsch-polnisches Problem.

Die große Frage ist, warum fast alle Warschauer Medien bei diesen Fragen, die in Polen als so wichtig eingestuft werden, nicht korrekt berichten und damit nicht nur ihre Leser, sondern auch viele polnische Politiker in die Irre führen. Die Lösung ist vielleicht im Selbstverständnis eines großen Teils der Redakteure zu finden: Sie sehen sich als politische Akteure, manche sogar als Agitatoren. Und viele sehen sich gegenüber den Deutschen als Verteidiger der Ehre der Nation. Nur: Erfolg bringt diese Haltung wenig, denn die meisten Deutschen verstehen sie nicht.

Doch sind die letzten deutschen Regierungen an der entstandenen Lage nicht unschuldig. Beispielsweise hat Berlin es bisher noch nicht geschafft, Spitzendiplomaten an die Weichsel zu schicken, die gut Polnisch sprechen. In Warschau wird dies keineswegs zu Unrecht auch als Zeichen einer gewissen Geringschätzung gesehen. Hier steht Berlin in der Pflicht. Ein guter, mediengewandter Botschafter hätte auch verhindern können, dass Themen, die nichts mit der Wirklichkeit zu tun haben, diese politischen Emotionen hervorrufen.

»FORUM«, 19. Juli 2010
Thomas Urban ist Korrespondent
der »Süddeutschen Zeitung«
in Warschau und Kiew

Charta der Heimatvertriebenen

Im Bewußtsein ihrer Verantwortung vor Gott und den Menschen, im Bewußtsein ihrer Zugehörigkeit zum christlich-abendländischen Kulturkreis, im Bewußtsein ihres deutschen Volkstums und in der Erkenntnis der gemeinsamen Aufgabe aller europäischen Völker, haben die erwählten Vertreter von Millionen Heimatvertriebenen nach reiflicher Überlegung und nach Prüfung ihres Gewissens beschlossen, dem deutschen Volk und der Weltöffentlichkeit gegenüber eine feierliche Erklärung abzugeben, die die Pflichten und Rechte festlegt, welche die deutschen Heimatvertriebenen als ihr Grundgesetz und als unumgängliche Voraussetzung für die Herbeiführung eines freien und geeinten Europas ansehen.

1. Wir Heimatvertriebenen verzichten auf Rache und Vergeltung. Dieser Entschluß ist uns ernst und heilig im Gedenken an das unendliche Leid, welches im besonderen das letzte Jahrzehnt über die Menschheit gebracht hat.
2. Wir werden jedes Beginnen mit allen Kräften unterstützen, das auf die Schaffung eines geeinten Europas gerichtet ist, in dem die Völker ohne Furcht und Zwang leben können.
3. Wir werden durch harte, unermüdliche Arbeit teilnehmen am Wiederaufbau Deutschlands und Europas.

Wir haben unsere Heimat verloren. Heimatlose sind Fremdlinge auf dieser Erde. Gott hat die Menschen in ihre Heimat hineingestellt. Den Menschen mit Zwang von seiner Heimat trennen, bedeutet, ihn im Geiste töten.

Wir haben dieses Schicksal erlitten und erlebt. Daher fühlen wir uns berufen zu verlangen, daß das Recht auf die Heimat als eines der von

236

Gott geschenkten Grundrechte der Menschheit anerkannt und verwirklicht wird.

Solange dieses Recht für uns nicht verwirklicht ist, wollen wir aber nicht zur Untätigkeit verurteilt beiseite stehen, sondern in neuen, geläuterten Formen verständnisvollen und brüderlichen Zusammenlebens mit allen Gliedern unseres Volkes schaffen und wirken.

Darum fordern und verlangen wir heute wie gestern:

1. Gleiches Recht als Staatsbürger nicht nur vor dem Gesetz, sondern auch in der Wirklichkeit des Alltags.
2. Gerechte und sinnvolle Verteilung der Lasten des letzten Krieges auf das ganze deutsche Volk und eine ehrliche Durchführung dieses Grundsatzes.
3. Sinnvollen Einbau aller Berufsgruppen der Heimatvertriebenen in das Leben des deutschen Volkes.
4. Tätige Einschaltung der deutschen Heimatvertriebenen in den Wiederaufbau Europas.

Die Völker der Welt sollen ihre Mitverantwortung am Schicksal der Heimatvertriebenen als der vom Leid dieser Zeit am schwersten Betroffenen empfinden.

Die Völker sollen handeln, wie es ihren christlichen Pflichten und ihrem Gewissen entspricht.

Die Völker müssen erkennen, daß das Schicksal der deutschen Heimatvertriebenen wie aller Flüchtlinge ein Weltproblem ist, dessen Lösung höchste sittliche Verantwortung und Verpflichtung zu gewaltiger Leistung fordert.

Wir rufen Völker und Menschen auf, die guten Willens sind, Hand anzulegen ans Werk, damit aus Schuld, Unglück, Leid, Armut und Elend für uns alle der Weg in eine bessere Zukunft gefunden wird.

Stuttgart, den 5. August 1950

Segenswünsche

Telegramm von Papst Benedikt XVI. zum Tag der Heimat 2007

APOSTOLISCHE NUNTIATUR
IN DEUTSCHLAND

Berlin, den 10. August 2007

Nr. 3353/07

Sehr geehrte Frau Steinbach!

Ich beehre mich, Ihnen den Text des Telegramms zu übermitteln, das Seine Heiligkeit Papst Benedikt XVI. an die Teilnehmer am *Tag der Heimat 2007* richtet, der am 18. August in Berlin stattfinden wird:

„S. H. Papst Benedikt XVI. hat davon Kenntnis erhalten, dass der Bund der Vertriebenen am 18. August in Berlin den diesjährigen „Tag der Heimat" begeht. Der Heilige Vater versichert die Teilnehmer seiner geistlichen Nähe und entbietet ihnen beste Segenswünsche. Das Motto „Heimat ist Menschenrecht" unterstreicht, dass der Mensch Anrecht auf das wertvolle Gut der Heimat hat. Heimat ist mitbegründend für die Identität der Person und bedarf daher des Schutzes. Wahre Heimat ist jedoch ungleich mehr als die Sicherung von Grund und Boden, Sprache und Kultur. Sie steht in enger Beziehung zu einem grundmenschlichen Verhalten der gegenseitigen Annahme und Solidarität. Dadurch können besonders auch jene ein Zuhause finden, die ihre ursprüngliche Heimat auf tragische Weise verloren haben. In der Zuversicht, dass die staatlichen Autoritäten und die internationale Völkergemeinschaft das Recht auf Heimat immer wirksamer schützen und vielen Menschen durch die gelebte Nächstenliebe der Christen ein echtes Zuhause geschenkt wird, erbittet Seine Heiligkeit Papst Benedikt XVI. allen Teilnehmern am Tag der Heimat von Herzen Gottes beständigen Schutz und seinen reichen Segen.

+ *Erzbischof Fernando Filoni*
Substitut des Staatssekretariats

Indem ich Ihnen obige Grußbotschaft des Heiligen Vaters übermittle, verbleibe ich mit freundlichen Grüßen

Ihr

Apostolischer Nuntius

238

Grußbotschaft von Papst Johannes Paul II.

Seine Heiligkeit
PAPST JOHANNES PAUL II.

sendet den Teilnehmern am TAG DER HEIMAT in Berlin

herzliche Segenswünsche.

Der Heilige Vater hat mit regem Interesse davon Kenntnis erlangt, dass der Bund der Vertriebenen am 6. September 2003 in Berlin den TAG DER HEIMAT unter dem wegweisenden Motto »Mit Menschenrechten Europa vollenden« begeht.

Europa hat in seiner jüngeren Geschichte durch menschenfeindliche Ideologien wie auch durch übersteigerte Nationalismen furchtbare Konflikte in und unter den Nationen bis hin zur ungeheuren Tragödie zweier Weltkriege ertragen müssen. Der TAG DER HEIMAT ist dem Gedenken all jener Menschen gewidmet, die durch die zerstörerische Macht des Hasses und der Vergeltung aus ihren angestammten Lebensbezügen gewaltsam herausgerissen wurden; »die umherirrten, und den Weg zur wohnlichen Stadt nicht fanden« (Ps 107,4). Niemand weiß mehr als die Betroffenen, welche es schmerzlich missen mussten, wie kostbar jenes Grundrecht ist, im Land seiner Kindheit leben zu dürfen, an den Gräbern der Vorfahren sich des familiären Erbes vergewissern zu können und aus der landsmannschaftlichen Verwurzelung Lebensfreude und Selbstbewusstsein zu schöpfen. Die Achtung gerade dieser Menschenrechte leistet einen maßgeblichen Beitrag zum Aufbau einer gerechten und humanen Welt. Und doch geht das Streben nach Glück und Sinnerfüllung weit über das hinaus, was der Mensch aus eigenen Kräften zu schaffen vermag. Es ist ein Gottesgeschenk, das in der Ewig-

239

keit eingelöst wird. »Unsere Heimat aber ist im Himmel« (Phil 3,20). Diese Gewissheit gibt den Christen und allen Menschen guten Willens die innere Freiheit, die endlichen Güter im tatkräftigen Einsatz für Frieden und Gerechtigkeit verantwortlich zu gebrauchen und sich gleichwohl »als Gast auf Erden« auszurichten auf dem Weg zum ewigen Vaterhaus.

Im festen Vertrauen auf ein Europa geeinter und versöhnter Völker erteilt Seine Heiligkeit Papst Johannes Paul II. allen Teilnehmern, den Veranstaltern und Referenten des diesjährigen TAGES DER HEIMAT des Bundes der Vertriebenen von Herzen den Apostolischen Segen.

Mit besten persönlichen Wünschen

gez. Erzbischof Leonardo Sandri
Substitut des Staatssekretariats

Aus dem Vatikan, am 6. September 2003

Siedlungs-, Bevölkerungs- und Vertreibungsstatistik

Die folgenden Angaben beziehen sich erstens auf die früheren preußischen Ostprovinzen in den Grenzen vom 31. August 1939, zweitens auf die nordost-, südost- und osteuropäischen Staaten in den jeweiligen Grenzen vor 1939, in denen große deutsche Volksgruppen lebten.

Baltikum

Deutsche Bevölkerung vor dem Krieg:	131 000
In Prozent der Gesamtbevölkerung:	2 % (Estland), 3,2 % (Lettland), 1,5 % (Litauen)
Große Städte (deutsche Bevölkerung vor dem Krieg in Prozent):	Riga 13 % (1925)
1945 in die UdSSR deportiert:	?
Vertreibungsverluste:	25–30 000
Als Vertriebene aus Estland, Lettland und Litauen in Deutschland 1950:	91 500
Wieder in der Heimat 1950:	ca. 5000 (von den Sowjets »repatriiert«)
Wieder in der Heimat 2007:	< 100

Ostpreußen

Die folgenden Angaben beziehen sich auf die Provinz Ostpreußen in den Grenzen vom 31. August 1939, also inkl. des erst 1922 hinzugekommenen Regierungsbezirks Westpreußen/Marienwerder und des Memellands.

Gebiet in qkm:	39 653 (davon 2956 Reg.-bez. Westpreußen)
Deutsche Bevölkerung vor dem Krieg:	2 575 000 (davon 302 000 im Reg.-bez. Westpreußen)
In Prozent der Gesamtbevölkerung:	>98 %
Große und größere Städte:	Königsberg/Pr. (1939 372 000 Einwohner), Allenstein, Insterburg, Elbing (westpreußisch), Marienburg (dto.), Tilsit, Memel, Gumbinnen
1944/45 in die UdSSR deportiert:	?*
Vertreibungsverluste:	300 000
Als Vertriebene in Deutschland 1950:	1 960 000
Noch in der Heimat, insbesondere Masuren 1950:	160 000
Noch in der Heimat 2007 (poln. Wojwodschaft Ermland/Masuren):	ca. 3000

Westpreußen

Die 1878 nach Teilung der Provinz Preußen in Ost- und Westpreußen gebildete Provinz mit der Hauptstadt Danzig umfasste bis zu ihrer infolge polnischer Annexionen und des Versailler Vertrages erfolgten Vierteilung 1919/20 25 552 qkm mit (1910) 1 703 500 Einwohnern, davon 64,4 % deutsch, 27,9 % polnisch, der Rest kaschubisch.

Die Hauptstadt Danzig mit Umland (1914 qkm) wurde 1920 »Freie Stadt« unter dem Mandatsregime des Völkerbundes.

Der mittlere Teil mit Thorn, Kulm, Graudenz usw. (15 844 qkm) fiel an Polen (»Korridor«).

---

* Die Gesamtzahl der aus den Oder-Neiße-Gebieten unter hohen Verlusten in die UdSSR Deportierten wird auf 350 000 geschätzt.

Der westliche Teil mit Neustadt, Schlochau, Flatow usw. kam teilweise zu Pommern, größtenteils zur neu gebildeten Provinz Grenzmark Posen-Westpreußen und nach deren Auflösung 1938 ganz zu Pommern.

Der östliche Teil mit Elbing, Marienburg, Marienwerder usw. (2956 qkm) kam als »Regierungsbezirk Westpreußen« zur Provinz Ostpreußen.

Freie Stadt Danzig

Gebiet in qkm:	1914
Deutsche Bevölkerung vor dem Krieg:	380 000
In Prozent der Gesamtbevölkerung:	95 %
Große Städte:	Danzig, Zoppot
1945 in die UdSSR deportiert:	10 000
Vertreibungsverluste:	83 000
Als Vertriebene in Deutschland 1950:	rd. 290 000
Noch in der Heimat 1950:	4000 (?)
Noch in der Heimat 2007:	–

Pommern

Die folgenden Angaben beziehen sich auf den 1945 von Polen annektierten Teil Pommerns incl. der erst 1938 angegliederten Kreise der aufgelösten Grenzmark Posen-Westpreußen.

Gebiet in qkm (Hinterpommern und Gebiet um Stettin):	31 301
Deutsche Bevölkerung vor dem Krieg:	1 884 000
In Prozent der Gesamtbevölkerung:	>99 %
Große Städte:	Stettin (1939 383 000 Einwohner), Stolp, Stargard, Kolberg, Köslin, Neustettin
Vertreibungsverluste:	330 000
Als Vertriebene in West- und Mitteldeutschland 1950:	1 397 000
Noch in der Heimat 1950:	55 000

Ost-Brandenburg

Gebiet in qkm:	11 329
Deutsche Bevölkerung vor dem Krieg:	645 000
In Prozent der Gesamtbevölkerung:	>99 %
Größere Städte:	Frankfurt/Oder (Dammvorstadt), Küstrin, Landsberg/Warthe, Königsberg/Nm., Sorau, Schwiebus, Arnswalde
Ungeklärte Fälle/Nachkriegsverluste:	207 000
Als Vertriebene in West- und Mitteldeutschland 1950:	390 000
Noch in der Heimat 1950:	<20 000

Schlesien

Die folgenden Angaben beziehen sich auf Schlesien östlich der Neiße in den Grenzen vom 30. September 1938, also ohne das 1922 abgetretene Ost-Oberschlesien und ohne Sudeten-Schlesien.

Gebiet in qkm:	34 671
Deutsche Bevölkerung vor dem Krieg:	4 576 000
In Prozent der Gesamtbevölkerung:	>98 %
Große Städte:	Breslau (1939 630 000 Einwohner), Gleiwitz, Hindenburg (Zabrze), Beuthen, Liegnitz, Ratibor, Oppeln, Görlitz, Hirschberg, Waldenburg
In Ost-Oberschlesien:	Kattowitz, Königshütte
1945 in die UdSSR deportiert:	?*
Vertreibungsverluste:	466 000
Als Vertriebene in Deutschland 1950:	3 197 000
Noch in der Heimat 1950:	870 000
Noch in der Heimat 2002:	offiziell 107 000 (Volkszählung), 24 000 »Schlesier«, 62 000 Nationalität »unbekannt«

---

* Die Gesamtzahl der aus den Oder-Neiße-Gebieten unter hohen Verlusten in die UdSSR Deportierten wird auf 350 000 geschätzt.

Polen

Die folgenden Angaben beziehen sich auf das Gebiet der sog. »Zweiten Republik« (1918/19–1939)

Deutsche Bevölkerung vor dem Krieg:	Westpreußen/Posen-Pommerellen ca. 400 000, Ost-Oberschlesien 400 000, Mittelpolen 350 000, West-Wolhynien 70 000, Galizien 70 000; insgesamt 1 370 000
In Prozent der Gesamtbevölkerung:	ca. 3 %
Große Städte (deutsche Bevölkerung vor dem Krieg in Prozent):	Lodz (9 %), Bromberg/Bydgoszcz (10 %), Kattowitz/Katowice (40 %), Königshütte/Królewska Huta/seit 1934 Chorzów (>50 %), Schwientochlowitz (35 %), Posen/PoznaiD (4 %), Wirsitz/Wyrzysk (19 %), Hohensalza/Inowroclaw (9 %), Bielitz/Bielsko (>40 %),
1944/45 in die UdSSR deportiert:	112 000
Vertreibungsverluste:	185 000
Als Vertriebene in Deutschland 1950:	688 000
Noch in der Heimat 1950, insbesondere in Ost-Oberschlesien:	430 000
Zweite Hälfte 80er-/Anfang 90er-Jahre sehr starke Abwanderung nach Deutschland	
Noch in der Heimat 2002:	32 000 Deutsche und 149 000 »Schlesier« (Wojwodschaft »Schlesien«, Kattowitz)

245

ČSR (1. Tschechoslowakei)

Die folgenden Angaben beziehen sich auf das Gebiet der sog. 1. Tschechoslowakei (1918/19-38), also einschließlich der Karpatenukraine.

Gebiet in qkm:	140 493 (davon Oktober 1938 infolge des Münchner Abkommens 28 946 qkm an das Deutsche Reich)
Deutsche Bevölkerung vor dem Krieg:	Sudetendeutsche Gebiete: 3 039 000 (93,9 %); »Reichsprotektorat Böhmen und Mähren«: 262 000 (3,5 %); Slowakei mit Karpatenukraine: ca. 160 000 (ca. 5 %); insgesamt 3 460 000
In Prozent der Gesamtbevölkerung 1937:	22,1 % (zum Vergleich: Tschechen 50 %, Slowaken 16,3 %), in den böhmischen Ländern alleine rund ein Drittel
Größere Städte (deutsche Bevölkerung vordem Krieg in Prozent) im Sudetenland:	Gablonz/Jablonec 94,6 %, Komotau/Chomutov 96,9 %, Reichenberg/Liberec 97,8 %, Aussig/Usti nad Labem 97,1 %, Karlsbad/Karlovy Vary 99,7 %, Troppau/Opava 81,3 % usw.
Im »Reichsprotektorat«:	Prag 5 %, Brünn/Brno >20 %, Iglau/Jihlava 40 %
In der Slowakei:	Pressburg/Poszony/Bratislava 22,1 %, Kremnitz/Kremnica 52,2 %, Käsmark/Kezmarok 33,2 %
1945 in die UdSSR deportiert:	30 000
Vertreibungs-/Nachkriegsverluste:	238 000, darunter 13 000 Karpatendeutsche (Slowakei)

Als Vertriebene in Deutschland
und Österreich 1950:   3 000 000
Noch in der Heimat 1950:   ca. 250 000
Noch in der Heimat 2008:   40 000 (Tschechische Republik),
                                    5–6000 (Slowakei)

Jugoslawien

Deutsche Bevölkerung vor dem Krieg: 540 000, davon 510 000 Donau-
                                      schwaben
In Prozent der Gesamtbevölkerung: ca. 4 % (in der Wojwodina 23,5 %,
                                      1921)
Größere Städte
(deutsche Bevölkerung 1921 in Prozent): Apatin, Esseg/srbkr. Ossijek,
                                      Gr.-Betschkerek/Zrenjanin,
                                      Pantschowa/Pancevo, Neusatz/
                                      Novi Sad (16,6 %), Sombor (9,5 %)
1945 in die UdSSR deportiert: 12 000
Vertreibungsverluste: 64 000
Als Vertriebene in Deutschland,
Österreich 1950:   298 000
Noch in der Heimat 1950:   < 100 000
Noch in der Heimat 2007:   ca. 3000 in Kroatien (0,07 %)

Ungarn

Die Angaben beziehen sich auf das heutige ungarische Staatsgebiet, das sog. »Trianon«-Ungarn (Vertrag von Trianon 4.6.1920).

Deutsche Bevölkerung vor dem Krieg:	500–600 000
In Prozent der Gesamtbevölkerung:	6 %
Größere Städte:	Ödenburg (ung. Sopron), Fünf- kirchen (Pecs), Wieselburg (Moson), Steinamanger (Szombathely)
1945 in die UdSSR deportiert:	30 000
Vertreibungsverluste:	6000
Als Vertriebene in Deutschland 1950:	213 000
Noch in der Heimat 1950:	270 000
Noch in der Heimat 2008:	ca. 200 000–220 000

Rumänien

Gebiet in qkm zwischen 1919/20 und 1940:	295 000, Siebenbürgen 58 000, Bessarabien 44 000, (östl.) Banat 18 000
Deutsche Bevölkerung vor dem Krieg:	786 000, davon 274 000 Banater Schwaben, 254 000 Siebenbürger Sachsen, 94 000 Bessarabiendeutsche, 82 000 Buchenland-(Bukowina-) Deutsche, 29 000 Sathmarer Schwaben, 15 000 Dobrudscha- deutsche usw.
In Prozent der Gesamtbevölkerung (1931):	4,2 %, Banat 24,6 %, Siebenbürgen 7,7 % (in den traditionellen sächsi- schen Siedlungsgebieten Nösnergau, Königsboden, Altland und Burzen- land bis zu 60 %), Bukowina 11 %, Bessarabien 2,8 %, Sathmar 2,6 %

Große Städte:	In Siebenbürgen Hermannstadt/ rumän. Sibiu), Kronstadt (Brasov), Bistritz (Bisrtita), Klausenburg (Cluj), Schäßburg (Sighisoara) etc., im Banat Temeschwar (Temesvar), in der Bukowina Czernowitz (Cernauti; heute ukrainisch Černivce)
Aus der Bukowina, Bessarabien und der Dobrudscha wurden die Deutschen 1940/41 nach Deutschland und in deutsch besetzte Gebiete um- bzw. ausgesiedelt:	215 000
1944/45 aus Rumänien in die UdSSR deportiert:	70 000
Kriegs- und Nachkriegsverluste:	100 000
Als Exumsiedler/Flüchtlinge/ Evakuierte in Deutschland, Österreich und sonstigen westlichen Ländern 1950:	253 000
Noch in der Heimat 1950:	400 000
Aussiedlungsbewegung:	Alleine 1990 über 100 000
Noch in der Heimat 2010:	60 000

UdSSR/Russlanddeutsche

Deutsche Bevölkerung vor dem Krieg«*:	Autonome Wolgarepublik (ASSRdWD) 400 000, Schwarzmeergebiet mit Krim ca. 420 000, Kaukasus 100 000, sonstige europäische Gebiete 160 000, Sibirien und andere asiatische Gebiete ca. 200 000, insgesamt 1,3–1,4 Mio.
In Prozent der Gesamtbevölkerung:	In der ASSRdWD: 60 %
Größere Städte:	Saratow, Engels (bis 1924 Pokrowsk; Hauptstadt der ASSRdWD), Marx (bis 1920 Katharinenstadt), Tonkoschurowka (Marienthal)
1939/40:	Umsiedlung von 65 000 Deutschen aus Wolhynien in deutsch beherrschte Gebiete
1941/44 in die asiatischen Teile der UdSSR deportiert:	700 000
1944/46 in die asiatischen Teile der UdSSR »repatriiert«:	280 000
Dabei Deportationsverluste 1941 ff.:	310 000
Als Flüchtlinge in Deutschland oder im westlichen Ausland 1950:	ca. 70–80 000
Noch in der Heimat 1950:	Nur die bereits vor 1941 in nicht europäischen Teilen der UdSSR lebenden Deutschen: ca. 200 000
Als Deportierte in asiatischen Teilen der UdSSR 1950:	ca. 700 000

* Die Zahlen der Vorkriegsbevölkerung sind geschätzt; die 1937 angesetzte sowjetische Volkszählung wurde vorzeitig abgebrochen, als sich das Ausmaß der gewaltigen Menschenverluste vor allem durch die Kollektivierung Anfang der 30er-Jahre und den »Großen Terror« seit 1936 abzuzeichnen begann. Die 1939 veröffentlichten Zahlen waren gefälscht.

Deutsche in der UdSSR 1970
(Volkszählung):

1 800 000, davon
860 000 Kasachstan, 760 000 in der
RSFSR

Ab 1987 massive
Aussiedlungsbewegung:

1987–2006 Ausreise von rd. 2,2 Mio.
Russlanddeutschen und Familien-
angehörigen nach Deutschland

Heute noch in den
Deportationsgebieten:

Russland 600 000 (2002), Kasachstan
300 000 (2003), übrige GUS < 100 000

Namensregister

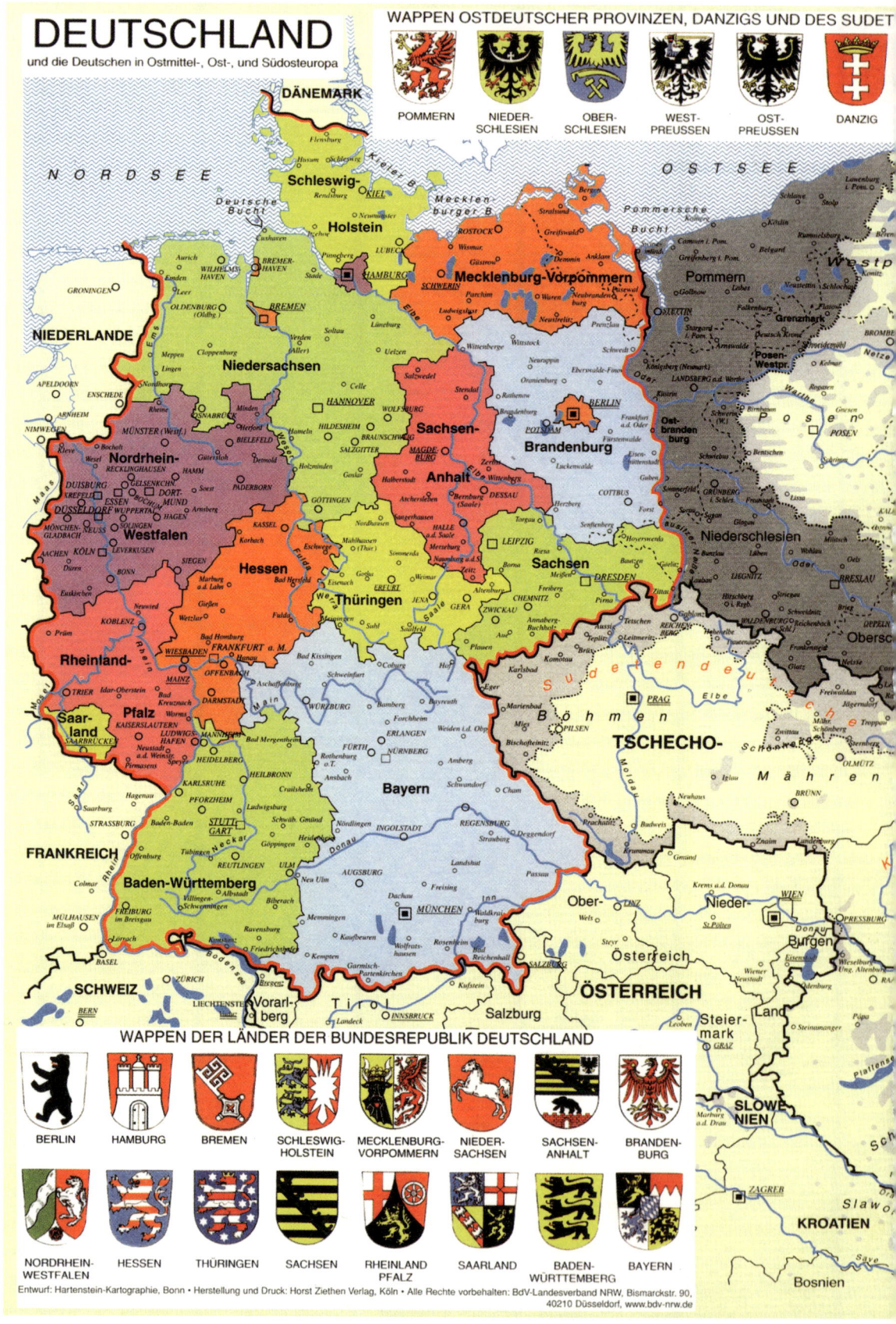

DEUTSCHLAND
und die Deutschen in Ostmittel-, Ost-, und Südosteuropa

WAPPEN OSTDEUTSCHER PROVINZEN, DANZIGS UND DES SUDET

POMMERN · NIEDER-SCHLESIEN · OBER-SCHLESIEN · WEST-PREUSSEN · OST-PREUSSEN · DANZIG

WAPPEN DER LÄNDER DER BUNDESREPUBLIK DEUTSCHLAND

BERLIN · HAMBURG · BREMEN · SCHLESWIG-HOLSTEIN · MECKLENBURG-VORPOMMERN · NIEDER-SACHSEN · SACHSEN-ANHALT · BRANDENBURG

NORDRHEIN-WESTFALEN · HESSEN · THÜRINGEN · SACHSEN · RHEINLAND PFALZ · SAARLAND · BADEN-WÜRTTEMBERG · BAYERN

Entwurf: Hartenstein-Kartographie, Bonn · Herstellung und Druck: Horst Ziethen Verlag, Köln · Alle Rechte vorbehalten: BdV-Landesverband NRW, Bismarckstr. 90, 40210 Düsseldorf, www.bdv-nrw.de